交通运输类专业课程思政系列教学案例

U0747862

交通运输专业

运营管理类

课程思政教学案例

主编 ◎ 周文梁　李传耀　徐光明　李双琳

JIAOTONG YUNSHU ZHUANYE **YUNYING GUANLI LEI**

KECHENG SIZHENG JIAOXUE ANLI

中南大学出版社
www.csupress.com.cn
·长沙·

交通运输类专业课程思政系列教学案例

编委会

◇ **主　任**

贺志军　高广军

◇ **副主任**（按姓氏拼音排序）

陈维亚　韩　锟　刘　辉　鲁寨军

彭　勇　宋晓东　叶峻青　张英贵

◇ **执行主编**

陈维亚　叶峻青

◇ **委　员**（按姓氏拼音排序）

李　蔚　汪　馗　伍　钒　伍国华

张得志　章易程　周文梁　邹杨华

习近平总书记在全国高校思想政治工作会议上指出，要用好课堂教学这个主渠道，思想政治理论课要坚持在改进中加强，提升思想政治教育亲和力和针对性，满足学生成长发展需求和期待，其他各门课都要守好一段渠、种好责任田，使各类课程与思想政治理论课同向同行，形成协同效应。2020年，教育部印发了《高等学校课程思政建设指导纲要》（以下简称《纲要》），明确提出全面推进课程思政建设是落实立德树人根本任务的战略举措，课程思政建设是全面提高人才培养质量的重要任务。《纲要》中明确要求各高校要紧紧围绕国家和区域发展需求，结合学校发展定位和人才培养目标，构建全面覆盖、类型丰富、层次递进、相互支撑的课程思政体系；要切实把教育教学作为最基础最根本的工作，深入挖掘各类课程和教学方式中蕴含的思想政治教育资源，让学生通过学习，掌握事物发展规律，通晓天下道理，丰富学识，增长见识，塑造品格，努力成为德智体美劳全面发展的社会主义建设者和接班人。

中南大学交通运输工程学院在学校开展课程思政建设顶层设计的指导下，2020年成立学院课程思政教学研究中心，全面启动课程思政建设工作。学院课程思政教学研究中心负责顶层规划和指导，组织各系结合专业特色抓落实，课程团队充分挖掘蕴藏在课程知识体系中的思政元素，落实到课程目标设计、教学大纲修订、教材编审选用、教案课件编写各方面，并贯穿于课堂授课、教学研讨、实验实训、作业论文各环节。为了巩固建设成效和加强示范引领，经过多次课堂实践和持续改进，学院组织80多名任课教师提炼课程思政内容，编写形成"交通运输类专业课程思政系列教学案例"丛书。该丛书共5册，覆盖学院交通运输、交通设备与控制工程、轨道交通信号与控制3个专业的课堂和实践教学各环节。

　　本分册由交通运输专业全体教师参与编写，深度挖掘了专业知识体系中所蕴含的思想价值和精神内涵，科学合理地拓展了专业课程的广度、深度和温度，从专业、行业、国家、国际、文化、历史等角度，增加了课程的知识性、人文性，提升了引领性、时代性和开放性。在 19 门课程的 100 多个课程思政教学案例中注重把马克思主义立场、观点、方法的教育与科学精神的培养结合起来，提高学生正确认识问题、分析问题和解决问题的能力；注重强化学生工程伦理教育，培养学生科学管理、创新思维理念，激发学生科技报国的家国情怀和使命担当，并且在课程思政案例的编写上体现了教学设计，是课堂教学育人的良好实践。

　　本书的出版，感谢编写案例的每一位一线专业课教师，感谢编审老师的辛苦付出。因时间和水平有限，书中不足之处恳请广大读者批评指正！

编者

2023 年 5 月

目 录
CONTENTS

10　铁路行车技术管理　　103

11　高速铁路运营管理　　110

12　城市轨道交通运营与管理　　121

1

管理学

教学内容和思政融合设计

序号	教学内容	思政映射与融入点	编者
1	知识点：激励	案例 1："锦州苹果"故事背后"三大纪律八项注意"在企业管理中的应用	方晓平
2	知识点：组织管理与企业文化	案例 2：三湾改编对企业组织管理的启示——中国人民解放军组织变革理论与方法对企业组织管理的借鉴意义	方晓平
3	知识点：领导力	案例 3："考军长"——华为借鉴中国人民解放军陆军战役指挥能力大考的主官谋略素养养成法	方晓平
4	知识点：古典管理理论的发展	案例 4：观看《摩登时代》影片片段——树立正确的世界观、价值观	毛成辉
5	知识点：控制职能	案例 5：观看《大国质量》视频——质量意识、工匠精神	毛成辉
6	知识点：领导者特质理论	案例 6：周恩来同志杰出的领导者特质——责任意识和担当精神	毛成辉

案例 1 "锦州苹果"故事背后"三大纪律八项注意"在企业管理中的应用

【课程名称】管理学。

【教学内容】激励。

【案例意义】2022 年 8 月 16 日，习近平总书记考察辽沈战役纪念馆，驻足在"仁义之师"锦旗前，锦旗背后的苹果故事，习近平总书记十分熟悉。在总书记心中最有分量的两个字是"人民"。"锦州苹果"故事其实是"三大纪律八项注意"在执行中的著名案例。

教学过程

1. 问题导入

诞生于革命年代的"三大纪律八项注意",是中国共产党为人民军队制定的最具代表性的统一革命纪律。这一简单务实的规定为党塑造一支纪律严明的军队作出了重大贡献,至今仍为人们津津乐道。作为中国人民解放军的纪律和准则,"三大纪律八项注意"是由毛泽东在第二次国内革命战争时期制定,中国人民解放军总部1947年统一规定、重行颁布的。

2. 讲授正文

2022年8月16日,习近平总书记来到辽宁锦州辽沈战役纪念馆考察。纪念馆内,总书记驻足在一面"仁义之师"的锦旗前。锦旗背后的故事,令人感动。

这面锦旗是东北野战军第4纵队,在辽沈战役中攻克兴城入城后,坚决执行城市政策纪律而获得的。辽沈战役期间,锦州乡间的苹果已经熟了,行军路过的解放军战士虽然饥渴难耐,却一个都没有摘。铁的纪律,暖了老百姓的心。

"毛泽东说'不吃是很高尚的,而吃了是很卑鄙的,因为这是人民的苹果'。这样的苹果,我们现在也不能吃。"习近平总书记的话斩钉截铁,又意味深长。

熟悉党史的同学们一定知道,"锦州苹果"故事就是"三大纪律八项注意"的模范案例之一。

在井冈山革命博物馆,收藏着一份《三大纪律八个注意说明》油印宣传册。全册共7页,落款为"中国共产党永新县委印",时间为"12月17日"。这本小册子对"三大纪律八个注意"逐条做了解释,是红军纪律教育所使用的宣传教材。关于"三大纪律八项注意"的起源,学术界有几种不同的版本。

根据刘小花的研究(《解放军报》2022年6月26日第008版),1927年10月,毛泽东率领工农革命军抵达井冈山西南荆竹山时正值秋收,战士们长途跋涉,又饥又渴,有的战士随手就挖老乡家的红薯来充饥。毛泽东得知情况后,于10月24日,在荆竹山的村边向部队讲话,指出上井冈山要建立根据地,要求战士们一定要和山上的群众及武装搞好关系,做好群众工作。为此,他宣布了三项纪律:一、行动听指挥;二、不拿群众一个红薯;三、打土豪要归公。1928年夏,毛泽东提出了六项注意:一、上门板;二、捆铺草;三、说话和气;四、买卖公平;五、借东西要还;六、损坏东西要赔。同时,将"三大纪律"中的"不拿群众一个红薯"改为"不拿工人农民一点东西"。这被称为"三大纪律六项注意"。

1929年以后,毛泽东又将"三大纪律"中的"不拿工人农民一点东西",改为"不拿群众一针一线";"打土豪要归公"改为"筹款要归公",后来又改为"一切缴获要归公"。对于"六项注意",增加了"洗澡避女人"和"不搜俘虏腰包"两项内容,从而成为"三大纪律八项注意"。

"三大纪律八项注意"一经提出,就深深教育了红军,成为人民军队纪律建设的基本原则。

纪律严明既是我们党的性质和宗旨的集中体现,也是我们党的光荣传统和独特优势。1927年当毛泽东走上井冈山、选择农村包围城市革命道路时,首先要解决好的两个问题,都离不开严明的军队纪律作保障。一个问题就是用无产阶级思想改造农民群众,克服各种非无产阶级思想影响,建立一支有别于一切旧式军队的新型人民军队。实现这一目标靠什么?一条是靠坚强的政治思想指导，另一条就是靠铁的纪律。"锦州苹果"的故事就是"三大纪律八项注意"执行的典型案例。

行为规范的内容不在多，而在于精和管用。以毛泽东为代表的共产党员们制定了言简意赅、正中要害的"三大纪律八项注意"。言简意赅意为言语通俗化、大众化，贴近农民群众，好记忆，好吸收，如"不拿群众一针一线""一切缴获要归公""借东西要还"等；正中要害的是这些条例往往针对军队在行军过程中容易出现的恶习、旧毛病，以一种"因地制宜"的方式解决问题。

"三大纪律八项注意"成功的第一点是根据受众特点，因"人"制宜；第二点是通过正反典型案例，加强宣传教育，取得事半功倍的效果，提高了制度的执行效果。"三大纪律八项注意"也被很多企业家用来管理企业，其中海尔的"十三条"就是典型的例子。

对于海尔集团，我们并不陌生，它的赫赫声名早已深深地印在中国每一个企业管理者的头脑中。在当代中国企业界，海尔模式和经验是一座里程碑，认真学习、模仿和借鉴其先进管理思想、管理理论、管理方法，对于企业的改革发展无疑具有重大现实意义。

海尔经营之道"十三条"：①有缺陷的产品就是废品；②东方不亮西方亮；③海尔精神不能走……⑬现金流比利润更重要。但是很多人不知道的是，海尔还有一个老的"十三条"：①不迟到，不早退，不旷工；②不准代他人划出勤卡；③工作时间不准打扑克、下棋、织毛衣、干私活等……⑬不准带小孩和外人进工厂。

1984年，张瑞敏来到濒临倒闭的青岛电冰箱厂。那时工厂已负债累累，发不出工资；劳动纪律涣散，工人们上班打瞌睡，想来就来、想走便走。面对这种情况，张瑞敏没有退缩，而是因地制宜制定了"十三军规"，先整顿纪律。纪律公布后，有一个员工公然扛走一箱原料，第二天便被公告开除。有力的执行很好地整肃了劳动纪律，接下来便是抓质量，先后有了海尔砸冰箱的故事和海尔"吃休克鱼"的故事，一直到取得现在的成功，追根溯源，还要归功于海尔的新老"十三条"，因地制宜，审时度势。

【讨论题】

(1)建立员工的责任感，管理者的个人魅力更重要还是制度更重要？为什么？

(2)如果张瑞敏一进厂就制定新"十三条"，结果会怎么样？制度建设与企业文化建设中，如何把握先进理念与员工认知实际的关系？

3. 分析总结

综合看来，行为规范要想高效地贯彻实施，在内容上，要精准到位、言简意赅而易于接受；激励制度要与群众的认知相匹配，要充分观察群众的特点，对症下药，为群众量身定做一套行为规范；在宣传教育上尽量能让群众易于接受也愿意接受，如多角度宣传、趣味性宣传等，比如为"三大纪律八项注意"谱的曲，在士兵中大规模教唱取得了很好的宣传教育效果。"三大纪律八项注意"在历史上取得的成就值得我们反复品味，借鉴学习，从而悟出现实问题的解决之道。

案例2　三湾改编对企业组织管理的启示
——中国人民解放军组织变革理论与方法对企业组织管理的借鉴意义

【课程名称】管理学。

【教学内容】如何进行组织变革；提升组织执行力是组织管理的重要任务。通过本案例教学，学习三湾改编对组织变革、组织宗旨与统一指导原则方面的借鉴。

【案例意义】三湾改编，是在人民军队诞生之初，从组织上、体制上确立中国共产党对军队的绝对领导，将一支以旧式军队与农民武装为主要成分的部队，建设成为新型人民军队的开端性实践。这标志着毛泽东等中国共产党人建设人民军队的思想开始形成。三湾改编应用于管理学教学，一是使学生深入了解和学习革命传统和毛泽东思想；二是将毛泽东思想运用到企业组织管理中，作为提高执行力、凝聚力和战斗力的生动案例。

教学过程

1. 问题导入

组织管理是企业经营者为了实现组织的战略目标和经营目标，根据内外部环境条件，设计组织结构、配备人员和整合组织力量的过程。其实军队的组织管理也与企业组织管理相似。

三湾改编确立了"支部建在连上""官兵平等"等一整套崭新的治军方略，并从政治上、组织上保证了党对军队的绝对领导，是中国共产党建设新型人民军队最早的一次成功探索和实践。

2. 讲授正文

大革命失败后，中国共产党领导的人民革命斗争开始进入土地革命战争时期。1927年9月29日，当毛泽东领导的秋收起义余部退到三湾村时，部队经过多次战斗，损失很大，官多兵少，枪多人少，军心涣散，前途迷茫，悲观情绪在官兵中蔓延。此时的起义部队面临分崩离析的险境。当晚，毛泽东主持召开了前敌委员会议，总结秋收起义的经验教训。毛泽东首先分析了第一次革命失败的原因在于共产党没有掌握自己的军队，提出要对部队进行整编。

会上，毛泽东宣布三湾改编会议精神，组建一支新型人民军队的三项决定——第一，整编部队，把原来的工农革命军第一军第一师缩编为一个团；第二，党组织建立在连上，设立党代表制度，全军由毛泽东领导前委，并确立了"党指挥枪"的原则；第三，连队建立士兵委员会的民主制度，实行官兵平等——并初步酝酿出"三大纪律六项注意"。随即，部队开始整编。

毛泽东宣布了"愿留者留，愿走者则走"的原则，对官兵说了著名的"三不一图"："我毛泽东干革命，一不图升官，二不图发财，三不图养家糊口，只图天下劳苦大众得到解放。此行前去，山高水长，任重道远，可能很苦，很危险，但也很光荣。人各有志，有愿意跟我走的，请站到左边来，我热烈欢迎；有愿意回家的，请站到右边，我热烈欢送，并发给路费！"

【讨论题】

(1)对比分析三湾改编主要内容与古典组织理论之法约尔十四原则，有哪些内容是相通的?

(2)你认为三湾改编为什么能够造就一支战斗力强的军队?

3.分析总结

从组织管理的角度看,要有强有力的企业文化和组织领导,才有凝聚力和执行力。毛泽东通过"三不一图"道明了工农红军革命的宗旨与目标,同时确立了领导力的来源,就是党指挥枪的建军原则;再通过留去自愿,留下来的都是思想、认知一致的人,离去的是杂音,纯洁了组织,统一了思想,使组织凝聚力、执行力更强。

案例3 "考军长"
——华为借鉴中国人民解放军陆军战役指挥能力大考的主官谋略素养养成法

【课程名称】管理学。

【教学内容】"考军长"就是考领导者的战略思想、战略计划。领导者是团队领导力的决定因素,正所谓"将熊熊一窝",因此要改变传统考基层思维,不仅要考基层的执行力与应变力,更要考高层的远见卓识与定力。企业也一样,企业管理要建立"打破终身制,干部能上能下,员工能进能出"的机制,倒逼领导者提高业务水平,才能使团队目标清晰,提高应对复杂多变的环境的能力。

【案例意义】习近平总书记说军队"要能打仗,打胜仗"。领导者对于团队的重要性毋庸置疑。军队能打仗、打胜仗,指挥是关键因素。战役指挥员谋略素养,直接关乎战场胜负。我们不仅要对打赢负责,更要对广大官兵的生命负责。"考军长"制度引入企业,倒逼领导者提高业务水平,才能使团队目标清晰,提高应对复杂多变的环境的能力。

教学过程

1.问题导入

2018年,中国人民解放军陆军"考军长",目的在于革除"和平积弊"。苏联卫国战争时期,苏军作战部长什捷缅科大将讲过一句话:"战争到来,首先要淘汰一批和平时期的将帅。"华为从2018年9月开始借鉴中国人民解放军陆军的经验,在人力资源体系进行"考军长"的方法探索,后来逐步推广到各业务体系的主官考核。

2.讲授正文

2018年6月19日开始,中国陆军史上首次战役指挥能力考试开始。"考生"就是13个集团军的军长们。这次集训考核的目的就是破除"五个不会"——习近平总书记曾严肃地指出"一些指挥员离开了机关就不会判断形势、不会理解上级意图、不会定下作战决心、不会摆兵布阵、不会处置突发情况"。为确保考核公平公正公开,这次考核前封闭编写想定,临机抽签确定考核顺序,并严明考核纪律,严禁打人情分、平衡分、照顾分。

陆军领导说,军队能打仗、打胜仗,指挥是关键因素,战役指挥员谋略素养,直接关乎战场胜负,我们不仅要对打赢负责,更要对广大官兵的生命负责。

陆军"考军长"之后不久,华为就借鉴之,在人力资源体系进行"考军长"的方法探索,后来逐步推广到各业务体系的主管考核中。

华为的"考军长",是让业务主管们在很短时间里对自己主管的工作进行讲解,精彩环节在于回答评委们和员工们的提问。华为不仅设置现场评委提问,还根据内容敏感度,在不同范围内直播,场外的其他员工也可以提问。评委能提出很多既接地气又能对业务有帮助的问题。好的评委往往扮演"蓝军"角色,成为磨炼企业主管们的"磨刀石"。

【讨论题】

(1)"考军长"无论是在军队还是在企业,如何避免选出"马谡",即理论、韬略一套一套很熟练,实操经验一点也没有的人?

(2)"考军长"制度,会不会让主官在下属面前没有面子,从而失去威信?

3.分析总结

要认识到"考军长"就是要检验个人贡献与能力,是去除平庸、怠惰的一种重要方法。"考军长"是以考促训,目的是考"活",而不是考"死"!"考军长"就是为了革除"和平积弊"。华为在日常的工作中要求管理者"双手沾灰,两脚沾泥""抵近侦察,抵近指挥",做到"办公室无将军",这些基本上都是从战争与军事领域借鉴过来的。

案例4　观看《摩登时代》影片片段
——树立正确的世界观、价值观

【课程名称】管理学。

【教学内容】古典管理理论的发展。

【案例意义】通过了解西方管理学理论的发展脉络,让学生看清楚资本主义国家的发展历程和本质——始终奉行的是"利益至上",从而树立正确的世界观、价值观。

教学过程

1.问题导入

"古典管理理论的发展"中的古典管理理论是19世纪末20世纪初西方管理理论的总称,由泰勒的科学管理理论、法约尔的管理过程理论、韦伯的古典行政组织理论构成。厄威克和古立克系统整理泰勒、法约尔、韦伯等人的管理理论,提出了适用于一切组织的八项管理组织原则和七种管理职能,首次将管理提到应有的地位,把管理看作任何有组织的社会必不可少的因素,是协调集体、努力达到目标、取得最大成效的过程;强调管理的科学性、精密性和严格性;在组织结构上强调上下严格的等级系统,视组织为一个封闭系统,组织职能的改善仅靠内部合理化,而少考虑外部环境影响,忽视人的心理因素。

观看《摩登时代》电影片段,影片中展现了"泰勒制"的哪些特点?体现了哪些管理理念?

2.讲授正文

古典管理理论在19世纪末20世纪初开始系统形成,主要标志是泰勒的《科学管理原理》和法约尔的《工业管理与一般管理》。这个时期的管理理论的主要研究问题涉及科学管理、一般管理以及科层组织。

泰勒的科学管理理论的主要内容：①改进工作方法，并根据工作的要求挑选和培训工人；改进操作方法，以提高工效、合理利用工时；作业环境与作业条件标准化。②改进分配方法，实行差别计件工资制。③改进生产组织，加强企业管理：在企业中设置计划部门，把计划职能和执行职能分开。④实行职能工长制；进行例外管理。

由著名的查理·卓别林导演并主演的喜剧无声电影《摩登时代》的故事发生在 20 世纪 30 年代的美国，时值美国经济大萧条的高峰期，社会中的每一个人都在自己的生活中苦苦挣扎。查理是一个普通的工人，生活在社会的最底层，每天的生活就是日复一日发疯般地工作，以期能够获得填饱肚子的可怜工资。而此时工厂的管理层开始疯狂地压榨员工，昏天黑地的工作使人们开始麻木。该影片充分地展示了资本家唯利是图的本性。而共产党执政的中国，更多地强调"人民至上"，这与资本主义国家有着本质的区别。因为中国共产党根基在人民、血脉在人民，多年来带领人民进行革命、建设、改革，根本目的就是让人民过上好日子，无论面临多大挑战和压力，无论付出多大牺牲和代价，这一点都矢志不渝、毫不动摇。

3. 分析总结

通过这部分的思政内容植入，不仅让学生了解了西方管理学理论的发展脉络，更让学生看清楚了资本主义国家的发展历程和本质，它们始终奉行的是"利益至上"，而我国始终坚持的是"人民至上"，这对于学生树立正确的世界观和价值观起到了很好的引导作用。

案例 5　观看《大国质量》视频
——质量意识、工匠精神

【课程名称】管理学。

【教学内容】控制职能。

【案例意义】通过观看《大国质量》视频，向学生阐述质量强国、工匠精神以及勇于创新、爱国主义精神的思政目标，培养学生的质量意识和工匠精神。

教学过程

1. 问题导入

"控制职能"中包含了"对关键点进行控制"的内容，而对产品质量的把控，就是一个生产企业最为关键的。通过给学生观看《大国质量》（第一集）的视频，将"质量意识、责任担当和质量强国理念"（思政目标）融入其中，帮助学生了解质量相关概念及质量管理发展历程（教学目标），培养学生树立质量意识，激发学生追求真理、勇于创新、精益求精的精神，形成科技报国、强我国家的情怀。通过讲中国制造以及企业家故事的形式将"工匠精神、责任意识以及爱国主义精神"（思政目标）融入其中，帮助学生理解质量观点以及产品质量的形成过程等知识性和能力性目标（教学目标），培养学生关注产品质量，体会新时代大国工匠精神的内涵，从而激发学生的使命感和责任感，树立正确的人生观、价值观和世界观，厚植爱国主义情怀，在潜移默化中实现育人效果的知行合一、内化于心、外化于行。

2.讲授正文

结合相关案例、视频、图片等，通过启发式提问、主题讨论、案例分析等授课方式引出要讨论的问题，向学生阐述质量强国、工匠精神以及勇于创新、爱国主义精神的思政目标。

1）引导学生树立质量意识和爱国主义精神

采用"主题讨论+企业案例分析"的方式，阐述什么是质量及质量相关概念，让学生理解什么样的产品是高质量的产品，并列举我国的名牌产品，如华为手机、海尔冰箱、格力空调等，介绍我国在产品质量方面的创新与领先，引导学生对教学内容进行思考，增强民族自豪感，培养学生创新意识、质量意识和爱国主义精神。

2）培养学生严谨求实、一丝不苟、勇于创新、精益求精的工匠精神

采用"视频+主题讨论"的方式，让学生通过观看《首席执行官》影片，来分析目前存在的一些质量问题，在分析"生产高质量的产品需要花费高成本"这一观点时，通过观看影片，来引发学生对这一问题的思考，使学生了解海尔冰箱出问题的主要原因是质量意识不够，张瑞敏带头砸掉76台有缺陷的冰箱，唤醒了海尔人的质量意识，点燃了海尔的工匠精神，从而才使得海尔闻名世界。通过案例来强调质量意识、严谨求实、爱岗敬业的重要性，同时简单介绍海尔创始人张瑞敏先生，宣讲大国工匠精神和爱岗敬业精神。

3.分析总结

通过视频的观看和老师的讲解，学生对质量的相关概念、质量管理的发展以及质量观点有了基本的了解，教师应在保证教学内容的同时讲好思政教学内容，使学生在接受专业课程背景教育的同时，思想上也得到升华。《大国质量》纪录片能让学生感受到科技助力、质量兴国的理念，华为、海尔是我国优秀企业的代表，只因为有这样敢于创新、脚踏实地、敢于担当的企业，我国才能够由"中国制造"到"中国创造"快速发展。张瑞敏砸冰箱事件，唤醒了海尔人的质量意识，点燃了海尔的工匠精神，可以说，在海尔每个人都是用户的工匠。砸冰箱事件也体现了张瑞敏作为民族企业家应有的责任与担当以及具有的爱国主义精神，这更是值得当代大学生去学习的，要让学生在学习专业知识的同时，培养严谨认真、精益求精、勇于创新的工匠精神，同时树立强烈的爱国主义精神与质量强国意识。

案例6 周恩来同志杰出的领导者特质
——责任意识和担当精神

【课程名称】管理学。

【教学内容】领导者特质理论。

【案例意义】通过周恩来同志杰出的领导者特质的思政内容植入，引导和培养学生立大志、担大任意识，思考如何切实贯彻社会主义核心价值观，培养责任意识和担当精神。

教学过程

1.问题导入

领导者特质理论知识点中包含了才智、主动、指挥能力、自信等方面的内涵，而我国历

史上有一位伟大领袖几乎拥有全部领导者特质而成为人民仰慕的偶像——他就是周恩来。

青年时代，周恩来写下寄语"愿相会于中华腾飞世界时"。他说："在现在这个世界上，我们若不强大起来，不建成社会主义的现代化国家，就要受帝国主义的欺侮。"2018年3月，在中共中央举行的纪念周恩来同志诞辰120周年座谈会上，习近平总书记发表重要讲话："今天，我们可以告慰周恩来同志等老一辈革命家的是：近代以来，久经磨难的中华民族迎来了从站起来、富起来到强起来的伟大飞跃。周恩来同志生前致力于解决的中华民族积贫积弱的现象已经一去不复返了！周恩来同志生前操碎了心的广大人民群众缺吃少穿的现象已经一去不复返了！现在，我们比历史上任何时期都更接近、更有信心和能力实现中华民族伟大复兴的目标。"

通过"换枕巾"和"十条家规"等故事引入，引导学生思考我党优秀领导者的领导风范。

2. 讲授正文

领导者特质理论认为成功的领导基于领导者个人特质，领导者行为理论认为有效的领导与领导者的行动密切相关，有效的领导不仅取决于领导者，还受到实施情境的影响，其中领导者是情境中重要的因素。

1）实事求是的特质

习近平总书记说，"周恩来同志说过一句很形象的话：'下山不忘山，进城不忘乡'，'如果忘了，就是忘本。'""周恩来同志高度重视调查研究，经常深入群众、深入一线调查研究，他说：'调查研究要实事求是，不能乱搞。''要了解真实情况，就要与老百姓平等相待。'"。这和当下习近平总书记倡导的全党"大兴调查研究之风"、走群众路线的要求不谋而合。

2）优秀管理者特质的描述

习近平总书记以6个"杰出楷模"全面概括周恩来同志的崇高品德和精神风范：①"周恩来同志是不忘初心、坚守信仰的杰出楷模"；②"周恩来同志是对党忠诚、维护大局的杰出楷模"；③"周恩来同志是热爱人民、勤政为民的杰出楷模"；④"周恩来同志是自我革命、永远奋斗的杰出楷模"；⑤"周恩来同志是勇于担当、鞠躬尽瘁的杰出楷模"；⑥"周恩来同志是严于律己、清正廉洁的杰出楷模"。

增强学生的历史责任感。习近平总书记说，"周恩来同志在为中国人民谋幸福、为中华民族谋复兴、为人类进步事业而奋斗的光辉一生中建立的卓著功勋、展现的崇高风范，深深铭刻在中国各族人民心中，也深深铭刻在全世界追求和平与正义的人们心中""'大贤秉高鉴，公烛无私光。'周恩来同志一生心底无私、天下为公的高尚人格，是中华民族传统美德和中国共产党人优秀品德的集中写照，永远为后世景仰"。解读优秀领导者特质在建设祖国、科学研究、创造中国奇迹中发挥的巨大作用，增强学生对中国特色社会主义制度的优越性的认同感、历史责任感和为中华民族伟大复兴学习的使命感。

3. 分析总结

通过周恩来同志的领导者特质的思政内容植入，引导和培养学生立大志、担大任意识，思考如何切实贯彻社会主义核心价值观，培养责任意识和担当精神，包括创新、进取、敢于承担风险、执着和坚持等精神。

2

运筹学

教学内容和思政融合设计

序号	教学内容	思政映射与融入点	编者
1	知识点：运筹学绪论	案例1：运筹学概述——中国对运筹学的重要贡献，增强文化自信	夏伟怀
2	知识点：运筹学的产生和发展	案例2：中国古代运筹思想——增强民族自信、文化自信	夏伟怀
3	知识点：对偶单纯形法	案例3：对偶单纯形法——"对立统一"的马克思主义矛盾观	伍国华
4	知识点：分支定界法和割平面法	案例4：分支定界法和割平面法——毛泽东"分割包围、各个击破"的作战艺术	伍国华
5	知识点：非平衡运输问题	案例5：非平衡运输问题——马克思主义中国化，具体问题具体分析	伍国华
6	知识点：线性规划问题求解方法	案例6：单纯形法——增强理想、信念意识	夏伟怀
7	知识点：网络计划优化	案例7：时间-资源优化——深刻体会社会主义制度的优越性，增强制度自信	夏伟怀
8	知识点：排队论基础	案例8：马尔可夫随机过程——敢于质疑、刻苦钻研的科学精神	夏伟怀

案例1 运筹学概述
——中国对运筹学的重要贡献，增强文化自信

【课程名称】运筹学。

【教学内容】运筹学绪论。

【案例意义】运筹学概述——中国对运筹学的重要贡献，增强文化自信。

教学过程

1. 问题导入

中国大百科全书定义运筹学是用数学方法研究经济、民政和国防等部门在内外环境的约束条件下合理分配人力、物力、财力等资源，使实际系统有效运行的技术科学，它可以用来预测发展趋势，制订行动规划或优选可行方案。二战期间，同盟国军队在作战中妙用数学方法取得了显著成效，这也使得军事理论研究人员越来越多地将数学方法应用到军事问题中，从而产生了一门新的学科——运筹学。20 世纪 50 年代，钱学森、许国志等教授将运筹学引入我国，并结合我国特点在国内推广。那么同学们知道，在中国历史文化中有哪些运筹学深刻内涵吗？

2. 讲授正文

首先介绍"运筹学"一词的起源。据《辞海》，"运筹"一词出自中国《史记·高祖本纪》："夫运筹策帷帐之中，决胜于千里之外，吾不如子房。"《汉书·高帝纪下》作"运筹帷幄之中"。帷幄指军中帐幕，子房指张良。张良，汉高祖刘邦的谋士，长于"画策"，常借助筷子为刘邦筹算，制定破楚之策。全句意思是刘邦自谓在对作战方略进行策划方面，他不如张良。"运筹"一词的词义是运用筹划。

然后介绍运筹学科虽起源于西方，但我国早有研究。在《史记·孙子吴起列传》《孙子兵法》《三国志》等古籍中均有战略运筹的记载，革命时期毛泽东运用运筹学思想制定战略战术，领导解放军取得了一次次胜利。

接着介绍中国运筹学的发展。我国 1980 年成立中国数学会运筹学分会，1982 年加入国际运筹学会联合会，同年《运筹学学报》在上海创刊。1991 年，中国运筹学会成立。20 世纪八九十年代，《军事运筹与系统工程》《运筹与管理》等杂志相继问世。

最后介绍我国学者取得的突出成就。我国数学家管梅谷教授于 1960 年首先提出中国邮递员问题，并给出近似算法。叶荫宇先生是国际最知名的运筹学专家之一，发表了多篇在世界范围内有重大影响的论文，取得了一批重大的理论成果。2005 年他被 ISI 选为在世界范围内其科技成果被应用最多的科学家之一。叶荫宇教授多次被邀请为国际重要会议的大会发言者，如 2000 年和 2006 年两次被邀请为数学规划会议大会发言者，是麻省理工计算机工程系统 2002 年杰出报告人，第十七届数学规划大会的发言者，2007 年被选为国际工业与应用数学学会优化分会副主席。

3. 分析总结

以提问和层层递进的方式介绍中国历史文化中蕴含的丰富的运筹学内涵，以及中国学者对运筹学学科的重要贡献。

案例 2　中国古代运筹思想
——增强民族自信、文化自信

【课程名称】运筹学。

【教学内容】运筹学的产生和发展。

【案例意义】通过对运筹学的产生和发展教学内容的讲解，有针对性地介绍中国古代一些典型事件中所包含的运筹思想，使学生了解中国古代优秀文化和历史经验，它们丰富了世界科学史的宝库，是永远值得我们学习和借鉴的。

教学过程

1. 问题导入

同学们打开任何一本运筹学的教科书，就会看到：运筹学（Operational Research & Operations Research，简称 OR）是第二次世界大战期间首先在英国和美国产生的。"OR"按照英文直译为"作业研究""作战研究"，只有中国才把"OR"译为"运筹学"，其取自我国古代《史记》等记载的"运筹帷幄之中，决胜千里之外"名言。这又是为什么呢？

2. 讲授正文

其实，朴素的运筹思想在中国古代历史发展中源远流长。相信同学们之前看过不少古代关于用兵方面的小说，有没有同学跟大家分享一下？（留白，同学们热烈讨论）

早在公元前 6 世纪春秋时期，著名的军事家孙武所著的《孙子兵法》13 篇就是军事运筹思想的集中体现。他从战争的实践中总结出战争的规律，指出考察战争与财力、进攻与防御、速决与持久、分散与集中之间的依存、制约关系的重要性，依此筹划我方的力量来夺取战争的胜利。

公元前 4 世纪战国时期的孙膑"斗马术"是体现我国古代运筹思想另一著名的例子。当时齐将田忌经常与齐王及公子们赛马，孙膑发现田忌的马虽然不如齐王的，但相差不多，于是在一次赛马中献策以下马对齐王的上马，以上马对齐王的中马，以中马对齐王的下马，结果田忌以一负两胜而获胜。"田忌赛马"是不强争一局的得失，而务求全盘的胜利，争取总体最优的范例。

公元前 3 世纪楚汉相争中，汉高祖刘邦的谋士张良经常出谋划策，为刘邦打败项羽，推翻秦朝，统一中国立下了汗马功劳，因此刘邦称赞他"运筹帷幄之中，决胜千里之外"。可以说这是对张良决胜千里的运筹思想的高度评价。

北宋时期的科学家、军事家沈括（1031—1095）关于军事后勤问题的分析计算则是更具有现代意义的运筹思想的范例。他曾研究过军粮供应与用兵进退的数量关系，从行军中各类人员可以背负粮食的基本数据出发，分析计算了后勤人员与作战士兵在不同行军天数中的不同比例关系，也分析计算了用各种牲畜运粮与人力运粮之间的利弊，最后得出了"因粮于敌"的重要决策，即应该从敌国就地征粮，保障前方供应，以便降低后勤人员的比例，从而增强前方作战的兵力，这样才能保证远离后方的战争取得胜利。

除军事运筹思想的成功运用外，我国古代农业、运输、工程技术等方面也有大量朴素运筹思想的运用实例。

粮食调运与存储是我国古代长期备受重视的问题，即现代运筹学中早期研究的合理运输与选址问题。公元前 54 年汉宣帝时期，就已经对当时首都长安的粮食供应与存储问题做了研究。当时首都的粮食主要由关东经水运供应，很不符合合理运输的原则；经研究，改为就近调运，即由首都附近的弘农、河东、上党、太原等地供应，节省了一半以上的劳力。

宋真宗祥符年间（公元 1008—1016 年），宫廷失火，需要重建，当时采用了一个取土、弃土、运输材料,以及施工次序统筹安排的综合方案:先在需要重建的通衢大道上就近取土,取土后通衢大道变成深沟,于是引入汴水,形成一条人工小河,基建材料便可由水路运入工地;宫殿修成后,又将基建废料弃置沟中,重新建成通衢大道。这样,取土、弃土、材料运输便一举三得,节省了巨额费用。

宋仁宗庆历年间(公元1041—1048年),黄河决口,久塞未堵。治河工人高超认为堵塞不住的原因是"合龙门"时所用的埽身太长,人力压不到水底,所以河水不能被截断,而埽身反被冲垮。因此他建议将埽身分为三节,中间用绳索相连,先下第一节,等压到河底后再下第二节,最后第三节,这样逐节下压,可以省工省料,事半功倍。这里,高超不但提出了分阶段作业的新方案,而且还从经济、人力和效果各方面与旧方案进行比较,论证了分阶段作业优于一次作业,是运筹思想的典型范例。

当然,历史上富含运筹思想的故事还很多很多……

3.分析总结

上述中国古代运筹思想的简介,使学生深刻认识中国古代这些优秀文化和历史经验,它们也丰富了世界科学史的宝库。由于所处时代的生产条件和技术水平的限制,当时运筹学研究的深度和广度不能用今天的标准来衡量,但这些事例也极大地增强了学生的民族自信、文化自信。

案例3　对偶单纯形法
——"对立统一"的马克思主义矛盾观

【课程名称】运筹学。

【教学内容】对偶单纯形法。

【案例意义】通过对偶单纯形法引出"对立统一"的马克思主义矛盾观。

教学过程

1.问题导入

对偶单纯形法是单纯形法的对称变体。对于原单纯形法,可行的是在迭代过程中始终保持原问题的对应解,不断提高对偶问题解的可行性(即判别系数),直至可行。对于对偶单纯形法,总是可行的,保持对偶问题解,不断提高原问题解的可行性,直到原问题满足。实际上对偶是对同一个问题从不同角度进行描述并加以解决的一种范式。那同学们知道,我们还在什么地方遇到对偶吗?

2.讲授正文

首先介绍对偶的含义。对偶是对同一事物(问题)从不同角度(立场)观察,有两种对立的表述。如"平面中矩形的面积与周长的关系"有两种表述。第一种:周长一定,面积最大的矩形是?第二种:面积一定,周长最短的矩形是?很显然,这都是正方形。中国传统哲学中有"太极生两仪,两仪生四象,四象生八卦",文学作品中有"横看成岭侧成峰,远近高低各不同",这都是对偶的一种体现。

然后介绍马克思主义矛盾观。在复杂事物中包含多个矛盾，其地位和作用是不平衡的，其中必有一个矛盾居于支配地位，对事物的发展起着决定作用，这个矛盾就是主要矛盾；反之，不处于支配地位，对事物的发展不起决定作用的矛盾就是次要矛盾。一个矛盾的两个方面，其地位和作用不平衡，其中居于支配地位，对事物的发展起主导作用的矛盾方面叫作矛盾的主要方面；反之，处于被支配地位，对事物的发展不起主导作用的矛盾方面，就叫作矛盾的次要方面。研究复杂事物的发展进程时，要着重地把握它的主要矛盾。

再介绍事物矛盾双方的对立面，即一阴一阳，一正一反。这种相反性质的两方面就决定了它们不可能是和谐，而是斗争、是对立。中国传统太极图，白色代表阳的部分，黑色代表阴的部分，阴阳二鱼转动的过程就是互相转化的过程，互移其位。但是白色中有黑色，黑色中也有白色，相当于二鱼的眼睛，这就说明"阴中有阳，阳中有阴"。白色（阳）本身就含有黑色（阴）的因素，黑色（阴）本身就含有白色（阳）的因素。

最后总结。主次矛盾的原理告诉我们集中力量找出主要矛盾，才能找到解决复杂问题的重点、关键或中心，同时做到统筹兼顾，适当安排；矛盾的主次要方面原理告诉我们，事物的性质主要是由取得支配地位的矛盾的主要方面决定，因此人们在认识事物时，必须把握矛盾的主要方面，才能正确认识事物的性质、主流，同时次要方面对事物的性质也有一定的影响，一定条件下二者还可能相互转化，所以也不能忽视矛盾的次要方面。

3. 分析总结

在介绍对偶理论的过程中，强调对偶问题和原问题是问题的一体两面，从而引出"对立统一"的马克思主义辩证法观点。马克思主义辩证法即唯物辩证法，是马克思主义本体论（唯物）和认识论（辩证法）的统一，认为物质世界是普遍联系和不断运动变化的统一整体，而辩证规律是物质世界自己运动的规律。运筹学中的线性规划问题均是对现实问题的简化数学表达，能反映现实生活中问题的普遍规律；而对偶问题的提出，是对原问题另一角度的描述，从理论角度证实了解决同一问题的不同方法，两者既对立又统一。通过对原问题、对偶问题单纯形法的求解，从中找出其辩证统一性，不但可以提高学生对马克思主义矛盾论和辩证法的认识，更能够引导学生用辩证法的观点解决复杂问题，拓展学生思考问题的方法和途径。

案例4　分支定界法和割平面法
——毛泽东"分割包围、各个击破"的作战艺术

【课程名称】运筹学。

【教学内容】分支定界法和割平面法。

【案例意义】通过分支定界法和割平面法与毛泽东"分割包围、各个击破"的作战艺术的对比，让学生领会将一个大的学习目标分割成多个小目标，然后逐个去完成，最终实现完整的学习目标的学习策略。

教学过程

1. 问题导入

分支定界（branch and bound）法是一种求解整数规划问题的最常用算法。这种方法不但

可以求解纯整数规划，还可以求解混合整数规划问题。分支定界法是一种搜索与迭代的方法，选择不同的分支变量和子问题进行分支。割平面法的基本思路是：先不考虑整数性约束，求解相应的线性规划问题，若线性规划问题的最优解恰好是整数解，则此解即为整数规划问题的最优解；否则，就增加一个新的约束条件，称为割平面。割平面必须具有两个性质：①从线性规划问题的可行域中至少割掉的非整数最优解；②不割掉任何整数可行域，然后在缩小的可行域上继续解线性规划问题。重复以上做法，经有限次切割后，必可在缩小的可行域的一个整数极点上达到整数规划问题的最优解。那同学们是否知道，对复杂问题进行分解切割，毛泽东同志在抗日战争与解放战争中有纯熟的应用？

2. 讲授正文

分支定界法又叫分枝界限法，是由三栖学者理查德·卡普（Richard Karp）在 20 世纪 60 年代发明，成功求解含有 65 个城市的旅行商问题，创当时的纪录。分枝界限法把问题的可行解展开如树的分枝，再经由各个分枝寻找最佳解。分枝界限法也能够使用在混合整数规划问题上，其为一种系统化的解法，以一般线性规划之单形法解得最佳解后，将非整数值之决策变量分割成最接近的两个整数，分列条件，加入原问题中，形成两个子问题（或分枝）分别求解，如此便可求得目标函数值的上限（上界）或下限（下界），从其中寻得最佳解。

混合整数线性规划（MILP）的割平面法通过将整数问题线性松弛为非整数线性问题，并对其进行求解，来求解 MILP 问题。线性规划理论说明，在温和的假定下（如果线性规划存在最优解，并且可行域不包含一条线），总存在一个极值点或顶点是最优的。检验所获的最优解是否为整数解，如不是，则必然存在一线性不等式将最优点和真可行集的凸包分离。这样的不等式就是切割。切割可以被加到松弛的线性规划中，使得当前的非整数解对松弛不再可行。该过程不断重复，直到找到最优整数解。

1946 年 6 月下旬蒋介石派国民党军队 30 万人围攻中原解放区，并且向解放区发动全面进攻，国共内战由此全面爆发。国民党军队在战争中遭到了中国人民解放军的坚决抵抗和打击，至 1947 年 3 月，蒋介石和国民党军队不得不收缩兵力，改变军事部署，由全面进攻转为重点进攻，集中兵力进攻山东解放区和陕北。蒋介石委派胡宗南率大军压境陕甘宁边区。面对敌军的来势汹汹，毛泽东等党中央领导人作出了"不要在乎一地一城得失，集中优势兵力，各个击破"的战略方针。辽沈战役结束后 4 天，华东野战军和中原野战军及部分地方武装共 60 万人按照毛泽东和中央军委的命令，在以徐州为中心，东起连云港、西至商丘、北至临城、南到淮河的广大地区，发起了规模空前的淮海战役。人民解放军在作战指导上采取将敌军兵团"分割包围，集中优势兵力，各个击破"的战法，分三个阶段向国民党军队发起进攻。第一阶段集中兵力歼灭了黄百韬兵团；第二阶段歼灭了孤军突出的黄维兵团；12 月 16 日至次年 1 月 10 日，是淮海战役的第三阶段。1949 年 1 月 6 日下午 3 时，人民解放军发起总攻，陷入绝境的邱清泉、李弥兵团的防御体系瓦解。10 日，杜聿明集团全部被歼，徐州"剿总"副总指挥杜聿明被生俘，淮海战役胜利结束。淮海战役历时 66 天，共歼灭国民党军 55.5 万人。经此一役，南线国民党军队的精锐主力已被消灭。长江中下游以北的广大地区获得解放。国民党政府的首都南京处在人民解放军的直接炮火威胁下。国民党的反动统治陷入土崩瓦解状态。

3. 分析总结

分支定界法是一种求解整数规划问题的常用算法，其主要思想是分割问题并计算每个分支的结果，从而求出最符合题目要求的解。介绍分支定界法时，可引出毛泽东主席指导中国人民解放军对敌分割包围、各个击破的战术战法，该战术战法同分支定界法的主要思想高度相似。通过对毛泽东抗战时期战术的详细讲解、战略分析，可以加深学生对人民军队和伟人的感情，增强学生的民族认同感和荣誉感，同时可以强化学生对相关知识点的记忆。在抗日战争中，人民解放军探索出了一条适合自己的对敌分割包围、各个击破的战术，该战术对学生日常学习也具有重要意义，即将一个大的学习目标分割成多个小目标，然后逐个去完成，最终将实现完整的学习目标。

案例 5　非平衡运输问题
——马克思主义中国化，具体问题具体分析

【课程名称】运筹学。

【教学内容】非平衡运输问题。

【案例意义】通过对非平衡运输问题的教学，引导学生学习具体问题具体分析和马克思主义中国化的重要理论。

教学过程

1. 问题导入

运输问题，是一类具有特殊结构的线性规划问题。由于运输问题约束方程组的系数矩阵中所有的子行列式为 0 或 ±1，所以存在着比单纯形法更简单的特殊解法。表上作业法是求解运输问题的一种简便而有效的方法，其求解工作在运输表上进行，它是一种迭代法，迭代步骤为：先按照某种规则找出一个初始调运方案；再对现行解做最优性判别，若这个解不是最优解，就在运输表上对它进行调整改进，得出一个新的解；再判别，再改进，直到得到运输问题的最优解为止。表上作业法只能适用于平衡运输问题，那么对于非平衡运输问题应该怎么做呢？

2. 讲授正文

首先介绍，表上作业法只能适用于平衡运输问题，对于非标准问题，则必须具体问题具体分析。如目标取极大（MaxZ），那么检验数用 $\lambda_{ij} \leqslant 0$ 进行最优性检验。如果供过于求（产>销），则加虚销点，且 $C_{i虚} \leqslant 0$，销量为产销之差；如果供不应求（销>产），加虚产点，且 $C_{虚j} \leqslant 0$，产量为销产之差。

然后介绍，具体问题具体分析是指在矛盾普遍性原理的指导下，具体分析矛盾的特殊性，并找出解决矛盾的正确方法。其是要求人们在做事、想问题时，要根据事情的不同情况采取不同措施，不能一概而论。具体地分析具体的情况是马克思主义活的灵魂，马克思主义哲学的一条基本原则，最早是由列宁提出来的，他在《共产主义》一文中批评匈牙利共产党员库恩·贝拉时写道："他忽略了马克思主义的精髓，马克思主义的活的灵魂：对具体情况作具体分析。"

再后介绍，毛泽东在《矛盾论》中论述了具体地分析具体问题的一般性原则，这就是：分

析各种物质运动形式矛盾的特殊性；研究每一物质运动形式在其发展长途中的每一个过程矛盾的特殊性，即研究过程矛盾的特点；过程中矛盾的各个侧面也是有各自的特殊性，要注意加以研究；一个过程在其发展长途中常常又分为若干阶段，而每一阶段上矛盾的特点是不相同的，要认真分析研究；阶段上矛盾着的各个侧面也是各有特点，不可一律对待，亦须作具体分析。

最后介绍，马克思主义中国化就是坚持把马克思主义基本原理同中国具体实际相结合、同中华优秀传统文化相结合，运用马克思主义的立场、观点、方法，研究和解决中国革命、建设、改革中的实际问题；就是总结中国革命、建设、改革的实践经验，从而认识和掌握客观规律，为马克思主义理论宝库增添新的内容；就是运用中国人民喜闻乐见的民族语言来阐述马克思主义理论，使之成为具有中国特色、中国风格、中国气派的马克思主义。

3.分析总结

介绍非平衡运输问题的处理时，引导学生在利用理论指导实践时，要具体问题具体分析，正如中国特色社会主义，它是马克思主义与中国社会实际相结合的产物，符合中国的国情，是经历了一系列实践得到的真理。马克思主义中国化正确地处理了理论与实践之间的关系，对运筹学的教学具有重要的指导意义。运筹学的各类问题都需要经过具体化分析、实践性检验和过程化落实，我们要引导学生正确地认识问题，用辩证思维看待问题，具体问题具体分析，避免学生走上教条化的道路；同时，提高学生利用已有理论方法解决非标准问题的能力，加深学生对马克思主义思想和中国特色社会主义理论的认识，培养学生的创新意识。

案例6 单纯形法
——增强理想、信念意识

【课程名称】运筹学。

【教学内容】线性规划问题求解方法。

【案例意义】通过对单纯形算法思想、算法实现的学习和讨论，学生能够认识到局部服从于整体、整体利益为重，增强理想、信念意识的重要意义。通过单纯形法求解线性规划问题的训练，帮助学生培育钻研奋进的钉子精神、精益求精的品质精神、追求卓越的进取精神。

教学过程

1.问题导入

之前我们对第一章线性规划问题基础进行了学习和讨论，知道了什么是线性规划问题、线性规划问题的数学模型及其各种表现形式、标准型，线性规划问题解的特征；同时也了解到线性规划问题的可行解有无穷多个，最优解是使目标函数达到极值的可行解，求最优解有如"大海捞针"。有趣的是，借用直角坐标将仅有两个决策变量的线性规划问题的最优解求解出来了，我们称这种方法为图解法，图解法简单、直观，更可贵的是它也帮助我们理解了线性规划问题求解的基本规律。如果我们遇到多于两个变量的线性规划问题又如何求解呢？下面我们学习一种新的算法——单纯形法。

2.讲授正文

单纯形法是由美国数学家丹捷格(G. B. Dantzig)于 1947 年首先提出的,是公认的 20 世纪最伟大的算法之一。单纯形法求解线性规划问题的基本思路是:根据线性规划模型的标准型,从可行域中的一个基本可行解(顶点)开始,判断其是否为最优解,如果不是,就转换到另一个基本可行解(顶点),且使目标函数值不断增大,直到找到最优解为止。

首先,我们来分析一下上述算法思想,归纳出算法步骤:第一步,先将一般的线性规划问题变换为标准形式;第二步,确定其初始基本可行解并设计初始单纯形表;第三步,计算初始单纯形表中的检验数并加以判别,若满足最优性检验,则解达到最优,否则转入第四步;第四步,取检验数大于零的非基变量作为换入变量,用西塔规则确定换出变量进行迭代运算,得到新的单纯形表,转入第三步,直到所有变量的检验数均满足最优性检验为止,算法结束。接下来我们一起按照上述算法步骤完成一道实际算例的全过程(略)。

对于刚刚算例演算的全过程,同学们除了理解算法原理,学会算法的操作过程,并能正确求解多个变量的线性规划问题以外,还应重点加深以下几点认识:

①算法体现了线性规划问题整体最优的运筹优化思想,每完成一次迭代均是从所有决策变量的检验数入手进行判别,确定换入变量;从所有基变量中分析西塔值确定换出变量。

②一般情况下,算法要经过多次迭代,表面上看迭代是在重复计算过程,实际上每次迭代均使得目标函数在向最优目标函数值靠近,直至达到目标函数值。所以,同学们遇到更复杂的线性规划问题时,迭代的次数可能会增加,但是要有信心,单纯形法经过有限次迭代运算后一定会达到目标值,如同人类社会理想一样,应坚定共产主义理想、信念。

③算法一环扣一环,环环相扣,逻辑性非常强。同学们在应用的时候来不得半点粗心,需要严谨、细致、精益求精的学习和工作态度。与此同时,对于复杂的专业领域的实际问题,要充分应用现代计算技术编程,把人们从繁重的计算中解放出来。

3.分析总结

通过对复杂线性规划问题求解算法——单纯形法的算法思想、算法实现以及应用全程的学习、训练和进一步分析,学生感受到了单纯形法的重要意义,体会到了单纯形法为了实现线性规划问题整体最优的目标,是如何从无数个可行解中一步一步找到那唯一一个最优解(唯一解情形)的,其中所需要的认真的工作态度和求实的科研精神,也同时增强了学生的理想、信念意识。

案例 7　时间-资源优化
——深刻体会社会主义制度的优越性,增强制度自信

【课程名称】运筹学。

【教学内容】网络计划优化。

【案例意义】微视频中陈铭先生的"暖暖的中国"主题演讲极具亲和力和感染力,为学生上了一堂生动的爱国主义教育课,使学生为生长在这样一个暖暖的国家而自豪,坚信中国特色社会主义制度的优越性,也为有如此高水平的中国建设者和管理者而骄傲。

教学过程

1. 问题导入

网络计划技术，也称网络计划法，是以系统工程思想为理念，将计划项目分解为相对独立的活动，根据各活动先后顺序、相互关系以及完成活动所需的时间，做出能够反映项目全貌的网络图；从项目完成全过程着眼，找出影响项目进度的关键活动和关键路线，通过对资源的优化调度，实现对计划项目实施的有效控制和管理。网络计划技术是 20 世纪中叶美国创造和发展起来的一项新型计划技术。其中的优化问题包括三类：时间优化、时间-资源优化、时间-费用优化。关于时间优化，应用之前介绍的平行工序和交叉工序即可实现。如果将时间和资源综合考虑，优化有何特点和意义呢？

2. 讲授正文

所谓工期-资源优化，就是在编制网络计划安排工程进度的同时，考虑尽量合理利用现有资源，并缩短工程完工期。一般地，工期-资源优化有"工期固定-资源均衡"和"资源有限-工期最短"两种情形：

①"工期固定-资源均衡"的优化过程是调整计划安排，在工期保持不变的条件下，使资源需用量尽可能均衡的过程；

②"资源有限-工期最短"的优化过程是调整计划安排，以满足资源限制条件，并使工期延期最短的过程。

在实际操作中，资源的均衡与压缩工期涉及的内容非常广泛，每一种有限资源的合理安排方案不尽相同。但合理安排这些资源的基本要求比较一致。平衡资源的准则如下：

①优先安排关键工序所需要的资源量。

②利用非关键工序的总时差，错开各工序的开始时间，拉平资源需要量的高峰。

③在压缩工期的同时，要分别考量每道工序所需的资源量、供应能力及时间限制，以便确定每道工序可压缩的时间限度及进度安排。

④当资源绝对受限制时，在保证不推迟或尽量少推迟工程完工期的前提下，全面统筹安排，最大限度地利用资源。

下面举例说明其计算过程，学生和老师一起完成（略），然后讨论归纳总结实际计算应该注意的要点。

在实际生活和工作中，时间-资源优化应用十分普遍，而且具有重要意义。接下来大家花两分钟时间观看一个视频片段（来自凤凰新闻客户端）："暖暖的中国"——陈铭讲述：火神山十天建成的真相。（演讲视频完整版链接已发学习通，供学生课后观看）

"暖暖的中国"主题演讲极具亲和力和感染力，为学生上了一堂生动的爱国主义教育课，使学生为生长在这样一个暖暖的国家而自豪，坚信中国特色社会主义制度的优越性，也为如此高水平的中国建设者和管理者而骄傲。与此同时，学生也更好地理解了网络计划技术中的"时间-资源"多目标优化原理，很好地完成了课程的价值引领、知识和能力目标。

然后，采用对比分析法，启发引导学生分别就时间优化、时间-资源优化、时间-资源-费用优化等单目标、多目标优化问题，对比分析它们的内在联系和区别，抓住网络计划优化中的核心思想，即"如何协调关键工序和非关键工序"，加强对网络计划各类优化问题及方法的理解和应用。

3. 分析总结

结合课程内容的学习，播放陈铭先生的"暖暖的中国"主题演讲片段，不仅使学生深刻认识到网络计划技术是一种编制大型工程进度计划的有效方法——特别是在生产技术复杂、工作项目多且联系紧密的一些跨部门工作计划及其控制、管理、调整和优化问题中应用十分广泛，而且深刻体会到生长在中国这样一个暖暖的国家是无比幸福和自豪的，坚信中国特色社会主义制度的优越性。

案例8　马尔可夫随机过程
——敢于质疑、刻苦钻研的科学精神

【课程名称】运筹学。

【教学内容】排队论基础。

【案例意义】中南大学教授侯振挺凭"侯氏定理"斩获国际戴维逊奖的故事，是学生身边的故事，感人至深。老一辈科学家自强不息、坚韧不拔、锐意进取、积极探索、勇于创新的科学精神，激励着中南学子发奋努力学习、报效祖国，也对培养学生爱国爱校和尊师重教具有重要意义。

教学过程

1. 问题导入

排队论又称随机服务系统理论，它研究服务系统中排队现象的随机规律，解决排队系统的最优设计和最优控制问题，具体来讲排队论是研究顾客和服务员之间合理关系的学科。前面我们介绍了随机服务系统的组成、输入过程特征、输出过程特征、排队机构特征和排队服务规则等。由于概率论数理统计相关知识学习的时间较早，学生有些遗忘，感觉回顾起来有些困难。对此，在介绍马尔可夫随机过程的知识点时，可提问：同学们知不知道著名的"侯氏定理"？它就在我们身边哦。

2. 讲授正文

马尔可夫是俄国数学家，在 20 世纪初，他在经过多次试验后发现，系统状态在转移过程中，在某些因素作用下，第 n 次试验结果的概率规律常取决于第 $(n-1)$ 次试验的结果，而与更早的结果无关。他首先对这种现象做了系统的研究。后来，学术界就把这种过程称为马尔可夫过程。在自然界中，事物变化的过程可以分为确定性和随机性两大类。所谓确定性就是事物变化的过程具有确定的形式，即实物系统的状态随着时间而变化的转移规律是可以料到的；若系统状态变化的规律事先不能确切知道，即系统状态的变化是随机的，则称为随机过程。

马尔可夫随机过程的核心是描述系统的状态和状态的转移。当描述系统状态的变量由一个特定的值转移到另一个值，就称系统的状态实现了转移。例如车站候车室里有 100 个旅客是一个状态，经过任意时间后，候车室里有 101 个旅客又是一个状态，这就是一个状态转移。

定义：在任意时刻 t_0，系统的状态处于 S_0，若系统过程"未来"状态的概率特征只取决于 t_0 时刻的状态，而与更早的系统状态无关，这样的随机过程称为马尔可夫随机过程。

简单地说，马尔可夫随机过程是"未来"取决于"现在"，"过去"对"未来"的影响只能通过"现在"来体现。

说到这，同学们对于马尔可夫随机过程是有了一定的认识还是觉得很悬浮呢？其实在我们身边就有一位世界著名的数学家、全国劳动模范——中南大学博士生导师侯振挺教授，长期从事概率论及关于马尔可夫过程的研究。1974 年，他的论文《Q 过程的唯一性准则》在《中国科学》发表。1976 年，伦敦数学学会副理事长、英国剑桥大学教授 Reuter 发表论文称"Q 过程唯一性原则"为"侯氏定理"。1978 年，侯振挺获国际戴维逊奖，成为我国第一个获此殊荣的数学家。[①]

接下来，以生活和专业领域中的随机服务系统问题为例，启发学生探究马尔可夫排队模型的构建、优化与应用等，希望学生能灵活运用马尔可夫排队模型分析和解决自己生活、学习、科研中的问题，实现知识的迁移，建构知识意义。

3. 分析总结

侯教授的优秀事迹的引入与介绍，大大提高了学生的学习兴趣，帮助学生树立正确的科学观(科学方法、科学精神和科学素养)，实现更深层次个人素养的全面提升。

---

① 关于侯教授的优秀事迹，大家可以课后查阅长沙晚报掌上长沙 https：//baijiahao. baidu. com/s？id = 1635458690848061725&wfr = spider&for = pc

3

经济学(基础)

教学内容和思政融合设计

序号	教学内容	思政映射与融入点	编者
1	知识点：西方经济学企图解决的问题	案例1："看不见的手"原理——道路自信	谢楚农
2	知识点：成本的概念	案例2：机会成本——权衡与取舍	谢楚农
3	知识点：消费者预算线	案例3：消费者行为理论——理性消费	谢楚农
4	知识点：厂商的本质与目标	案例4：厂商的目标——仁义之心	谢楚农

案例1 "看不见的手"原理
——道路自信

【课程名称】经济学(基础)。

【教学内容】西方经济学企图解决的问题。

【案例意义】通过讲述西方经济学企图解决的问题，使学生了解西方经济学所宣扬的资本主义制度的合理性与优越性，引导学生充分认识中国特色社会主义制度的优越性，帮助他们筑牢制度自信的思想根基，坚定学生走社会主义道路的决心。

教学过程

1. 问题导入

马克思主义政治经济学告诉我们，上层建筑是为经济基础服务的。作为西方社会上层建筑的西方经济学，当然企图为其经济基础(即资本主义)作出贡献。具体地说，西方经济学企图为资本主义制度解决问题。

2. 讲授正文

在意识形态上，西方经济学宣传资本主义制度的合理性和优越性，从而加强人们对该制度永恒存在的信念。

早在 200 多年前，西方经济学的鼻祖亚当·斯密已经提出了著名的被称为"看不见的手"的原理，用以论证资本主义制度的优越性。然而，"看不见的手"原理充分说明了资本主义再生产的实质是为了个人的安乐、资本家个人的利益，这是由资本追逐剩余价值的本性决定的。而社会主义再生产的实质是满足劳动者日益增长的物质文化生活需要，是在经济发展的基础上提高社会全体人民的生活水平。资本主义再生产的结果就是贫困者愈贫困、富裕者更富裕，严重两极分化。

在这次新型冠状病毒感染疫情面前，党领导全国人民积极应对，全国一盘棋，上下一条心，对口支援，展现了中国特色社会主义的制度优势和制度力量；科学家、医疗工作者、公共卫生管理者们不怕牺牲，党员冲锋在前，展现了中国人民不怕牺牲和勇于担当的精神风貌和高贵品质；将挽救人民的生命健康放在第一位，展现了党的人民至上的执政理念。相反，这次疫情在西方世界（欧洲、美国和日本等）的影响可以说非常严重（死亡人数以百万计）。那么，为什么所谓"制度、物质都更为先进"的西方发达国家在有中国的早期经验的情况下，会对这次暴发的病毒疫情应对得这么糟糕呢？是政治体制的无效率，社会很难全员动员，还是因为文化上对待疫情的传统态度？

英、美等资本主义国家对待疫情的种种表现，实质是资本主义制度决定的。资本家是绝对不会允许为了抗疫而停止事关个人的安乐、资本家个人的利益的社会再生产的，这就注定了中国的抗疫方法西方国家是学不会、不会学的，导致疫情大流行，大量的病人死亡。

3. 分析总结

西方经济学的鼻祖亚当·斯密的"看不见的手"的原理说明，资本主义再生产的实质是由社会制度决定的。通过两种不同的社会制度对待新型冠状病毒感染疫情的态度和不同应对方法所带来的后果的对比，凸显了中国特色社会主义制度的优越性，增强了同学们的制度自信，坚定了他们走社会主义道路的决心。

案例 2 机会成本
——权衡与取舍

【课程名称】经济学（基础）。

【教学内容】成本的概念。

【案例意义】通过对各种成本概念的学习，为学生应用成本来分析经济现象打下基础，应用机会成本知识来分析学生大学 4 年的机会成本，引导他们思考如何让大学生活有意义，为学好专业知识，锻炼出健康的体魄，树立正确的人生观与价值观而努力。

教学过程

1. 问题导入

在生活中，经常面临着许多的选择，例如，在周末同学们面临着去图书馆看书学习还是打游戏或者打球的选择；农民在获得更多土地时，如果选择养猪就不能选择养鸡，养猪的机会成本就是放弃养鸡的收益。那么，什么是机会成本？

2. 讲授正文

西方经济学者认为，经济学是要研究一个经济社会如何对稀缺的经济资源进行合理配置的问题。从经济资源的稀缺性这一前提出发，当一个社会或一个企业用一定的经济资源生产一定数量的一种或几种产品时，这些经济资源就不能同时被使用在其他的生产用途方面。也就是说，这个社会或这个企业所获得的一定数量的产品收入，是以放弃用同样的经济资源来生产其他产品所能获得的收入作为代价的。一般地，生产一单位的某种商品的机会成本是指生产者所放弃的使用相同的生产要素在其他生产用途中所能得到的最高收入。在经济学中，企业的生产成本应该从机会成本的角度来理解。

提问学生上大学 4 年的机会成本会是多少，并总结他们的回答。其实如果同学们不上 4 年的大学，大部分同学的出路不外乎 3 条：外出打工、参军、当个小老板做买卖。打工，工厂老板每月给你一定数量的工资，如果每个月 5000 元，那么，4 年可以获得 24 万元的货币收入；参军可使你的性格与体魄在部队得到极好的锻炼，同时，结识一些生死与共的战友；做买卖可以积累经商的经验，同时获得一定的货币收入。

同学们来上了大学，把外出打工、参军、当个小老板做买卖的机会都放弃掉了，那么，这 3 个机会带来的最高收入，就是同学们各自上 4 年大学的机会成本。由此可见，4 年大学的成本是不低的。

但是，在这 4 年中，同学们获得了学习深造的机会和提高自身素质的平台，可以认识更多的高素质的同学，为自己将来的就业打下基础，所以同学们应该好好思考如何让大学生活变得更有意义，锻炼出健康的体魄，学好专业知识，树立正确的人生观与价值观，不把光阴浪费在单纯的娱乐上，努力使上大学这份投资的收益最大化。

3. 分析总结

应用机会成本的概念，分析大学 4 年的成本，改变了学生过去认为的上大学的成本等于 4 年的生活费加上 4 年学费的观念，使学生明白上大学来之不易，必须加倍珍惜，努力学好专业知识，锻炼出健康的体魄，使上大学这份投资的收益最大化，让大学生活变得更有意义。

案例 3　消费者行为理论
——理性消费

【课程名称】经济学（基础）。

【教学内容】消费者预算线。

【案例意义】通过对消费者行为理论的学习，帮助学生有意识地树立正确的价值观和消费观, 勿要盲目攀比, 坚持理性消费、适度消费, 保持中华民族量入为出的传统美德。

教学过程

1. 问题导入

无差异曲线描述了消费者对不同商品组合的偏好, 它仅仅表示消费者的消费意愿, 这种意愿构成了分析消费者行为的一个方面; 另一方面, 就是消费者在购买商品时, 受到自己的收入水平与商品价格的限制, 这就是预算约束, 预算约束可以用预算线来说明。

2. 讲授正文

预算线又称为预算约束线、消费可能线和价格线。预算线表示在消费者的收入和商品的价格给定的条件下, 消费者的全部收入所能购买到的两种商品的各种组合。随着消费者收入、商品价格的变化, 预算线会发生平移或旋转, 当消费者收入增加时, 预算线会往右上方移动, 商品组合增多; 当商品价格上升时, 预算线会往左下方移动, 商品组合减少, 简单地说, 就是当所拥有的资源有限时, 我们的选择范围有限, 存在一定的组合。因此, 应当建立这样的消费原则:

①量入为出, 适度消费。消费支出应该与自己的收入相适应, 自己的收入既包括当前的收入水平, 也包括对未来收入的预期, 也就是要考虑收入能力这个动态因素。

②避免盲从, 理性消费。首先, 在消费中要注意避免盲目从众; 其次, 要尽量避免情绪化消费。

③保护环境, 绿色消费。绿色消费就是指以保护消费者健康和节约资源为主旨, 保持人与自然的和谐发展, 做个绿色消费者。

④勤俭节约、艰苦奋斗。勤俭节约、艰苦奋斗是我国的传统美德, 是一种民族精神, 它是永远不过时的, 不能把勤俭节约、艰苦奋斗与合理消费对立起来, 勤俭节约不是抑制消费, 而是说不要浪费。

总之, 以上四个原则, 是科学消费观的具体要求, 我们要理解和掌握这些原则, 并用以指导自己的消费行为, 既有益于个人, 也有益于社会, 从而促进个人的健康发展和社会的可持续发展。

3. 分析总结

无差异曲线与消费者预算线说明资源是有限的, 告诉学生应当树立怎样的消费观。

案例4　厂商的目标
——仁义之心

【课程名称】经济学(基础)。

【教学内容】厂商的本质与目标。

【案例意义】通过对厂商的本质与目标的介绍, 使学生对企业的本质与企业生产的目标有了更深的认识, 引导学生在今后的工作中, 无论是从企业角度还是从个人角度都要遵从"君子爱财, 取之有道"和"不义之财不可取, 不善之事不可为"的传统文化思想。

教学过程

1.问题导入

在西方经济学中,生产者亦称为厂商或企业,指能够作出统一的生产决策的单个经济单位。厂商的组织形式虽有不同,但厂商的本质都是在一定程度上对市场的一种替代,那么厂商的目标是什么呢?

2.讲授正文

经济学一般总是假定厂商的目标是追求利润最大化,虽然在现实经济生活中,厂商有时并不一定选择实现最大利润的决策(可能是销售收入最大化、市场份额最大化、经理层效用最大化)。西方学者已明确指出,长期来看,一个不以利润最大化为目标的企业终将会被市场竞争所淘汰。那么,那种一切为了利润的做法是不是可取,是不是值得我们学习的呢?

通过"美国食品加工行业惊天内幕"案例讲述食品老板为赚钱所露出的丑恶獠牙,并向学生提问:看完这个实例,同学们有什么感受?(第一可能是现在还有能吃的食品吗?第二是这些食品药品老板为了钱,已经到了丧心病狂的地步)那么,我们应当如何选择食品?应当怎样去赚钱呢?

对于食品的选择,首先,所有来路不明、加工方式不明、制作过程中添加的辅料不明的食品,无论它多么美味、多么诱人,都不要碰。其次,要根据健康管理专家的系统建议,按照身体的需要从天然食物中充足地摄取所需的营养素。食物的处理方式必须是健康的,食物的品种必须是多样化的,食物的结构必须是满足身体需要的。

至于第二个问题,中华民族的传统思想中早已有答案,那就是"君子爱财,取之有道"。什么是"道"?道是指合法之道,仁义之道。企业取财有道,就不会为了利润去污染破坏环境;个人取财有道,就不会贪污、腐败、巧取豪夺,最后身败名裂。所以,同学们,我们要把仁道作为我们安身立命的基础、生活的原则,无论是富贵还是贫贱,无论是仓促之间还是颠沛流离之时,都绝不能违背这个基础和原则。

3.分析总结

通过对厂商的本质与目标的学习,学生对厂商有了进一步的了解,通过实例,学生认识到西方文化与中华民族传统文化的差异。在今后的人生路上,应当把仁义之道作为我们安身立命的基础与生活的原则。

4

运输与配送

教学内容和思政融合设计

序号	教学内容	思政映射与融入点	编者
1	知识点：运输、配送在物流系统中的地位和作用	案例1：概述——系统观、全局观	郑国华
2	知识点：运输、配送的发展趋势（绿色运输方式和运输工具受到重视）	案例2：运输、配送的发展趋势——绿色理念	郑国华
3	知识点：运输方式及其业务流程	案例3：多式联运——合作精神、团队意识	郑国华
4	知识点：配送系统结构与服务模式	案例4：共同配送——协作与效率	郑国华

案例1 概述
——系统观、全局观

【课程名称】运输与配送。

【教学内容】运输、配送在物流系统中的地位和作用。

【案例意义】本思政育人案例学习的目的，就是要使学生学习掌握系统论的基本观点，即把事物、对象看作系统，进行整体研究。系统论的主要任务就是以系统为对象，从整体出发来研究系统整体和组成系统整体各要素的相互关系，从本质上说明其结构、功能、行为和动态，以把握系统整体，达到最优的目标。

以此培养学生在今后的工作和生活中，要学会用系统论的观点和方法看待和分析事物，不能头痛医头、脚痛医脚，或者只见树木不见森林。

教学过程

1.问题导入

在介绍"运输、配送在物流系统中的地位和作用"的过程中,与专业知识内容相关的思政育人映射与融入点如表4-1所示。

表4-1　专业知识内容与思政元素关系

专业知识、技能	思政育人映射与融入点
物流系统的内涵、特点; 物流系统的"二律背反"; 运输、配送是物流系统功能的核心	系统观、全局观(系统论的观点和方法) ——物流系统是由运输、储存、装卸、搬运、包装、流通加工、配送、信息处理等子系统构成的;物流子系统之间存在"二律背反"的关系。要使物流系统达到最优,必须用系统论的观点和方法分析,使各子系统总体达到最优化 要求学生充分了解物流系统"二律背反"的含义,学会用系统论的整体观和全局观分析和看待事物,处理相关问题

在授课过程中,依据上述课程专业知识点及与教学内容相关的思政育人映射与融入点开展教学工作,具体的教学引入过程如图4-1所示。

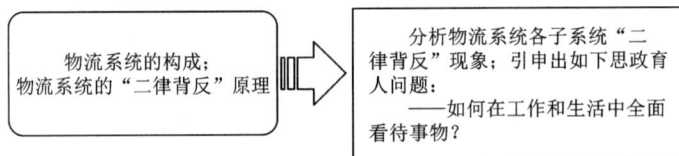

图4-1　教学引入过程

2.讲授正文

首先讲述物流系统的构成:物流系统是由运输、储存、装卸、搬运、包装、流通加工、配送、信息处理等子系统构成的,各子系统之间存在"二律背反"的问题。

然后阐述"二律背反"的含义:"二律背反"是指在一个系统的各子系统构成中,当其中某一个子系统的成本下降时,它会导致另外的子系统的成本上升。比如,运输子系统与仓储子系统之间就存在"二律背反"的问题;采购子系统与仓储子系统也存在"二律背反"问题。

【思政融入】解决"二律背反"问题,需要用系统论的观点和方法来看待事物,即需要把物流系统看作一个整体,我们要追求的不是每一个子系统的最优,而是要使整个系统最优。

【案例故事】毛泽东《矛盾论》的矛盾的特殊性

毛泽东在文章中比喻只看到局部,看不到整体或全局时,使用了"只看见树木,不看见森林"的比喻。这就告诫我们,在分析和看待事物时,一定要有整体观、全局观。

据此，引入系统论的观点，向学生阐述系统论的三大原理：

①整体性原理。这是系统论的核心思想，是系统最本质的属性，揭示了系统的整体与要素之间的关系。

②有序性原理。其实质是揭示系统结构和功能的关系。

③动态相关性原理。其实质是揭示系统结构要素、系统和环境三者之间的关系及对系统的状态的影响。

三大原理之间是相互制约、相互影响、相互作用的关系。其中，动态相关性原理是整体性原理的延续和具体化，整体性说明要素和系统是相关联的，个体要素之间又存在必然的联系而不是孤立地存在。

【案例引申】

作为一个大学生，我们要学习并充分了解系统论原理，在未来的交通运输工作中，要坚持用系统论的观点和方法来看待和处理事物，而绝不能头痛医头、脚痛医脚，或者只见树木不见森林。这是一种世界观也是一种方法论，需要学生理解和掌握。

3. 分析总结

本案例紧紧围绕"运输、配送在物流系统中的地位和作用"教学内容中的思政育人映射与融入点——系统观和全局观，通过引导学生讨论"如何在工作和生活中全面看待事物？""怎样克服只见树木不见森林的思维观？"，以此培养学生在看待和处理事物时，学会采用系统论的全局观、整体观分析和解决具体问题的能力。

案例2　运输、配送的发展趋势
——绿色理念

【课程名称】 运输与配送。

【教学内容】 运输、配送的发展趋势（绿色运输方式和运输工具受到重视）。

【案例意义】 本思政育人案例的目的，就是要使学生明白，交通运输和物流在促进社会经济发展和繁荣的同时，也会造成环境方面的影响。要深刻领会绿色发展含义，树立绿色发展的理念，这既是实现可持续发展的要求，也是履行公民对社会环保的责任，更是培养学生社会主义核心价值观的客观要求。

教学过程

1. 问题导入

在教学"运输、配送的发展趋势"内容时，与专业知识内容相关的思政育人映射与融入点如表4-2所示。

表4-2 "运输、配送的发展趋势"教学内容中的思政育人映射与融入点

专业知识、技能	思政育人映射与融入点
运输、配送的发展趋势； 配送观念在改变； 集装单元化运输发展迅速； 门对门越来越受欢迎； 移动互联网的广泛应用； 绿色运输方式和运输工具受到重视	1. 绿色发展观 绿色发展是以效率、和谐、持续为目标的经济增长和社会发展方式。当今世界，绿色发展已经成为一个重要趋势，许多国家把发展绿色产业作为推动经济结构调整的重要举措，突出绿色的理念和内涵。 2. 可持续发展理念 可持续发展观是科学发展观的核心内容，可持续发展是指既满足当代人的需要，又不损害后代人的利益的发展。 学生可以自己搜索有关交通运输领域实施绿色发展和可持续发展的案例。以此培育学生绿色发展的价值观，做践行绿色发展的实践者

在授课过程中，依据上述课程专业知识点及与教学内容相关的思政育人映射与融入点开展教学工作，具体的教学引入过程如图4-2所示。

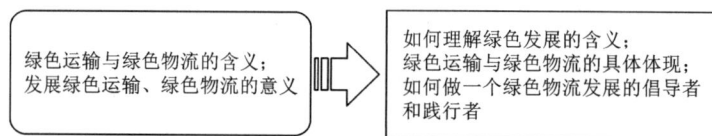

图4-2 教学引入过程

2. 讲授正文

首先，介绍绿色发展的内涵。绿色发展是以效率、和谐、持续为目标的经济增长和社会发展方式。当今世界，绿色发展已经成为一个重要趋势，许多国家把发展绿色产业作为推动经济结构调整的重要举措，突出绿色的理念和内涵。

为了促进人与人之间的和谐以及人与自然之间的和谐，要坚持可持续发展观，既满足当代人的需要，又不损害后代人的利益，在不超出维持生态系统涵容能力的情况下，尽可能地改善人类的生活品质。要树立这种发展观，必须明白可持续发展包括三方面内容，即经济可持续发展、生态可持续发展和社会可持续发展。

然后，介绍绿色物流的具体体现。绿色物流是通过充分利用物流资源，采用先进的物流技术，合理规划和实施运输、储存、装卸、搬运、包装、流通加工、配送、信息处理等物流活动，降低物流对环境影响的过程。

绿色物流在物流过程中抑制物流对环境造成危害的同时，实现对物流环境的净化，使物流资源得到最充分利用。

【思政融入】引导学生思考和讨论绿色物流推行的原因。主要观点可集中在以下几方面：
①绿色物流是可持续发展的一个重要环节；
②绿色物流是最大程度上降低经营成本的必由之路；
③绿色物流有利于企业取得新的竞争优势。

【案例引申】讨论我们应该如何做推动绿色物流发展的倡导者和践行者？可从如下方面进行思政育人的融入：

推行策略：转变观念，树立全民参与意识。

实施内容：绿色物流包括物流作业环节和物流管理全过程的绿色化。从物流作业环节来看，包括绿色运输、绿色包装、绿色流通加工等。其最终目标是可持续性发展，实现该目标的准则是经济利益、社会利益和环境利益的统一。

3. 分析总结

本案例紧紧围绕"绿色运输方式和运输工具"教学内容中的思政育人映射与融入点，即绿色发展观和可持续发展理念，阐述绿色发展观和可持续发展的内涵和意义，重点讲授绿色运输方式和绿色运输工具的具体实践方式，让学生了解在交通运输和物流实践活动中，如何贯彻绿色发展的理念；通过课堂讨论，加深学生对如何践行绿色发展观的理解和认识。

案例3 多式联运
——合作精神、团队意识

【课程名称】运输与配送。

【教学内容】运输方式及其业务流程。

【案例意义】本思政育人案例学习的目的，就是要教育学生在今后的工作和生活中融入团队和集体，以此培养学生的集体意识、团队精神，培养健康、乐观、向上的，不斤斤计较个人得失的人生观、世界观。

教学过程

1. 问题导入

课程"多式联运"中，与专业知识内容相关的思政育人映射与融入点如表4-3所示。

表4-3 "多式联运"教学内容中的思政育人映射与融入点

专业知识、技能	思政育人映射与融入点
现代运输组织方式概述； 多式联运的概念及运作组织方法	合作精神、团队意识 ——通过学习多式联运的相关知识，引申出"三个臭皮匠合一个诸葛亮"典故，以此培养学生树立合作精神与团队意识。培养学生健康、乐观、向上的正确的世界观和人生观，做一个身心健康的社会主义劳动者

在授课过程中，依据上述课程专业知识点及与教学内容相关的思政育人映射与融入点开展教学工作，具体的教学引入过程如图4-3所示。

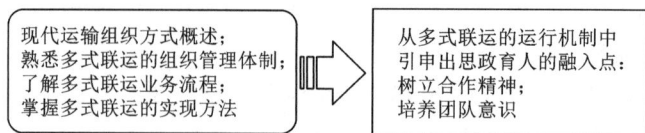

图 4-3　教学引入过程

2.讲授正文

首先,介绍多式联运的内涵。由两种及以上交通工具相互衔接、转运而共同完成的运输过程统称为复合运输,我国习惯上称之为多式联运。

然后,阐述多式联运的特征:

①根据多式联运的合同进行操作,运输全程至少使用两种运输方式,而且是不同方式的连续运输。

②多式联运的货物主要是集装箱货物,具有集装箱运输的特点。

③多式联运是一票到底,实行单一运费率的运输。发货人只要订立一份合同一次付费,一次保险,通过一张单证即可完成全程运输。

④多式联运是不同方式的综合组织,全程运输均是由多式联运经营人组织完成的。无论涉及几种运输方式,分为几个运输区段,由多式联运经营人对货运全程负责。

在此基础上,分析多式联运的组织体制、多式联运的业务流程及多式联运的优点。

【思政融入】在介绍上述专业知识点的基础上,引入课程思政的融入点,即多式联运体现了各种运输方式的协作,相互取长补短,充分发挥各种运输方式的技术经济特点,体现了运输企业在运输过程中的协作精神、整体观念和团结意识,体现了市场经济条件下合作共赢的协作思想。

【案例讨论】多式联运是如何实现合作共赢的?多式联运的合作机制给我们怎样的启示教育?

【案例引申】要求学生通过自己搜索有关多式联运的案例,特别是在全球经济面临疫情影响的大背景下,中欧班列的运行是如何对世界经济产生贡献的,以此充分了解和认识合作精神、协作意识的重要性,并从中理解中国扩大对外开放政策的意义。

3.分析总结

本案例紧紧围绕"多式联运"教学内容中的思政育人映射与融入点,即合作精神、团队意识,通过阐述多式联运的内涵和意义,引申出上述思政育人的观点,以此教育学生在今后的工作和生活中,必须树立合作精神和团队意识。要知道,个人的力量是有限的,而集体的力量是无穷的,只有将个人融入团队和集体中,才能够发挥最大的价值。

案例 4　共同配送
——协作与效率

【课程名称】运输与配送。

【教学内容】配送系统结构与服务模式。

【案例意义】本思政育人案例学习的目的，就是要在讲授共同配送知识点时，引申出思政育人融入点——协作精神和效率观，教育学生在今后的工作、学习和生活中，要发扬协作精神，这样才能提高效率。

教学过程

1.问题导入

"共同配送教学"内容相关的思政育人映射与融入点如表4-4所示。

表4-4　"共同配送"教学内容中的思政育人映射与融入点

专业知识、技能	思政育人映射与融入点
共同配送	1.协作精神。培养团结协作的精神，发挥集体的力量 2.效率观。每个人只有融入团队之中，才能创造出更大的价值

在授课过程中，依据上述课程专业知识点及与教学内容相关的思政育人映射与融入点开展教学工作，具体的教学引入过程如图4-4所示。

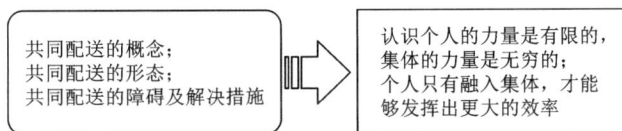

共同配送的概念；
共同配送的形态；
共同配送的障碍及解决措施

⟹

认识个人的力量是有限的，集体的力量是无穷的；个人只有融入集体，才能够发挥出更大的效率

图4-4　教学引入过程

2.讲授正文

首先，介绍共同配送的概念及特征。共同配送是指在一定区域内为了提高物流效率，对许多企业一起进行配送。共同配送的主要追求目标，是使配送合理化。共同配送可以分为以货主为主体的共同配送和以物流企业为主体的共同配送两种类型。

然后，讲解共同配送的形态，共同配送的障碍及解决措施。

在教授上述专业知识的同时，需要向学生讲清楚如下问题：

共同配送的目标就是追求效率最大化。从货主的角度来看共同配送可以降低配送成本，因为共同配送是多个货主企业共享一个第三方物流服务商的设施和设备，由多个货主共同分担配送成本，从而降低了成本。另外，多个不同货主的零散运输通过整合可以变成成本更低的整车运输，从而使运输费用大幅度降低。共同配送还可以降低每个货主的日常费用支出，降低新产品上市时的初始投资的风险。从第三方物流服务商的角度来看，共同配送同样可以降低他们的成本，从而间接地为其客户带来费用的节省。第三方物流服务商 Exel 的副总裁托马斯认为："我们之所以能够降低我们的成本，是因为我们的人工、设备和设施费用分摊到了很多共享的客户身上。这些零散客户共享所带来的生意像大客户所带来的生意量一样大，使我们可以发挥物流的规模效益，从而节约成本，这些成本的节约又反过来可以使我们公司实施更加优惠的低价政策。"

【**案例讨论**】共同配送可以大幅度降低运输费用，降低成本支出。从共同配送中，我们可以得出哪些启示？由此引出协作精神和效率观。

【**案例引申**】通过共同配送概念的学习，教育学生在将来的交通运输工作中，一定要发扬协作精神，因为个人的力量是有限的，只有发扬协作精神，才能获得更高的效率。

3.分析总结

本案例紧紧围绕"共同配送"教学内容中的思政育人映射与融入点，即协作精神——只有发扬协作精神，才能获得比个人单干更高的效率；效率观——追求效率是现代社会的普遍共识，以此教育学生在将来的工作和生活中，一定要发扬协作精神，并讲求效率。

5

供应链管理

教学内容和思政融合设计

序号	教学内容	思政映射与融入点	编者
1	知识点：绪论	案例1：供应链概述——专业自信	成耀荣
2	知识点：供应链的理解	案例2：供应链的理解——质量安全	成耀荣
3	知识点：供应链设计	案例3：供应链设计——坚定信念	成耀荣
4	知识点：供应链风险管理	案例4：供应链风险管理——安全意识	成耀荣

案例1 供应链概述
——专业自信

【课程名称】供应链管理。

【教学内容】绪论。

【案例意义】阐述供应链和供应链管理的含义，说明供应链管理的必要性，根据供应链中包含的物流、信息流和资金流，论述供应链管理中物流管理的重要性，说明供应链物流管理和供应链管理的联系，提高物流专业学生的专业自信，提高物流专业学生学习物流专业知识的兴趣和积极性。

教学过程

1. 问题导入

21世纪顾客消费水平不断提高，企业之间竞争加剧，政治、经济、社会环境的巨大变化，使得市场需求的不确定性大大增加，企业面临着缩短交货期、提高产品质量、降低成本和改进服务的压力。企业必须能对市场作出快速反应，源源不断地开发出满足用户需求的、定制化的产品去占领市场以赢得竞争。传统的企业管理模式无法适应社会环境的变化。企业之间的产品竞争已经转化为供应链与供应链之间的竞争。传统的企业管理必须向供应链管理转化。

2. 讲授正文

首先，介绍企业面临的外部环境及其特征。"供应链是围绕核心企业，通过对信息流、物流、资金流的控制，从采购原材料开始，制成中间产品以及最终产品，最后由销售网络把产品送到消费者手中的将供应商、制造商、分销商、零售商直到最终用户连成一个整体的功能网链结构模式。"

从供应链的定义中可以看出物流是供应链管理的重要内容，企业供应链管理需要物流管理的支撑。

其次，阐述企业实施供应链管理的必要性。企业要适应外部环境，求得企业的生存和发展，必须从传统管理模式向供应链管理转化。

再次，介绍供应链管理的产生和发展。

最后，介绍供应链管理的含义及主要内容。

3. 分析总结

本案例结合供应链管理课程中供应链和供应链管理的定义，可以让学生掌握供应链相关概念，了解企业生存发展的外部环境，使学生明白企业实施供应链管理的必要性，建立供应链管理的思想，并充分认识到物流管理在供应链管理中的重要性，从而使物流专业的学生树立专业自信，并且能够运用系统扎实的物流专业知识，立志于我国产业发展，推动我国全产业链优化升级，同时树立正确的专业观、世界观、人生观、价值观，实现自己的人生价值。功能网链结构模式如图 5-1 所示。

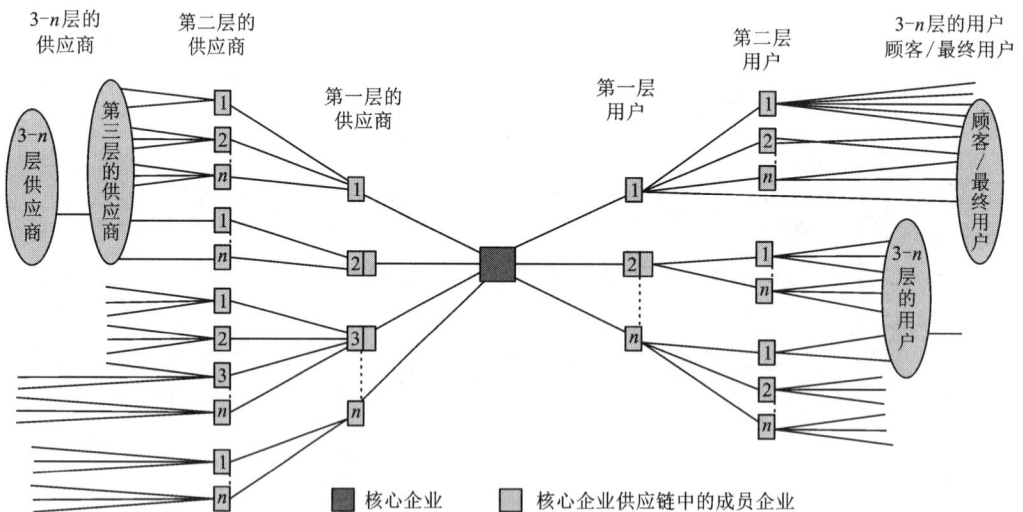

图 5-1　功能网链结构模式

案例 2　供应链的理解
——质量安全

【课程名称】供应链管理。

【教学内容】供应链的理解。

【案例意义】农产品质量安全是我国社会经济发展中的重要问题，也是全球国际贸易中十分敏感的问题，现已成为全社会、全球关注的焦点。通过对供应链中农产品逆向物流知识的介绍，阐述农产品物流的重要性，讲授供应链中农产品逆向物流方案设计的知识，提高学生农产品安全质量的意识，并说明如何通过专业知识设计供应链中农产品逆向物流，确保农产品的质量。

教学过程

1. 问题导入

随着《中华人民共和国农产品质量安全法》的贯彻落实，农产品的质量安全管理被提升到新的高度。尽管我国农产品质量安全的总体水平有所提高，但是质量安全问题依然存在。这就要求我们不断探索和完善农产品的质量安全管理模式。随着农业产业化的发展，农产品供应链条不断成熟，出现了少数成功的基于供应链逆向的农产品质量安全管理模式。如何从质量和安全的角度设计供应链中农产品的逆向物流，成为物流工程专业学生关注的问题。

2. 讲授正文

供应链设计的内容、供应链成员及合作伙伴选择。农产品供应链中一级级叠加起来的成员总数可能会很大，农产品供应链体系是非常复杂的。供应链网络结构主要由供应链成员、网络结构变量和供应链间工序连接方式三方面组成。供应链运行基本规则直接关系到供应链的正常运行，其主要内容包括：协调机制、信息开放与交互方式、农产品逆向物流的计划与控制体系、农产品库存的总体布局、资金结算方式、争议解决机制等。农产品逆向物流可以采用综合设计的思路。首先，从全局的宏观规划到局部步骤实现的设计方法，它是系统分解设计的过程。其次，它是从局部的功能实现到全局功能集成的设计方法。

农产品供应链设计步骤为：

①先由管理者从企业发展战略规划的角度考虑，根据市场环境的需求和企业发展的现实状况，制定宏观的设计目标。

②下级的实施部门从各个操作环节和流程出发进行供应链流程的设计。

③上下两层次进行沟通交流，对设计的目标和设计的细节进行调整，最后达成共识。

根据提供的背景资料和专业知识，说明供应链战略管理的重要性，强调供应链设计中农产品物流的重要性，并请学生联系实际思考并回答下列问题：

①什么是供应链的逆向物流？在供应链逆向物流方案中如何确立质量意识？

②阐述农产品逆向物流的重要性。

③农产品供应链设计的主要内容及其评估指标？

3.分析总结

本案例基于我国农产品供应链中逆向物流方案设计知识的介绍,强调我国农产品质量安全管理的重要性,针对农产品质量安全管理中主体缺位、错位及主体行为不当等问题和成因,从供应链的角度提出预防式、全过程、综合式、可追溯的农产品质量安全管理理念,综合运用供应链理论,分析、总结、比较并优化选择我国农产品质量安全管理模式,提出了基于供应链的农产品逆向物流质量安全管理思路和方法,从而提升物流工程专业学生学习的兴趣,使其从农产品质量安全管理研究视角,学习农产品供应链逆向物流方案设计的知识。

案例3 供应链设计
——坚定信念

【**课程名称**】供应链管理。

【**教学内容**】供应链设计。

【**案例意义**】供应链管理课程需要介绍供应链的定义,强调供应链设计过程中供应链战略必须与企业的竞争战略相匹配的思想。教师在企业的内涵、企业的目的和宗旨等内容的教学过程中,可以结合讲授内容帮助学生树立正确的人生观和世界观。本课程在讲授到第二章第一节的时候,结合周恩来求学的经历,以及周总理年仅13岁就庄重地确立"为中华之崛起而读书"的坚定信念,引导大学生进行学习目的的深度思考和再设计,同时将自己的学习目标与国家和民族的伟大复兴结合起来,帮助大学生树立正确、远大的学习目标,能够为实现中华民族伟大复兴的中国梦而努力奋斗。

教学过程

1.问题导入

周恩来(1898年3月5日—1976年1月8日),原籍浙江绍兴,1898年3月5日生于江苏淮安,1921年加入中国共产党,是伟大的马克思主义者,伟大的无产阶级革命家、政治家、军事家、外交家,党和国家主要领导人之一,中国人民解放军主要创建人之一,中华人民共和国的开国元勋,是以毛泽东同志为核心的党的第一代中央领导集体的重要成员。周恩来的一生是追求真理、崇尚理想、生命不息、奋斗不止、不断进取的一生。周恩来少小求真之心极盛,目睹患难之中国,年仅13岁的他就庄重地确立了"为中华之崛起而读书"的坚定信念。他从爱国到倾向革命到信仰共产主义并为之奋斗,体现了他追求真理、崇尚理想的执着精神和永不满足、不断前进的奋斗精神。为了实现共产主义这一崇高理想,周恩来在中国革命的各个历史阶段都站在斗争的最前列。为了民富国强,他呕心沥血,反复探求,晚年他为筹划祖国的统一与"四化"大业,生命不息,奋斗不止。周恩来还具有刻苦好学精神。周恩来一生酷爱学习,且善于学习,学以致用,不断丰富自己,改造自己,进而改造社会。

2.讲授正文

在大量生产、大量配送的年代,企业关心的是规模经济和范围经济,这些目标可通过垂直集成、延长产品生命周期、使产品生产标准化以及稳定的制造过程来实现。20世纪60年代中后期，尤其是 20 世纪 70 年代，企业对总体规划过程越来越关注。快速响应环境变化的能力成为公司生存的必需。管理学界开始重视研究如何适应当时的市场环境。20 世纪 80 年代，美国更加关注战略规划。20 世纪 90 年代，企业不得不寻找新的竞争战略，当时竞争的重点已经开始从运作层向战略层转移。企业要想学会竞争制胜之道，必须从两个方面考虑：第一个方面是继续关注传统的运作计划；第二个方面是必须关注企业的战略规划。企业需要从全局的角度进行战略性思考。

供应链管理战略不仅关注企业本身，而且关注整个供应链。定义企业的目的是一个相互作用的过程，企业的管理者通过这个过程提出有关企业健康运转的基本问题，并改变企业的运作策略，确定供应链战略，以迎接突然出现的挑战。

根据提供的背景资料，说明供应链战略管理的重要性，强调供应链管理的战略应与企业发展的战略相匹配的思想和方法，并请学生联系实际思考并回答下列问题：

(1) 什么是企业的宗旨？企业应如何确立自己的宗旨？

(2) 成立企业的目的是什么？如何使供应链战略和企业战略相匹配？

(3) 从伟人的事迹中吸取到哪些学习的精髓，谈谈如何确立正确的学习观点，树立远大的学习目标？

3. 分析总结

榜样的力量的无穷的，伟人的事迹更可以激励学生积极成长。伟人或拥有崇高的理想，或拥有坚强的意志，或拥有勤奋的努力。了解他们的成长经历，学习他们的人生经验，读一读他们成长的故事，学生可以从中感受到民族的自尊、信仰的力量，明确学习的目的，端正学习的态度，进一步激发学习的动力，体会到大学生身上责任的分量。周恩来精神，是中华民族最优秀的文化精神和崇高的共产主义精神的完美统一，是共产党人理想精神的集中体现，是中国时代精神的集中体现，具有永恒的价值。周恩来精神的核心是全心全意为人民服务。伟人少年求学目标的案例，可以帮助大学生设立正确、远大的学习目标。

案例 4 供应链风险管理
——安全意识

【课程名称】供应链管理。

【教学内容】供应链风险管理。

【案例意义】供应链上企业之间的合作，会因为信息不对称、信息扭曲、市场不确定性以及其他政治、经济、法律等因素的变化，而导致各种风险的存在。通过案例的学习，使学生提高供应链风险管理意识，掌握供应链风险管理的方法。为了使供应链上的企业都能从合作中获得满意结果，必须采取一定的措施规避供应链运行中的风险，尤其是必须在企业合作的各个阶段通过激励机制的运行，采用各种手段实施激励，以使供应链企业之间的合作更加有效。

教学过程

1. 问题导入

半导体行业产能供应持续吃紧，晶圆龙头陆续追加资本开支、持续扩产，半导体一些制程的价格甚至上涨了 30%~40%。Gartner 在最新报告中预测，全球半导体供应短缺将持续整个 2021 年并在 2022 年第二季度恢复至正常水平，而基板产能限制可能会延长到 2022 年第四季度。长期数字化和在线需求的结构性增长，叠加供应链的短期失衡，导致半导体大范围的产能紧缺，供应链断链的风险增加，必须采取相关措施保持供应链的稳定。

2. 讲授正文

以下是一则 2021 年的新闻：

Gartner 首席研究分析师 Kanishka Chauhan 表示，半导体供应短缺将严重扰乱供应链并将在 2021 年制约多种电子设备的生产，芯片代工厂正在提高芯片的价格，而这也将传导至下游设备。为了缓解"缺芯"以及巩固新一轮竞争周期中的身位，全球头部半导体企业陆续宣布多项扩产计划，涌入晶圆制造的资金数量也在不断增加。继台积电宣布三年投 1000 亿美元并提升今年资本开支至 300 亿美元后，台联电公布 1000 亿新台币（约合 35.8 亿美元）投资案，扩充在南科的 12 英寸厂。三星电子表示，该计划比之前在 2019 年 4 月宣布的 133 万亿韩元（约 1179 亿美元）的投资额增加了 38 万亿韩元（约 336.8 亿美元），预计将有助于公司实现到 2030 年成为逻辑芯片全球领导者的目标。

3 月 24 日，英特尔 CEO 帕特·基尔辛格（Pat Gelsinger）宣布了多项扩产计划，一方面拟在美国亚利桑那州投资约 200 亿美元新建两座晶圆厂；另一方面英特尔希望成为晶圆代工的主要提供商，以美国和欧洲为起点面向全球客户提供服务。除了境外厂商，大陆本土厂商也面临供不应求状态，中芯国际、华虹半导体等晶圆厂也宣布加快扩产。今年 3 月，中芯国际公告称，将和深圳市政府（通过深圳重投集团）拟以建议出资的方式，经由中芯深圳进行项目发展和营运，重点生产 28 纳米及以上的集成电路并提供技术服务，旨在实现最终每月约 4 万片 12 英寸晶圆产能，预期将于 2022 年开始生产。

根据提供的背景资料，说明供应链风险管理的重要性，介绍供应链风险类型，阐述供应链风险管控机制，传授供应链风险管理的方法，并请学生联系实际思考并回答下列问题：

（1）请同学们谈谈供应链可能面临的风险种类，以及国内企业应该如何应对可能面临的芯片产能不足的风险。

（2）根据所提供的资料和背景，谈谈对我国国内国际双循环思想的认识，阐述其意义和必要性。

（3）如何提高国内企业供应链的鲁棒性，保障企业的可持续发展？

3. 分析总结

本案例结合供应链管理的风险管理内容，可以促进学生树立供应链风险管理的意识，理解供应链风险管理的重要性；加深学生对供应链及其风险管理的认识和理解，掌握供应链风险管理的理论和方法，提高供应链风险管理的能力；引导学生树立正确的世界观、人生观、价值观；引导学生关心国家的利益，加强学生对我国国内国际双循环理论的认识，自觉把个人奋斗与国家民族的前途命运联系起来，为中华民族的伟大复兴和中国梦的实现作出应有贡献。

6

铁路货物运输

教学内容和思政融合设计

序号	教学内容	思政映射与融入点	编者
1	知识点：绪论	案例1：美国铁路货运发展的现状、挑战与未来——拓展专业领域的广度和深度，增加课程的知识性、人文性，提升引领性、时代性和开放性	朱晓立
2	知识点：铁路货物运输的发送作业	案例2：铁路货物运输基本作业——系统思维和职业态度、职业精神	朱晓立
3	知识点：铁路货物运到期限	案例3：铁路货物运到期限——坚守合同契约精神	周文梁
4	知识点：铁路货场装卸机械设备	案例4：铁路货场装卸机械配置——运用系统分析思维解决实际问题	朱晓立
5	知识点：铁路货物装车组织	案例5：铁路货物巧装满载——目标坚定、方法灵活的处事原则	周文梁
6	知识点：铁路货车载重量利用	案例6：货车载重量利用——充分发挥人的主观能动性，尊重主观能动性和客观规律性的统一	冯芬玲
7	知识点：货运站及货场配置图的优劣	案例7：货运站及货场配置图的优劣——解决问题必须抓住主要矛盾	冯芬玲
8	知识点：铁路枢纽内货运站的专业化分工	案例8：铁路枢纽内货运站的专业化分工——分工协作的重要性	周文梁
9	知识点：超限货物等级的确定	案例9：超限货物等级的确定——在实践中坚持和运用科学思维	冯芬玲
10	知识点：铁路超限货物装载	案例10：铁路超限货物装载——养成严谨细致的工作作风	周文梁
11	知识点：超限超重货物运输组织	案例11：大型变压器发送作业——培养精益求精、严谨务实的职业精神	朱晓立
12	知识点：铁路阔大货物装载技术条件	案例12：阔大货物装载技术条件——提高工程能力，树立行业自信	冯芬玲

案例 1　美国铁路货运发展的现状、挑战与未来
——拓展专业领域的广度和深度，增加课程的知识性、人文性，提升引领性、时代性和开放性

【课程名称】铁路货物运输。

【教学内容】绪论。

【案例意义】通过案例的引入，拓展专业领域的广度和深度，从专业、行业、国家、国际、文化、历史等角度，增加课程的知识性、人文性，提升引领性、时代性和开放性。

教学过程

1. 问题导入

我国铁路货运不断发展壮大，在综合交通体系中发挥越来越重要的作用。国外铁路，尤其是发达国家铁路货运情况如何，面临什么挑战，未来发展趋势是什么？通过观看思腾智库制作的短片《美国铁路货运发展的现状、挑战与未来》，了解美国铁路的发展状况。

2. 讲授正文

今天，美国铁路客运发展已远远落后于世界其他国家，但在货运领域依然扮演着重要角色。目前，美国铁路货运网络运营总里程超过 14 万英里，覆盖了除夏威夷以外的每个州。它承担了美国 1/3 的出口和大约 40% 的长途货运业务。它被认为是世界上最有效率、最大和最赚钱的货运网络。公路货运是铁路货运最大的竞争对手，涉及煤炭、汽车、化学品在内的广泛领域。随着亚马逊等电子商务公司的兴起，铁路也越来越多地运送生活消费品。

目前，美国主要有七大铁路货运公司，Union Pacific 和 BNSF 铁路公司主要在西部地区，CSX 和 Norfolk Southern 是东海岸主要的运营商，Kansas City Southern 与 Canadian Pacific 和 Canadian National 一起运营着北部和南部的线路。相比货运公司，美国唯一的铁路客运公司 Amtrak 仅拥有全国铁路线路的 3%。2019 年美国五大铁路公司的总营业收入超过 710 亿美元。BNSF 是 Berkshire Hathaway 公司(由沃伦巴菲特于 1956 年创建)的子公司，一直未上市。但其余四家公司的股价在过去几年稳步攀升，铁路货运公司获得了非常可观的利润。然而，铁路客运公司 Amtrak 却一直处于亏损状态。据估计，未来几十年美国货运需求将增长 30% 到 40%，可以预见未来铁路货运发展的美好远景。

尽管如此，铁路货运行业的成功并非一帆风顺。破产、煤炭行业的衰败，以及最近出现的供应链危机、盗窃等问题都是行业发展过程中所面临的挑战。那么，美国铁路是如何解决这些问题，并在未来发展中继续保持领先地位的？

美国铁路的历史可以追溯到 1830 年，那时飞机和汽车还没有发明。随着国家的不断扩张，人员和物资的运输需求激增，铁路客货运发展迅速，逐渐成为美国经济的支柱性产业，在美国的历史中扮演着核心和重要角色。截至 1917 年，美国全国铁路已发展成为包含 1900 条线路，总计 25.4 万英里(1 英里＝1609.344 m)的庞大网络。直至 20 世纪四五十年代，公路和航空业才逐渐兴起。在那之前，不管是客运还是货运，铁路运输基本上没有竞争

对手。联邦政府对铁路行业的费率和利润水平一直进行管控。即使二战后，随着洲际高速公路网的不断完善及公路运输的迅猛发展，公铁之间竞争加剧，这种对铁路行业的监管依然没有放松。直到1980年《斯塔格斯法案》颁布后，相关规定才有所松动。法案允许铁路公司选择线路、价格和服务，给予铁路公司更多市场化的权利。从那时起，通过不断运输线路和资源的整合，才使得铁路行业的主体地位得以巩固。今天的 Union Pacific 公司拥有长达32000英里的干线铁路，便是这种整合并购的结果。如果没有这种整合，铁路货运在整个货运市场中的重要程度可能会大大降低。

现今，一些最赚钱的铁路货运业务可以带来数十亿美元的利润，而铁路客运业务却没有出现相同的复苏。在过去的几十年里，铁路货运每年至少可以获得250亿美元的投资，而铁路客运公司的发展资金基本依赖政府拨款。但与其他国家相比，美国政府给予的财政支持相形见绌。由于美国铁路公司各自独立，没有统一的调度中心，相互之间竞争与合作并存。为了提供长距离的货运服务，货物需要在不同运输公司间转运。例如，在西海岸远洋货轮将货物运送到港口，货物在港口被转运到铁路运输或公路运输。铁路承担路上长距离的运输任务，然后在末端交由公路运输配送。事实上，这是一个完整的综合运输体系。虽然通过公司的合并，铁路的市场支配力进一步增强，但时常会因服务能力低、收费不合理而被监管部门调查。他们经常被媒体指责在定价方面实行更多的垄断行为。多式联运领域，货运市场机制公平完善，垄断现象并不多见。而在大宗散货运输领域，铁路运输一家独大。去年7月，拜登政府发布一项行政命令，呼吁加强对货运行业进行监管，目的是推行一种被称为互惠交换的做法。通过互惠交换，货运公司可以拥有某些延伸线路，从而创造更有竞争力的市场环境。该规定要求铁路向其他货运公司开放线路使用权，让托运人在业务合作方面有更多选择，从而创造一个更具竞争力的市场。这种做法在加拿大已经非常普遍。有一些铁路货运公司已经因为合并获得交换协议。例如，Amtrak 公司成立时，就约定其客运列车仍可以使用货运公司拥有的线路。相同的，Amtrak 公司为此需要每年支付1.42亿美元的线路使用费。互惠交换的做法最终将交由陆路运输委员会裁定，该委员会是裁决运输费率纠纷和判定费率合理性的机构。

讨论：我国铁路货物运输管理模式与美国有何差别，各有什么优势和劣势？

北美铁路货运面临的最大竞争来自公路货运，双方是竞争与合作并存的关系。公路运输在小运量的消费品领域有优势，铁路在低附加值的大宗商品散货运输上有优势。过去，铁路运输量的很大一部分来源于全国范围内的煤炭运输。但到2019年，煤炭出货量比2006年的峰值下降了45%。如今，亚马逊（Amazon）等互联网公司的崛起使集装箱多式联运成为主流。多式联运集装箱可以在不拆封的情况下，实现水铁公之间的无缝衔接转运，这促使铁路货运进一步向多式联运集约化的方向发展。铁路大力发展多式联运有诸多好处，一是有助于拓展服务范围和覆盖范围；二是货运铁路是陆路运输货物最环保的方式，铁路运输的碳排放量大约只有公路运输的25%；三是运输效率更高，利润更高，一列火车可以装载超过200个集装箱，大约相当于200辆卡车的运能。铁路货运公司采用多式联运运输比起普通货物运输更有利可图。洛杉矶和芝加哥是美国多式联运作业最集中的两个地区。在洛杉矶，针对集装箱的偷窃事件呈上升趋势，运输中的集装箱经常被发现是打开的，包装纸箱就散落在线路两旁。几年前，从联运箱里偷东西是件麻烦事，只是偶尔发生，并没有组织。在过去一年半的时间里，盗窃已经变得更有组织。目前，洛杉矶盆地是偷窃事件的多发地带。洛杉矶港口是全球供应链的重要节点，洛杉矶港和长滩港货物加起来占到美国所有水路货物的 40%，每年有数百万个集装箱和价值数十亿美元的货物途经这个港口，疫情期间的供应链问题导致港口出现堵塞，许多集装箱等待进入美国。当供应链面临挑战时，铁路货运系统作为供应链的重要一环，正采取新的措施协助解决危机。最主要的方式是通过 7×24 小时运行的方式来增加额外运力，通过与公路和海路货运伙伴合作，共同保证物流线路畅通，助力经济发展。

讨论：我国多式联运发展状况如何？与国外相比有什么差距？

未来无人化、自动化技术是货运行业发展的必然趋势，像 Embark 和 Plus 这样的自动驾驶卡车公司的崛起，可能会夺走更多的货运市场份额。据测算，采用自动驾驶技术，公路运输每英里运输成本可降低约 70%，这无疑给铁路货运带来巨大的竞争压力。为了应对这一挑战，铁路货运公司越来越重视行业技术革新。Union Pacific 就投资了自动驾驶卡车初创公司 TuSimple，以此跟上发展的步伐。在 2021 年 Union Pacific 投资者日上，公司表示将投入开发自动驾驶列车。目前，Parallel Systems 等公司正在研究自动驾驶火车的原型，铁路货运公司正在尽可能探索未来技术的应用机会，以尽可能地保持竞争力。新冠疫情期间，公路运输面临严重的劳动力短缺问题。相比之下，劳动力短缺对铁路运输影响却不大。显然无人驾驶技术在公路运输领域有更好的发展前景。自动驾驶卡车被视为铁路货运行业未来的主要竞争对手。就整个运输业而言，公路货运提供的工作岗位占 27%，而铁路只有 3%。从 2018 年 11 月到 2020 年 12 月，铁路行业减少了 4 万个工作机会。近年来，美国铁路公司推动实施"精准铁路"策略，这使铁路系统运行得更高效、更可靠，但也带来了工作岗位的消减。尽管如此，货运行业的无人化依然是未来的趋势。预计到 2050 年，美国的货运量将增长 50%，美国铁路货运将在未来应对供应链多种挑战中继续发挥重要作用。

讨论：我国铁路货物是否要走无人化的道路？

3. 分析总结

通过观看视频，一方面了解国外铁路现状、面临的问题、未来发展方向，另一方面比较我国铁路货运与国外的差别，思索如何在现阶段提高效率和效益，并探讨未来发展方向。拓展专业领域的广度和深度，从专业、行业、国家、国际、文化、历史等角度，增加课程的知识性、人文性，提升引领性、时代性和开放性。

案例 2 铁路货物运输基本作业
——系统思维和职业态度、职业精神

【课程名称】铁路货物运输。

【教学内容】铁路货物运输的发送作业。

【案例意义】系统思维在铁路货物运输中的运用，货物运输工作中认真的职业态度和严谨的职业精神。

教学过程

1. 问题导入

铁路货物运输的基本作业分为发送作业、途中作业和到达作业。其中发送作业对货物运

输全过程起到关键作用。原因是什么？

2. 讲授正文

以整车货物发送作业为例，包括托运、受理、进货、验收、制票、承运、装车等环节。为什么会划分成这些环节？各个环节之间的关系以及要求是什么？

在托运环节，托运人向承运人提出货物运单和运输要求。托运人提出货物运单后，经承运人审查，若符合运输条件，则在货物运单上签证货物搬入日期或装车日期的作业，受理环节结束。在这一过程中体现出铁路运输系统根据运输需求和供给，平衡和协调自身运力，分配运输工具，是在整个铁路运输系统内实现整体效率和效益最优的过程。

根据铁路货场这个子系统的动态过程，对于在铁路货场内装车的货物，承运人根据货场存储能力、装卸能力、取送车计划等因素，确定货物搬入日期，托运人按承运人受理时签证的货物搬入日期，将货物全部搬入车站，并整齐堆放在指定的货位，完好地交给承运人，完成进货环节。本着对托收货人负责、保证铁路运输系统安全的原则，车站在接收托运人搬入车站的货物时，按运单记载对货物品名、件数、运输包装、重量等进行检查，确认符合运输要求并同意货物进入场、库指定货位，进行货物验收。

当调配的空车到位，货物应当及时装车，符合取送车计划，能够及时挂线装出，加快货物运输过程。装车工作是铁路货物运输工作中的关键。一方面，装车质量对后续货物运输安全意义重大；另一方面，装车要为后续运输组织提供方便，强调的是全部运送过程效率最高，也就是从系统最优的目的，安排装车工作。装车强调选择恰当的装载方法，巧装满载，充分利用货车的载重量，为后续行车和货运组织工作创造便利条件。对于使用棚车、冷藏车、罐车、集装箱运输的货物，装车结束后需要对货车或集装箱进行施封，并在运单、票据封套和货车装载清单上记明。这项工作更大的意义在于后续诸多作业环节之间能简化交接过程，加快货物运输全过程。在整车货物装车完毕，零担和集装箱货物验收完毕后，托运人向车站交付运输费用，发站办理制票作业。

在发站办理的货物发送作业过程中，尽可能组织直达运输装车和成组装车，这都是为了简化后续列车编组作业，加快运输全过程，体现出追求系统最优的思维。在整车分卸、集装箱装车中也应考虑后续途中卸车的便利，同样也是追求运输全过程的高效。同时，发送作业各个环节之间均需进行认真的检查和核对，如对托运人提出的运输要求进行检查，对货物本身进行检查，对堆码状况、装车质量进行检查等，在这个过程中，货运工作人员需要严格按照规章标准进行作业，特别是对于超限、超重、超长、集重、危险货物等特殊运输条件的货物。这些工作虽然琐碎，但意义重大，体现出认真的职业态度和严谨的职业精神。

3. 分析总结

通过对铁路货物发送作业各环节的学习，学生学习到在铁路货物运输工作中要运用系统思维，并且要具有为了保证铁路运输系统安全和货物运输质量所需的职业态度和职业精神。

案例 3　铁路货物运到期限
——坚守合同契约精神

【课程名称】铁路货物运输。

【教学内容】铁路货物运到期限。

【案例意义】铁路货物运到期限是铁路运输合同的重要内容,是对铁路运输企业的要求和约束。本案例通过介绍铁路货物运到期限的组成、逾期到达违约金的计算,并由此分析铁路逾期违约责任与措施,使学生认识到日常生活与以后工作中要遵纪守法,秉承契约精神履行合同相关义务,建设我国良好的社会主义法治社会。

教学过程

1.问题导入

货主将货物交付给铁路承运人后,都希望其货物能够以最短的时间运输到目的地交付给收货人;而铁路承运人往往需要综合考虑装车时机、车辆利用率、货车解编等各种因素完成货物运输——由于涉及作业环节较多,很考验承运人的组织能力与技术,其所花费的总运输时间也长短不一。为了避免运输时间过长而影响货主利益,铁路将货物运到期限作为铁路运输合同重要内容之一,以保障托运人和收货人合法权益。显然,运到期限越长对铁路承运人越有利,越短对托运人越有利,那请问同学们这个运到期限到底设多长合适呢?需要考虑一些什么因素?

2.讲授正文

1)货物运到期限的组成

根据《铁路货物运输规程》规定,铁路运输货物,应在规定的运到期限内运至到站。货物运到期限以日为单位,货物运到期限的起码天数为 3 日。从承运人承运货物的次日起,按下列三部分规定合并计算:

①货物发送期间为 1 日。

②货物运输期间:每 250 运价公里或其未满为 1 日;按快运办理的整车货物每 500 运价公里或其未满为 1 日。

③特殊作业时间:运价里程超过 250 公里的零担货物和 1 吨型集装箱货物,另加 2 日,超过 1000 公里加 3 日;整车分卸货物,每增加一个分卸站,另加 1 日;准、米轨间直通运输的整车货物,另加 1 日。

货物实际运到日数,起算时间从承运人承运货物的次日(指定装车日期的,为指定装车日的次日)起算。终止时间,到站由承运人组织卸车的货物,到卸车完了时止;由收货人组织卸车的货物,到货车调到卸车地点或货车交接地点时止。

在介绍完货运期限的组成后,向学生提问其是如何体现兼顾铁路承运人与货主双方利益的?

2）铁路货物逾期到达违约金的计算

《中华人民共和国铁路法》规定，铁路运输企业应当按照合同约定的期限或者国务院铁路主管部门规定的期限，将货物运到目的站，逾期未到的，铁路运输企业应当支付违约金。《铁路货物运输规程》规定，铁路承运的货物，实际运到日数超过规定的运到期限时，承运人应按所收运费的百分比，根据货物运输性质和逾期天数向收货人支付一定数额的违约金。

货物运到期限在 10 日及以内，发生运到逾期时，按表 6-1 规定计算违约金。

表 6-1　铁路货物运到逾期 10 日以内违约金计算表

运到期限	逾期日数					
	1 日	2 日	3 日	4 日	5 日	6 日以上
3 日	15%	20%				
4 日	10%	15%	20%			
5 日	10%	15%	20%			
6 日	10%	15%	15%	20%		
7 日	10%	10%	15%	20%		
8 日	10%	10%	15%	15%	20%	
9 日	10%	10%	15%	15%	20%	
10 日	5%	10%	10%	15%	15%	20%

货物运到期限在 11 日以上，发生运到逾期时，按表 6-2 规定计算违约金。

表 6-2　铁路货物运到逾期 11 日以上违约金计算表

逾期总日数占运到期限天数	违约金
不超过 1/10 时	为运费的 5%
超过 1/10，但不超过 3/10 时	为运费的 10%
超过 3/10，但不超过 5/10 时	为运费的 15%
超过 5/10 时	为运费的 20%

在契约精神下，因铁路承运人责任造成逾期，其将承担相应的后果，不仅铁路内部对相关责任人进行一定惩罚措施，而且对托运人进行一定补偿。但是需注意的是，违约金是分等级的，而且具有一定的上限值，以避免对承运人造成不公平的违约金赔偿。

3. 分析总结

铁路货物运到期限是托运人的权利，也是承运人的义务，其合理计算关系到双方权益，应该建立在平等的基础上，这正是契约精神的最好体现。契约精神是一种自由、平等、守信的精神，契约精神不是单方面强加或胁迫的霸王条款，而是各方在自由平等基础上的守信精神。通过介绍铁路货物运到期限的构成与逾期到达违约金计算中所展现的契约精神，以点带面使学生认识到在日常生活与以后工作中应遵纪守法，秉承契约精神履行合同相关义务，遵守合同，建设我国良好的社会主义法治社会。

案例4　铁路货场装卸机械配置
——运用系统分析思维解决实际问题

【课程名称】铁路货物运输。

【教学内容】铁路货场装卸机械设备。

【案例意义】培养学生运用系统分析思维和方法解决实际问题的能力。

教学过程

1.问题导入

同学们在学习铁路货场装卸机械,特别是门式起重机选型、数量确定时,对如何选型、如何确定场地尺寸(特别是宽度)、如何确定需要数量缺乏仔细思考,特别是在做课程设计时,不知如何下手。很多同学仅仅是简单套用教材给出的唯一场地布置示意图,导致最终设计方案并不合理。解决这个问题需要运用系统分析思维和方法,基于实践创新,找到内在逻辑关系,找到合理的解决方案。

2.讲授正文

解决门式起重机选型和数量问题的过程中存在以下几个困惑和难点:一是如何确定起重机型号,二是如何确定场地布置,三是如何确定起重机作业效率,四是如何确定起重机配置数量。解决这些困惑和难点需要运用系统的思想,找出内在逻辑关系,确定解决问题的思路和方法。

以集装箱门式起重机为例,通过计算场库面积可得到办理相应运量需要的总场地大小,不同的长和宽组合都可以得到同样的面积。首先确定长度还是宽度?如果有规划场地面积的限制,首先考虑的是总面积长度和宽度的限制,找出主要矛盾是哪方面,先解决主要矛盾。在没有场地总面积限制的情况下,同样要考虑首先需要解决的主要问题是什么?一般来讲,起重小车速度高于起重大车速度,因此,场地宽度及起重机跨度大一些时,作业效率比场地长度大的布置形式要高,因此通过增加宽度来降低长度能保证作业效率。在满足其中能力的前提下,选择不同跨度的起重机试算所需场地长度。这个过程中又出现了没有现成场地布置图可供参考的难题。其实仔细分析教材的布置图可以发现,除必须预留的起重机轨道与货位、装卸线与货位、装卸线与道路等必要的安全距离外,起重机作业宽度范围内均可以布置货物。这样有效的场地宽度可以确定,场地所需长度也可以确定。铁路货场各种设备、人员共同构成了一个完整的系统,门式起重机场地是这个系统中的子系统,必须与系统中其他组成部分相互协调。根据这个原则确定不同长度和宽度方案之间的比选问题,一个重要的标准就是保障货场区域的作业效率,各种设备间布置相互匹配。门式起重机选型决定了场地布置尺寸,同时也决定了起重机作业效率。准确确定其作业效率也需要从系统的观点去分析和解决问题:一是详细分析起重机一次作业过程,二是考虑不同情况下起重机的作业特点。运用统计学原理确定起重机在各种条件下平均完成一次装卸所需要的时间和起重量。其次是门式起重机需要承担的装卸作业量。通过起重机对铁路货车和短途搬运的卡车作业过程,区分是否需要场地进行短暂保管，确定装卸作业次数和总的装卸吨数。最后确定该型号的起重机所需的数量。

3. 分析总结

通过对铁路货场门式起重机选型和数量知识点的讲授，引导学生运用系统观点分析和解决问题，根据实际情况和设计目的，找到解决问题的合理方案。

案例 5 铁路货物巧装满载
——目标坚定、方法灵活的处事原则

【**课程名称**】铁路货物运输。

【**教学内容**】铁路货物装车组织。

【**案例意义**】铁路货物装车是铁路货物运输组织过程中一个重要环节，装车质量对货物运输效率与铁路企业货运成本具有重要影响。通过介绍铁路货物装车的要求、特点与各类装车组织技术，让学生充分体会到整个装车过程中始终坚持的安全、高效、满载目标，但实现手段却因货物而异、因装车车辆而异。这种目标坚定、方法灵活的处事原则值得学生以后在生活工作中运用。

教学过程

1. 问题导入

由铁路承担运输的货物五花八门，性质、尺寸、重量、数量等相差较大，这些差异不仅对铁路运输种类、存储条件要求不同，而且运输时所采用的装车车辆也不一样。因此，针对不同铁路货物，选择何种类型与规格的铁路车辆进行装载便是首先要考虑的问题。那么为货物选择铁路车辆时所考虑的要求与目标具体是什么？同时，在铁路实际装车过程中如何确保这些目标与要求的达成？

2. 讲授正文

首先，介绍铁路各类货物的特点，并分析各类货物对铁路运输在存储、装车、运输等环节的要求。同时，简单介绍铁路可使用的几类车辆的结构特点，如敞车、棚车、平车、罐车等。在此基础上，让学生总结分析每类车辆分别适合运输装载哪些特征的货物，并给出自己的理由。

其次，分析铁路货物装车过程中的要求与目标。铁路货物装车是实现货物运输的关键环节，有三个总体要求：其一，确保所装货物在装卸车、运输环节的安全，不能因为所采用装卸设备、装载车辆或者装卸方案的差异，导致对货物、车辆、人员等造成损害；其二，保证货物按时装车，为了使货物能够在有效期限内及时交付，货物应尽早选择合适车辆装车完成运输，不能拖延；其三，确保货物所装车辆满载，这是减少铁路车辆利用数量、提高车辆利用率与效益的主要方式。

在此基础上，简单介绍实现总体要求的主要方法，并重点详细介绍为了实现车辆满载可采用的各种手段。

1）改善货物包装及状态

改善货物包装可以提高货物的单位体积重量，使它接近或等于车辆的标记载重量与容积比。主要方法：机械打包、包装标准化、改变包装外形、改变状态、机械拆解和货物分割等。

2）整车货物轻重配装

轻重配装指以整车托运的重质货物与轻浮货物配合装载，其目的是充分利用货车的载重力和容积，节约货车吨位。当所配装货物的加权平均单位体积重量等于车辆的标记载重量与容积比时，装载效果最好。

3）合理装载货物

指合理利用车辆的长度、宽度与高度装载货物，充分利用货车的有效容积，提高货车装载量，包括紧密装载以减少货物间隙，多层装载与起脊装载，根据货物的外形尺寸与装载要求合理配置货物等。

4）正确测定货物的体积，防止亏吨

在没有设置轨道衡称重时，通过测量体积，并根据货物体积乘以单位体积重量估算货物重量，这样一来，便可通过把握货物的装载高度来控制货物的装载重量。

5）制定货车技术装载标准

制定货车技术装载标准是要充分地利用货车的载重量和容积，同时还应保证列车运行安全、货物完整，便利装卸作业和使用装卸机械。

在详细介绍以上实现满载的方法后，让学生进一步思考还有哪些可能手段能够实现满载目标。

3.分析总结

在铁路货物装载过程中，无论针对何种货物、采用哪种类型装载车辆，安全、满载等目标始终坚持不变，但是实现这个目标的手段却并不是一成不变的，可以改善货物包装及状态、轻重搭配、完善车辆装载标准等。甚至针对不同货物，未来还可思考采取更多的措施来达到这些目标。通过这些内容的介绍，让学生理解在处理各类类似问题时，一定要学习目标坚定、方法灵活的处事原则，这样才能在大风大浪的环境中不偏离自己的初心，确保自己初心的达成。

案例6　货车载重量利用
——充分发挥人的主观能动性，尊重主观能动性和客观规律性的统一

【课程名称】铁路货物运输。

【教学内容】铁路货车载重量利用。

【案例意义】通过介绍货车载重量利用的各项指标，并讲述提高货车载重量利用效率的方法，鼓励学生发挥主观能动性去认识规律、利用规律，从辩证唯物主义的角度看待问题，尊重主观能动性和客观规律性的统一，成为创新型人才。

教学过程

1. 问题导入

首先介绍货车载重量利用指标，包括货车平均静载重、货车动载重、货车装载能力利用率、货车生产率，引导学生思考各项货车载重量利用指标的参数是什么？

2. 讲授正文

首先介绍各指标的计算公式，和学生一起分析指标单位及各指标之间的关系和意义，使学生加深记忆。接着提问哪个指标才能衡量货车载重量利用程度？货车静载重只能说明在装车时车辆标记载重量利用程度，运用货车动载重才能衡量货车载重力利用程度，货车装载能力利用率是以相对数字衡量货车载重力利用程度，货车生产率是反映货车运用效率的综合性指标。通过对四个指标的理解，引出提高货车载重量利用效率的意义。

接着提问提高货物载重量利用效率有哪些途径？通过分析指标与参数的关系，得到两个途径，分别是合理调配使用货车和巧装满载。接着向学生介绍合理调配使用货车的方法，通过车货配合及车种流向适合货物流向等方法可以提高货车静载重、货车动载重，减少空率，不增加车辆的空走行。通过生活常识引出巧装满载的装载方法，结合学生生活经历，巧装满载是最容易理解的装载方法，通过改善货物包装、整车货物轻重配装，可以充分利用货物装载量。重点讲解轻重配装的计算方法，引导学生一起推导，总结出通用的公式。

然后介绍货物静载重的统计分析制度和静载重计划表，提出换算静载重的概念，介绍换算静载重的计算公式后，引导学生思考换算静载重的意义是什么？换算静载重与实际静载重的大小关系，可以反映车站对于满载工作是否主观上尽力。

最后对该章节进行测验，通过课后例题对轻重配装的计算以及换算静载重的计算，检查学生听课质量、对计算公式的应用程度，评估学生对教学目标的完成度。

3. 分析总结

本案例从介绍货车载重量利用指标入手，让学生学习各项指标在铁路工作中的意义，更加深入掌握提高货车载重量利用的途径，并带领学生一起思考问题、解决问题。铁路工作人员充分发挥个人的智慧，通过巧装满载和合理调配货车的方法，提高了货车利用效率，这让学生充分意识到只有在尊重客观规律的基础上，才能正确发挥人的主观能动性，才能达到认识世界、改造世界的目的。只有充分发挥人的主观能动性，反复实践，深入研究，才能把隐藏在事物内部的必然规律揭示出来，才能认识客观规律。

提高货车载重量的利用效率就是要最大限度地利用货车载重量和充分利用货车的有效容量。在铁路工作中货车容量已知的情况下，在不超过货车容量的前提下，充分发挥人的主观能动性，通过提高货车载重量的途径可以提高货物运输的效率。如果我们不以辩证唯物主义的眼光看待事物，不尊重客观规律，再怎么努力也是徒劳。

案例7　货运站及货场配置图的优劣
——解决问题必须抓住主要矛盾

【课程名称】铁路货物运输。

【教学内容】货运站及货场配置图的优劣。

【案例意义】通过介绍铁路货运站及货场的各种配置图的优劣，分析其适用情况，培养学生的辩证思维，使其学习如何抓住事物的主要矛盾，从而达到解决主要问题的目的。

教学过程

1.问题导入

首先介绍货运站设置的意义、主要的业务及其分类，可以按办理的货物品类及服务对象、配置图等进行分类；而货运站的配置图主要有横列式、纵列式和分离布置式，引导学生思考这三种货运站的区别。

2.讲授正文

根据书上货运站的图片，可以看出横列式货运站的优点是设备集中、管理方便，但调车作业不便、折返行程长；纵列式方便调车，两种货运站特点截然不同。引导学生发现货运站的适用情况只与货场种类有关，与货运站布置图种类无关。

接着介绍货运站及货场设置的意义及分类。可以按办理的货物品类及运输种类、配置图等分类。按照货物品类及运输种类分类的货场侧重点非常明显，从而引出配置图分类的三种货场的区别及侧重点在哪些方面。

首先播放两个铁路货场现场工作纪实的视频引起学生的兴趣，再让学生思考影片中的货场属于哪一类货场。然后和学生讨论货场不同配置图外观上的区别。从图片中就可以看出尽端式是只有一端货物线与车站站线相连，贯通式则是两端都与车站站线相连。接下来提问：就车站站线与货物线相连的线路数这一点来看，哪种配置图更优？货物线与车站站线连接主要是便于货场取送车进行取送作业，贯通式货场的取送作业更方便，但是只能一端进行取送作业使咽喉区的负担更重。

接着继续追问，两种不同配置图的货场还有什么区别？通过两张图片的对比，引发学生积极讨论。可以发现，虽然尽端式货场取送作业与装卸作业存在干扰，但是道路与货物线交叉更少，搬运货物更方便，两种配置图都有各自的优缺点。如果货场运量发生变化等，提问学生这两种货场哪种更利于日后改扩建？尽端式由于占地少且与车站交叉少，更易于结合地形特点与城市规划配合改建货场。

请同学们一起思考，根据不同的配置图的优劣来选择其分别适用于哪种货场？尽端式货场适用于大、中型综合性货场及运量较大并配有调机的中间站货场，贯通式适用于专业性货场及运量小的中间站。

最后介绍混合式货场，这是结合了贯通式和尽端式货场优劣的产物，由尽头式货物线和贯通式货物线共同构成，是根据地形条件，因地制宜的货场。

3.分析总结

本案例对货运站及货场的分类及各类别的特点进行剖析，分析了各种配置图的优缺点，并得到了各种配置图的适用情况。在选择货场配置方式时，应考虑货物种类、车流特点、作业量、取送车方式等因素，但在实际铁路设计工作中，考虑太多因素往往会顾此失彼，世间难得两全法，因而在配置货场时，铁路工作者要充分运用抓住主要矛盾的思维，尽可能利用各种配置方式的优点，解决当地所存在的主要问题。

帕累托法则告诉我们一个真相，一些关键少数往往能够对全局造成特别重大的影响。这个关键少数就是主要矛盾，因为任何人的精力都是有限的，我们不是铁人，不是能力值拉满的机器，不可能做到面面俱到，只有抓住了事物的重心和关键，才意味着我们可以最大限度地聚焦有限的注意力，有的放矢地去处理"关键少数"。

案例 8　铁路枢纽内货运站的专业化分工
——分工协作的重要性

【课程名称】铁路货物运输。

【教学内容】铁路枢纽内货运站的专业化分工。

【案例意义】通过分析铁路枢纽内货运站分工与专业化的必要性，介绍枢纽内货运站实行分工与专业化的原则与方法，让学生认识与理解在面对大型问题时，采取集体分工协作的重要性与效果。

教学过程

1. 问题导入

铁路货运站按其办理货物种类，通常分为综合性货运站和专业性货运站。综合性货运站可办理整车、零担、集装箱等多种类货物运输，服务的货主多；而专业性货运站通常只办理单一种类货物运输，如集装箱，其服务的货主相对较少。铁路在枢纽内通常会建设运营多个货运站。由于各货运站面向的货主有所重叠，是每个货运站都成为综合性货运站从而可以服务所有货主，还是分别设专业性货运站分别服务不同类型货主？由此让学生思考枢纽内货运站可能的设置方式及其利弊，考虑的因素以及希望达到的效果等。

2. 讲授正文

1) 枢纽内货运站实行分工与专业化的原则

①为了便利收发货单位，在商业区和居民区附近应设置综合性货运站，在工业区附近应设置专业性货运站。

②简化车站设备的种类和作业组织，使车站作业专门化。

③充分发挥车站技术设备的效能，提高其使用效率。

④便于短途运输。

⑤有利于组织直达列车和成组装车，并便利车辆取送，减少调车工作量。

2) 枢纽内货运站专业化分工的方法

①按货物种类实行专业化。该方法规定各个货运站只办理一定种类的货运作业，如集装箱节点站、散堆装货物办理站、危险货物办理站等。由于货物种类单一，简化了车站作业，

便于实现装卸机械化,可以有效地利用货运设备及保证货物的安全;同一品类的货物较为集中,有利于组织直达列车和成组装车。但当货物的到站或发站很分散时,会增加小运转列车集结时间及车辆的重复改编作业;当枢纽内发、收货单位分散时,还会增加短途搬运距离。

②按铁路方向实行专业化。该方法规定各个货运站办理一定方向的货运作业。由于发送货物的去向和到达货物的来向比较集中,可以简化编组站的解编作业,并缩短小运转列车的行程和减少车辆集结时间。但由于各站都要办理同一种类的货运作业,因而使场库和装卸机械设备分散利用效率低;对发收货单位进出货不够方便,同一品类的货物需要在不同的车站办理发到,增加了短途搬运工量。

③按货运站吸引地区实行专业化。这种方法的特点是任何种类和方向的货物均吸收到就近的货运站办理作业,从而便利发、收货单位,可以缩短短途搬运距离,但增加车辆在枢纽内的走行距离和编组站的改编作业。由于同种货物分散在枢纽内各个货运站办理,所以不利于货运设备的合理利用和装卸机械化水平的提高。

3.分析总结

当铁路枢纽内存在多个货运站时,各货运站的设置不是独立问题,而是需要多个货运站进行分工协作。在此基础上,分析铁路枢纽内货运站分工与专业化问题,并介绍货运站分工与实行专业化的原则与具体方式方法。分工协作是群体在解决大型工程问题时必然需要面对的问题,通过分工协作发挥各自专业特长、相互配合来更高效地解决问题。在货运站专业分工问题中,显然若都设置为综合性货运站,这样存在资源分散、效率低等问题,而应该每个货运站都根据自己的优势承担相应分工,这样不仅提高了资源利用率,而且能提供更好的货运服务。通过这个案例让学生在学习专业内容过程中,逐渐认识到分工协作给个体与群体带来的好处,从而让学生在以后面对各种问题时,都能有意识地进行分工协作。

案例 9　超限货物等级的确定
——在实践中坚持和运用科学思维

【课程名称】铁路货物运输。

【教学内容】超限货物等级的确定。

【案例意义】通过介绍在铁路运输过程中如何对超限货物进行等级的确定,培养学生的辩证科学思维,对事情进行全面思考,合理假设,从各个角度去剖析问题,才能得到正确的结果。

教学过程

1.问题导入

首先和学生讨论超限超重货物运输的意义。阔大货物多是国民经济发展中的重要物资,保障其运输安全对于整个社会具有重要意义。介绍各种类型的超限超重货物,有的货物还有超长和集重的特性,但是超限的具体定义是什么?

2. 讲授正文

首先给学生讲述铁路上的一些最基本的技术规定，经铁路运输的货物其装载的高度和宽度一般情况下不能超过机车车辆限界；再和学生一同讨论高度或宽度超出机车车辆限界或特定区段装载限界的货物，应该采用怎样的运输方案，从而引出超限货物等级确定，意义在于能够更好地选择不同超限货物运输所采用的方案，需要根据其超出规定限界的程度分为一、二、三级超限。

接下来提问超限程度的判断具体应该以什么指标作为依据，引导学生思考限界的特点。货物尺寸是正确确定超限货物等级和运送条件的重要依据，其测量尤为重要，不得出现误差。由于限界是对称的而超限货物的形状可能是不规则的，需要以货物重心为标准分为左右两侧装车，前后多次测量货物的高、长以及不同高度的左右宽度。考虑到货物运输过程中会有倾斜的情况，超限等级的确定应该更为复杂，让学生思考在行经曲线线路时，货物的超限等级应当如何确定？是否和平直线路一样呢？跟学生结合生活经验讨论后，得出运输过程颠簸倾斜的情况不可避免，在计算时应当留有货物可能的偏差量来保证超限货物的安全运输，引出内外偏差及附加偏差及计算宽度几个定义。在讲授偏差量计算这一难点内容时，书中公式比较抽象，学生难以理解，通过建立货车运行的轨迹几何模型，让学生根据几何知识配合板书一起计算得出偏差量的计算方法，从而知道如何计算宽度判断超限等级。

接着讨论书上例题，对学生进行课堂知识巩固，让学生独立思考并提出问题。

3. 分析总结

本案例从超限货物的特性切入，在不规则形状的各类超限货物运输时需要采取针对性的方案，为了找到最适合以及最普遍的方案，将超限货物进行了分类定级。再从平直路线到曲线上，通过综合应用层层递进、问题引导、案例分析、深入讨论和动手实践等教学方法，将铁路工作中对超限货物等级的划分的科学严谨、深入探求、实事求是的科学精神培养贯穿其中，实现知识传授、能力培养和价值引领的三位一体融合。

科学思维方式，就是以辩证唯物主义和历史唯物主义为根本思想武器，进行科学探索、科学实践、科学研究，它要求用全面的、发展的、变化的观点看待问题。在分析超限等级时，不仅要从长、高以及不同高度的左右半宽多方面来考虑问题，还要结合生活中的经验，考虑在曲线运行时货物偏离中心线的情况，坚持运用科学思维，将问题逐个击破，还必须将理论与实践结合起来，通过铁路上工作的经验，吸取发生事故的教训，才能更好地发现问题，解决问题，引导我国铁路行业的发展。

案例 10　铁路超限货物装载
——养成严谨细致的工作作风

【课程名称】铁路货物运输。

【教学内容】铁路超限货物装载。

【案例意义】通过介绍铁路超限货物特点、装载要求与装载方案设计，让学生意识到严谨细致的重要性，积极养成严谨细致的工作作风。

教学过程

1.问题导入

铁路运输的货物五花八门，每类货物在尺寸、重量、状态等方面都具有不同的特征，相应地对铁路货物运输组织中的仓储、装载、运输等环节也提出了不同要求。煤炭、矿石等运输货物显然具有量大、不怕湿等特点，而水果、蔬菜具有易腐、储存时间短、对运输温度要求高等特点。而超限货物，其又具有什么不一样的特征？这些特征要求铁路企业在对其进行装载、运输时又应采取何种特别严格措施？

2.讲授正文

1) 超限货物所具备的特征

铁路对其所承运的货物的高度和宽度有一定的限制，如果一件货物装车后有任何部位超出机车车辆限界即为超限货物。大型机床、起重机、变电器等通常属于这类货物，超限货物具有如下特征：

①外形庞大、形状不规则。

②装载后车与货的总重量超过所经路线桥涵、地下通道的限载标准。

③货物宽度超过车辆界限。

④载货车辆最小转弯半径大于所经路线设计弯道半径。

2) 超限货物运输组织要求

由于机车车辆限界和建筑接近限界之间有一定的安全空间，可以采取一定的措施通过铁路运输实现超限货物的运输。但基于超限货物的特点，其运输组织与一般货物运输应有所不同。超限货物除了在运输过程中严格规范落实各项审批、检查要求外，在其装载过程中需要严格执行装载前后测量要求。由于超限货物运输主要是利用机车车辆限界和建筑接近限界之间的少量安全空间，为了保证安全，超限货物装载前后要进行严格的各方面测量。而且测量要求以 mm 为单位，必须十分准确。如果测量发生误差，测得的尺寸与实际尺寸不符，就会发生不良后果：测量的尺寸若大于实际尺寸，就会使得非超限货物变为超限货物或提高超限等级，造成不必要的限速、绕道运输或列车会让上的困难，从而影响铁路的通过能力，延缓货物的送达速度，增加货物的运输费用，有的货物甚至被误认为无法通过铁路限界而不能运输；反之，若测量的尺寸小于实际尺寸，可能将超限等级高的货物误认为超限等级低的货物，或将本来超限的货物按非超限货物办理，这样就会危及行车安全和货物完整，甚至可能造成极其严重的事故。因此，在超限货物装载测量时，必须认真细致，尺寸准确，记录完整。

3) 超限货物装载方案选择

超限货物一般使用平车、特种车进行运输，由于不同车辆车底板高度、长度、重心高等不同会直接影响超限货物装载，而且这些运输成本很高，因此，如何选择一套安全、经济的装载方案，直接关系到运输的安全性、经济性、时效性等。为此，需要在对超限货物进行测量的基础上，严格对比分析各种装载方案优劣、运输成本等。

3.分析总结

由于超限货物价值高，铁路运输可利用机车车辆限界和建筑接近限界之间的少量安全空间有限，为了实现超限货物的安全、经济运输，铁路企业必须对超限货物进行严格测量与装车，且在运输过程中时刻监视货物状态。在超限货物装载运输组织过程中容不得半点马虎，每个细节都要求非常严谨细致，因为只要出一点差错，都将可能产生严重的后果。这可以充分让学生意识到严谨细致作风的重要性与必要性，养成严谨细致的工作作风。

案例 11　大型变压器发送作业
——培养精益求精、严谨务实的职业精神

【课程名称】铁路货物运输。

【教学内容】超限超重货物运输组织。

【案例意义】通过本案例，培养学生按章操作、精益求精、严谨务实的职业精神。

教学过程

1. 问题导入

超限超重货物运输组织是货物运输工作中的重点内容，发送环节又是重中之重，其工作质量如何对货物运输全过程影响重大。在办理超限超重货物运输相关工作时，必须坚持精益求精、严谨务实的职业精神，严格按照相关货运规章规定的程序和要求办理相关作业，保证货物运输全过程的安全和效率。

2. 讲授正文

1）受理环节

大型变压器属于超限超重货物，除按一般货运手续办理外，还应要求托运人提供超限超重货物托运说明书、货物外形的三视图，图中应标明货物的有关尺寸、支重面长度、货物重量，并以"+"号标明货物重心位置。变压器由托运人确定货物重量，并应有生产厂家出具的货物重量证明文件，数据应为货物运输状态时的重量。重量数据如不包含装载加固材料或装置重量，须单独注明，残余油料重量须单独注明。提供装置加固建议方案。托运人应在以上所提供的资料上签字盖章，并对内容的真实性负责。

车站应审查托运人提出的技术资料，如托运人提出的技术资料及证明文件齐全有效、符合规定，且发到站（含专用线、专用铁路）具备超限超重货物运输条件，发站应受理资料。受理资料后，发站应（到生产厂家）测量、核对货物外形尺寸和重心位置，向集团货运处申报装载加固方案，以超限超重货物运输申请电报向集团货运处申请装运办法。

2）进货环节

车站接到集团货运处下发的确认电报后，通知托运人将变压器搬入货场指定货位待装。超限超重货物禁止无确认电报进货装车。

3）装车环节

装车前在合适位置安放防护信号，通知车辆部门检查车辆技术状态，确认拟使用的车种、车型、车数符合确认电报和装车要求，装载加固材料和装置的规格、数量及质量符合装载加固方案规定。测量车底板的长度和宽度，在负重车上标画车辆纵横中心线，测量车底板高度时应将车辆停于平直线路上。在货物上标明重心位置（投影）、吊索点。组织落实好装车

前会议，向装车人员布置装车事项。货运员安插监装卸作业牌。装车后，货物重心的投影应位于货车纵、横中心线交叉点上，必须偏移时，应符合方案规定。货物实际装载位置符合装载加固方案。车辆转向架旁承游间符合规定。使用的加固材料和装置规格、数量、质量以及加固方法、措施、质量符合装载加固方案规定，橡胶垫状态良好、完好无损坏，钢丝绳已采取防磨措施，捆绑栓结牢固，栓结点无损坏。焊接处焊缝长度、高度符合规定，焊接质量良好。确认货物装载加固符合规定要求后，须对照确认电报复核、确认。超限货物装后各部位的尺寸、重车重心高未超出电报范围，货物支重面长度符合要求，其他各有关数据符合要求。符合确认电报条件后，用颜色醒目的油漆标划易于判定货物是否移动的检查线，在货物两侧明显处以油漆书写、刷印或粘贴几级超限、几级超重，或挂牌标识，并按规定在货车上插挂货车标示牌。发站应按规定会同列检填写"超限超重货物运输记录"。超限超重货物实行装车质量签认制度，填制"车站超限超重货物发送作业质量控制表"，按规定对装载加固状态和超限超重货物运标记拍照。撤除监装卸作业牌、防护信号，召开完工会。派有押运人时，对押运人进行安全教育及押运安全签认。

4）制票环节

在货物运单、货票、票据封套、编组顺序表上注明"超限货物""超重货物"或"超限超重货物"，以连挂车组装运时，应注明"连挂车组，不得分摘"，限速运行时，应注明"限速多少公里/小时"。

5）车辆挂运环节

发站挂运超限车前，应向集团调度所拍发超限超重车辆挂运申请电报。

3. 分析总结

从大型变压器发送环节各项工作内容来看，体现出几个方面特点。一是严格按照相关货运规章要求进行。货运规章是多年经验和教训总结出来能够有效保证货物运输安全和效率的工作程序和要求，铁路货运工作人员必须严格按照规章进行相关操作。二是在对变压器装运前进行精确的测量，装车前标画准确的位置，装车后对相关尺寸进行精确测量，保证与批准电报严格一致，这些都要求精益求精的工作态度。三是对于大型变压器能否经由铁路装运、可使用哪些车型、采用何种装载加固方案等需要本着严谨务实的职业精神实事求是地确定。通过以大型变压器装运工作为案例的学习，可以培养学生按章操作、精益求精、严谨务实的职业精神。

案例 12　阔大货物装载技术条件
——提高工程能力，树立行业自信

【课程名称】铁路货物运输。

【教学内容】铁路阔大货物装载技术条件。

【案例意义】通过介绍在铁路运输过程中如何合理地对阔大货物包括集重、超长、超限、超重货物进行装载，在交通运输专业框架与交通强国战略背景下，培养学生科学研究和工程实践的精神，树立行业自信。

教学过程

1. 问题导入

首先以交通强国战略为切入点，通过回顾我国交通运输发展历史，增强学生的民族自豪感，坚定实现交通强国战略的信心，引导学生对交通强国战略的思考，结合我国交通运输发展的历史、现状及未来，培养学生担负从交通大国迈向交通强国的历史责任感，分析正确掌握阔大货物装载技术条件在交通强国的发展战略中所肩负的历史使命。引导学生根据所学知识思考阔大货物应该用什么车辆装运？

2. 讲授正文

首先根据以往学生学过的知识复习铁路上各种货车的种类，其中平车和敞车主要用于阔大货物的装载，继续通过铁路现场图片和学生拓展平车的具体类别。向学生提出问题：货物装载受到哪些因素的影响？车辆的技术规格、铁路限界和运行条件都对货物装载有一定影响，具体的影响主要反映在对货物长、宽、高、重心位置等的限制上。接着向学生重点讲解货物重心位置的确定，分为横、纵向和高的确定，推导出求重心位置通用的公式，通过书中二维图形呈现其推导过程。

再介绍货物装载时长宽高、重量及重心的基本要求。基于这些基本要求，介绍配重降低重心高的方法。提出阔大货物分为多种，将对不同阔大货物具体进行分析。引导学生通过超长货物和集重货物的特点思考应当如何进行装载？超长货物的装载可以分为一车负重和跨装运送，在一车负重时需要考虑在货车运行时游车与货物底部不接触，因而需要加垫横垫木，为了简化计算、便于应用，介绍确定横垫木高度的公式。通过介绍集重货物的定义及特点，引出避免集重装载的措施，通过板书根据力学公式讲解横垫木中心线间最小长度确定的公式由来，和学生一起推导最大容许载重量确定的公式并仔细理解书中容许载重量表。接着以书上例题和学生一起将所学知识点串讲，分析解题步骤思路。教学中通过二维图形辅助学生理解。

最后通过课后习题对学生进行评测，计算题考查学生应用所学知识科学思辨，解决实际问题的能力。

3. 分析总结

本案例从阔大货物装载的基本要求进行分析，对不同类型的阔大货物具体分析，从提出问题到用理论解释问题，再实际应用公式解决问题。在本案例中涉及很多可以直接套用的计算公式，以及一些规定的货物重量及长宽高。书本上的所有通用的公式和规定都是前人经过科学探索，不断实践，吸取事故的教训总结出来的，勾勒出工程师们孜孜不倦、久久为功、持之以恒、不惧批判、勇于拼搏的钻研精神。帮助学生在学习工程知识的同时，更注重对工程师卓越精神品质的自我激发和培养，既有利于学生对专业学习兴趣的提高，也有利于学生工程能力的培养。

学生理解公式的推导过程，做练习，可以让他们更好地利用公式去解决实际问题，感受前人的智慧，学生作为未来的工程师，在工程上要牢固树立责任意识和法律意识。同时，引导学生了解阔大货物装载对我国国民经济的意义，提升学生对阔大货物装载技术条件的认知程度，提高他们的工程实践能力以及增强国家认同感，树立行业自信。

7

铁路旅客运输

教学内容和思政融合设计

序号	教学内容	思政映射与融入点	编者
1	知识点：中国铁路客运发展	案例1：铁路客运发展——迈向铁路强国之路	秦 进
2	知识点：铁路客运列车开行方案制定	案例2：铁路客运列车开行方案制定——坚持唯物辩证统一对立观	周文梁
3	知识点：普通旅客列车	案例3：开行公益性"慢火车"的重要意义——铁路运输企业坚持承担社会责任	胡心磊
4	知识点：客运车底运用与检修	案例4：客运车底运用与检修——安全与效率的辩证统一	胡心磊
5	知识点：铁路客运站旅客、行包、车辆流线组织	案例5：铁路客运站流线组织——抓住事物的主要矛盾、兼顾次要矛盾的方法观	周文梁
6	知识点：铁路客运站工作组织	案例6：铁路车站工作组织——坚持旅客服务至上原则	周文梁
7	知识点：旅客列车乘务计划编制	案例7：旅客列车乘务计划编制——"以人为本"的价值观引领铁路企业文化	胡心磊
8	知识点：铁路客票票价	案例8：铁路客票票价——启发学生多角度思考解决问题	秦 进

案例1 铁路客运发展
——迈向铁路强国之路

【课程名称】铁路旅客运输。

【教学内容】中国铁路客运发展。

【案例意义】当今我国铁路密布、高铁飞驰，中国铁路的发展速度令世界惊讶，中国铁路网早已经汇聚成一幅优美的画卷，这幅优美的画卷跃然于红色江山之中，凝聚着无数铁路人的智慧与汗水。"安全优质、兴路强国"早已经成为新时期中国铁路的精神，诠释着铁路儿女的拳拳报国情，中国铁路发展的速度正是中华民族不断腾飞的速度。

教学过程

1. 问题导入

中国铁路经历了求助于人的困难期，经历了创新开拓的创业期，迎来了如今四通八达的辉煌时期。中国铁路已经进入"铁路强国"的快车道。"一分耕耘一分收获"，一代又一代铁路人承继使命，不断奋斗，谱写了一曲可歌可泣的完美华章。中国铁路的历史是一部奋斗史，一幕幕大事件不断刷新铁路人的"功劳簿"。2017 年 9 月 21 日，复兴号动车组在京沪高铁实现 350 km 时速运营，为世界高速铁路商业运营树立了新标杆，迈出了从追赶到领跑的关键一步。2008 年，中国第一条设计时速 350 km 的高速铁路京津城际铁路开通运营。2019 年 12 月 30 日，京张高铁开通，见证了中国铁路的发展，也见证了中国综合国力的飞跃。2021 年建党百年之际，拉林铁路开通运营，复兴号动车组飞驰在雪域高原，历史性地实现对 31 个省区市的全覆盖。

2. 讲授正文

1）中国铁路 6 次大提速发展

全国铁路提速始于 1997 年 4 月 1 日，其后共经历了 6 次较大的提速。

①1997 年 4 月 1 日零时，铁路第一次大面积提速全面实施，拉开了铁路提速的序幕，在京广、京沪、京哈三大干线，提速列车最高运行时速达到了 140 km，还首次开行了快速列车和夕发朝至列车。

②1998 年 10 月 1 日零时，中国铁路第二次大面积提速开始，列车速度进一步提高。快速列车最高运行速度达到了时速 160 km，非提速区段快速列车最高速度达到了时速 120 km。直通快速、特快客车平均时速达到 71.6 km，提高了 4.5 km。

③2000 年 10 月 21 日零时，中国铁路第三次大面积提速在陇海、兰新、京九、浙赣线顺利实施。京广、京沪、京哈、京九线 4 条纵贯南北的大动脉和陇海、兰新线，浙赣线两条横跨东西的大干线，全面实现了提速。全国铁路旅客列车平均时速又提高了 5.1 km，达到 60.3 km。

④2001 年 10 月 21 日零时，第四次大面积提速调图开始实施，在京九线、武昌—成都、京广线南段、浙赣线和哈大线进行了提速，铁路提速范围进一步扩大，铁路提速延展里程达到 13000 km，并进一步增开了特快列车，优化了运行时刻。

⑤2004 年 4 月 18 日零时实施的第五次大面积提速，几大干线的部分地段线路基本达到时速 200 km 的要求，提速网络总里程 16500 多 km，其中时速 160 km 及以上提速线路 7700 多 km；全国铁路旅客列车平均旅行速度达到时速 65.7 km。

⑥2007 年 4 月 18 日零时，全国铁路第六次大提速，除新推出的"和谐号"动车组列车外，各种不同档次旅客列车的速度都有不同程度的提高。

2）中国铁路跨越式发展

到 2020 年，全国铁路营业里程达到 10 万 km，主要繁忙干线实现客货分线，主要通道实现复线电气化，复线率和电化率均达到 50%，运输能力和运输质量满足国民经济和社会发展需要，主要技术装备达到或接近国际先进水平。

①建设快速客运网。通过建设客运专线、发展城际轨道交通、既有线提速改造，形成以客运专线为骨干，以北京、上海、广州、武汉、西安和成都为中心，绝大部分省会城市为节点，连接全国主要地区、总规模超过 3 万 km 的快速客运网络。

②完善路网布局。以扩大西部路网规模为主，形成西部铁路网骨架，完善中东部铁路网结构，新建 1.6 万 km 铁路，提高对地区经济发展的适应能力。

③加强主要枢纽建设。以北京、上海等枢纽为重点，调整编组站，改造客运站，建设机车车辆检修基地，完善枢纽结构，使铁路点线能力协调发展。

3. 分析总结

经过一代又一代铁路人的辛勤奉献，中国铁路走过"四纵四横"的时代迎来了"八纵八横"的加密成型时期。中国铁路就像一条巨龙，盘踞在神州大地之上。唯有永不言败的钢铁意志，才能在科技日新月异发展的情况下引领中国铁路事业不断前进，实现"铁路强国"的梦想，开创中国铁路事业更加辉煌灿烂的未来。

案例 2　铁路客运列车开行方案制定
——坚持唯物辩证统一对立观

【课程名称】铁路旅客运输。

【教学内容】铁路客运列车开行方案制定。

【案例意义】通过介绍铁路客运列车开行组织过程中需兼顾铁路企业效益、广大旅客出行服务等多方利益时，这些利益之间既相互对立，又相互统一，引导学生坚持用唯物辩证统一对立观来解决问题，抓住主要利益、兼顾各方利益，用协调统一、共同发展的思路处理问题。

教学过程

1. 问题导入

每天在铁路网上运行着成千上万列旅客列车，服务全国巨量的出行客流。这些列车不仅具有不同的运行时刻表，还拥有不同的运行路线、停站、种类以及编组长度。组织开行不同数量列车将产生不同运营成本，同时会给旅客出行带来差异化的服务水平。那么，对于铁路企业而言，到底组织开行多少数量旅客列车合适？这些列车的种类、运行路线、停站、编组长度等应如何设置？

2. 讲授正文

首先，给出旅客列车开行方案的内涵。旅客列车开行方案是从客流到列车流的旅客运输组织方案，包括旅客列车的运行区段、沿途停站、开行对数（或列数）、列车种类和列车编组等内容。其中，旅客列车运行区段指从始发站到终点站的列车运行路线，沿途停站指列车沿途的客运作业站，开行对数指列车往返开行的数量，列车种类包括动车组旅客列车、直达特快旅客列车、特快旅客列车、快速旅客列车、普通旅客列车等，而列车编组指不同席别、不同定员的车辆数。

其次,分析旅客列车开行质量衡量标准。旅客列车开行方案一方面决定了铁路开行效益,另一方面决定了旅客服务质量,其中,旅客列车开行效益包括:

①经济效益:客运市场收入减去相应成本支出。

②社会效益:对列车途经车站地区的经贸来往、旅游开发、人员流动、物质流通的促进作用。

③市场效益:客运量得到提升,客运竞争力得到提高。

旅客出行服务质量体现在旅客出行花费的各项旅行成本上,包括出行票价支出、旅行时间消耗、换乘中转费用等。

铁路企业增加开行效益可以从降低列车开行成本下手,这样一来相应开行列车数量规模下降从而导致旅客出行选择的列车数减少,进而增加候车时间、换乘时间等,降低旅客出行服务质量;反之,旅客出行服务质量的提升通常会增加铁路企业列车开行成本,从而降低铁路企业效益。从这一点,铁路企业效益与旅客出行服务质量的提升往往是矛盾对立的。但是铁路企业若能够组织开行更高质量的旅客列车,为旅客提供高水平的出行服务,不仅能稳定既有客运份额,还会吸引更多旅客选择铁路列车出行,从而增加铁路企业票价收益,这样即使出行成本有所增加,但总收益仍有可能提升。因此,铁路企业效益与旅客出行服务质量的提升又是相互一致的(图7-1)。

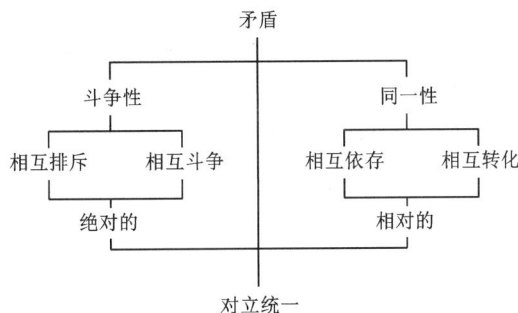

图7-1　对立统一关系

最后,针对一个具体的线路例子,请学生自己安排组织开行一定数量列车,并确定各列车运行路线、停站、种类以及编组长度等。在此基础上,总结自己如何处理铁路企业开行效益与旅客出行服务质量这一矛盾统一体之间关系。

3.分析总结

通过介绍铁路旅客列车开行决策过程中需要考虑铁路企业与旅客双方利益,并深入分析两者利益在方案设计过程中应如何考虑,以及两者之间的对立统一关系,进而以实际例子动手设计列车开行方案,并从中深刻理解何为唯物辩证的统一对立观,让学生意识到在解决一些涉及多方利益、多方因素问题时,不一定只能片面地确保一方而忽视另一方,而是可以在多方之间进行统一协调,达到共赢的目的。

案例3　开行公益性"慢火车"的重要意义
——铁路运输企业坚持承担社会责任

【课程名称】铁路旅客运输。

【教学内容】普通旅客列车。

【案例意义】通过学习公益性"慢火车"在我国旅客列车的等级体系中的重要意义,加强学生对铁路运输具有公益性属性的认识,树立作为铁路运输组织者坚持承担社会责任的意识。

教学过程

1.问题导入

首先介绍铁路旅客列车开行方案的基本内容,引入我国旅客列车的等级划分标准,介绍我国目前普通旅客列车的运行情况。提问:在旅客列车高速化发展的背景下,普通旅客列车停站多、旅速慢、票价低,其在我国旅客列车等级体系中具有什么意义?

2.讲授正文

首先介绍旅客列车开行方案的定义和基本内涵。旅客列车开行方案是从客流到列车集的旅客运输组织方案,包括旅客列车的运行区段、沿途停站、开行对数(或列数)、列车种类和列车编组等内容。其中,旅客列车运行区段指从始发站到终点站的列车运行路线;沿途停站指列车沿途的客运作业站;开行对数指列车往返开行的数量;列车种类分为高速动车组旅客列车、城际动车组旅客列车、动车组旅客列车、直达特快旅客列车、特快旅客列车、快速旅客列车、普通旅客列车等,也可分为直通和管内旅客列车;列车编组指不同席别、不同定员的车辆数。

然后引入我国旅客列车的等级划分。按照旅行速度我国旅客列车划分为高速动车组列车(G字头列车)、动车组列车(D字头列车)、直达特别快速旅客列车(Z字头列车)、特别快速旅客列车(T字头列车)、快速旅客列车(K字头列车)和普通旅客列车。

介绍普通旅客列车的运行特点和现状。普通旅客列车停靠县级及以上车站,多数为"站站停",速度慢,票价低廉,又称为"慢火车"或"慢行列车"。自我国引入高速铁路以来,部分铁路局普通旅客列车的开行对数缩减为个位数,少部分铁路局甚至停运了普通旅客列车。然而,近几年,铁路运输企业加大了对普通旅客列车的投入,设施提档升级,服务再上台阶。2022年的统计数据显示,铁路部门开行的公益性"慢火车"覆盖21个省区市,经停530座车站。2021年,公益性"慢火车"共运送旅客1.7亿人次,同比增长12.2%;强化涉农物资运输服务保障,运送货物7.2亿吨,同比增长3.8%,减免费用14.8亿元。在我国铁路旅客运输高速化的背景下,为什么铁路运输企业依然如此重视普通旅客列车?

3.分析总结

尽管我国拥有世界第一的高速铁路网络,但普通旅客列车不仅在我国铁路旅客运输的发展史上,也在我国目前的社会发展阶段具有重要意义。普通旅客列车主要运行在交通不便的革命老区、少数民族聚居区、边境地区、经济相对欠发达的农村地区，以服务沿线乡村群众出行、赶集、通勤、通学、就医等为主要目标，助力乡村振兴高速发展。公益性"慢火车"彰显了铁路运输企业的责任与担当。

案例4 客运车底运用与检修
——安全与效率的辩证统一

【课程名称】铁路旅客运输。

【教学内容】客运车底运用与检修。

【案例意义】通过掌握客运列车车底周转的基本概念和车底运用的主要依据和原则，结合客运车底运用维修相关规章，帮助学生认识"安全高效"在铁路旅客运输组织中的重要性，强化对安全与效率辩证统一的意识。

教学过程

1. 问题导入

首先介绍列车车底及其周转的基本概念，掌握减少车底数量的常用手段，结合《铁路客车运用维修规程》，探究客运车底运用过程中如何处理安全与效率之间的关系。

2. 讲授正文

首先介绍列车车底及其周转的基本概念。列车车底是一列客运列车中除机车以外的全部车辆组成。列车底周转是在一个运用周期内，车底所担当列车及其衔接关系。车底周转图是车底周转关系的图形表示形式或者说车底周转图是在一个运用周期内，车底所担当列车及其衔接关系的图形表示形式。

接着进一步学习编制车底周转图的要素和车底数量计算的图解法。编制车底周转图的要素包括2个方向的列车运行线、在配属站和折返站的车底衔接关系、周转的周期（一般为24小时格）。周转图上任意时间断面上的运行车底、配属站停留车底、折返站停留车底之和，就是需要的车底总数。基于车底周转图的概念，学习减少车底数的常用手段：提高直通速度，适当压缩旅客列车车底在途中和在配属站、折返站的停留时间；变更旅客列车发到时间，并适当压缩车底在折返站的停留时间；不同区段列车的车底套用；部分外属车底在折返站组织立折；拉通合并车次，或分段分拆列车。

最后介绍客运车底运用与检修的规范性文件《铁路客车运用维修规程》中的重要思想和内容。客运车底运用维修的最终目的是提供良好的客运设备，保证行车安全，为旅客运输服务，客车运用的具体工作目标包括"管理规范、作业标准、队伍专业、装备先进、质量达标、安全高效"。特别强调旅客列车车底实行定期检修和运用维修，定期检修实行以走行公里为主、时间周期为辅的计划预防修制度，在客车检修工厂和车辆段实施；运用维修实行以计划预防修和状态预防修并重的检修制度，由库列检、客列检、车辆乘务组等承担。

3. 分析总结

铁路客车是铁路旅客运输的重要运载工具，运用维修工作是铁路运输的重要组成部分，维修质量直接关系旅客生命财产安全。在铁路运输生产组织过程中，保证安全和追求高效一定程度上存在矛盾，客运车底运用与检修必须坚持安全与效率辩证统一的原则。

案例5　铁路客运站流线组织
——抓住事物的主要矛盾、兼顾次要矛盾的方法观

【课程名称】铁路旅客运输。

【教学内容】铁路客运站旅客、行包、车辆流线组织。

【案例意义】铁路客运站内部设施布局很大程度上取决于车站内各类流线的安排。由于车站流线种类多，同类流线也又会细分为很多条，流线之间难免相互交叉。通过介绍铁路客运站流线组织思路与方法，学习当流线之间存在大量交叉冲突时，抓住其中主要矛盾进行优先疏解，兼顾次要矛盾的问题处理方法。

教学过程

1. 问题导入

客运站内包含很多设施，如候车室、行包房、售票厅等，这些设施在车站的分布应最大程度上方便旅客。客运站流线组织旨在确定车站旅客、行包、车辆在车站的活动路线，进而为车站设施布局提供依据。由于车站流线众多，其组织到底遵守一些什么原则，当流线之间存在冲突时，又该怎么做？

2. 讲授正文

1）客运站流线分类

旅客、行包、车辆在客运站内的活动路线，称为流线，通常分为旅客流线、行包流线和车辆流线。

对于预先购票，不托运行李旅客，其流线通常为：广场→广厅→候车室→检票口→跨线设备→站台上车。

对于预先购票，上车前托运行李旅客，其流线通常为：广场→行包房→候车室→检票口→跨线设备→站台上车。

对于上车前购票，不托运行李旅客，其流线通常为：广场→广厅→售票处→候车室→检票口→跨线设备→站台上车。

对于到达旅客，其通常下车后，经跨线设备到出站检票口，通过出站广厅直接出站。

由于不同类型旅客、行包、车辆的数量不同，不仅其在车站流线不一样，而且形成的流大小、速度等都有所差异。

2）流线冲突的疏解原则

对于大型客运站，其存在的流线非常多。若流线之间相互交叉，就意味着使用这些流线的旅客或车辆就存在活动冲突，这种冲突不仅影响流线速度、降低车站能力，同时带来很大的安全隐患。（提问：在这种情况下，大家觉得应当如何处理？）因此，在组织车站各类流线时就需要遵守以下流线设计原则，以尽量避免这些冲突。

①流线应短捷，避免交叉，防止对流。

②进、出站旅客流线应在平面或空间上分开。

③缩短旅客流动距离，避免流线迂回。

④特大型站站房宜采用多方向进、出站的布局。

继续提问：通常流线之间的冲突很多，因设施空间有限，在无法疏解所有流线冲突的情况下，大家又该如何处理？

结合学生回答情况，进行总结分析，指出车站各类流线冲突很多。由于成本、设施、用地资源等各因素限制，将所有存在的冲突进行疏解是难以做到的，这时候就应该选择流量大、速度快的流线进行冲突的优先疏解，这样会最大程度上降低冲突带来的负面作用。举一反三，在以后面对很多这种类似情况时，都应该清楚抓住其中主要矛盾进行优先处理，兼顾次要矛盾的问题处理方法。

3）流线冲突的疏解方法

流线冲突的疏解方法通常包括两类：

①主要进、出站流线在同一平面上错开。在同一平面上的布局使主要进、出站流线左右分开，为更好地配合车站广场的车辆流线组织，通常将进站流线安排在站房右侧。

②主要进、出站流线在平面和空间上同时错开。进站流线安排在右侧上层，旅客由下层入站经自动扶梯进上层候车，检票进站；出站流线安排在左侧下层，旅客经站房左侧跨线地道出站，利用站房的平面和空间使进、出站流线明确分开。

3.分析总结

通过介绍客运站流线类型、冲突疏解原则与方法，让学生深刻体会到在流线矛盾较多时，因无法确保对全部冲突进行疏解，往往需要采取抓住其中主要矛盾进行优先处理，兼顾次要矛盾的问题处理方法；让学生清楚处理任何一件最重要的事情时，矛盾往往是多方面的，但也存在主次之分，一定要抓住主要矛盾，兼顾次要矛盾，不能让它影响到主要矛盾的解决。

案例6 铁路车站工作组织
——坚持旅客服务至上原则

【课程名称】铁路旅客运输。

【教学内容】铁路客运站工作组织。

【案例意义】铁路客运站是铁路服务旅客的窗口，其工作内容与旅客密切相关，其工作组织质量直接决定着旅客出行服务水平，进而影响整个铁路客运服务市场份额与铁路效益。通过结合客运站工作组织的原则与要求的变化，让学生清楚随着客运市场竞争加剧，铁路企业只有坚持旅客服务理念，以提高旅客服务水平为第一宗旨，才能在激烈的客运市场竞争环境中保持健康、稳定的可持续发展。

教学过程

1.问题导入

客运站是铁路企业面向广大出行旅客的窗口，客运站大部分工作都与旅客直接相关，包括售票工作组织、行包工作组织、旅客乘降工作组织等，这些工作组织应以什么原则、什么方式开展？广大旅客对铁路出行服务的认可与满意程度在很大程度上取决于铁路客运站的工作组织。在当前各种客运方式快速发展、竞争激烈的客运市场环境中，铁路客运工作组织在安全、效率、服务等方面应如何考虑？

2.讲授正文

1）客运站工作组织内容

客运站是铁路旅客运输的基本生产单位，旅客一系列旅行手续均在此办理。客运站的工作组织主要包括生产管理工作与技术管理工作，其中生产管理工作组织主要为售票、旅客乘降、客运服务和行包运输工作组织等；而技术管理工作主要为针对旅客列车的技术作业，包括出发作业、到达作业、通过作业以及技术检查、摘挂机车等。

①售票工作组织：掌握车站票额分配基本计划，根据客流与列车超欠员情况安排好日常各项列车无座计划，并与客票中心进行及时沟通处理。同时，组织工作人员进行客票窗口售票，对当日售票进行分类统计等。

②旅客乘降工作组织：有秩序地组织旅客在站内通行、检票进站、走向列车停靠站台上车，以及到达车站下车旅客在出站口验票出站等工作。

③客运服务工作：提供便捷的问询服务，并为旅客提供随身携带品暂存服务，以及候车室旅客相关服务等。

④行包运输工作组织：针对发送行包、到达行包以及中转行包开展的相关工作，以确保行包安全、迅速、准确、便利地送到目的地或者交付给收货人。

2）客运站工作组织的原则与要求

首先，引导学生思考车站工作组织应该做成什么样才算是好的？在进行简单提问或者讨论后，进行总结分析：一方面，铁路车站工作组织涉及多方面人员、设备等，需要投入较多运营成本，由于铁路网络上车站数量规模非常庞大，车站一点成本的增加都会给铁路企业产生巨大成本。因此，非常有必要考虑车站组织工作效益提高与成本降低要求。另一方面，车站工作组织直接关系到旅客出行服务质量，为了吸引客流必须尽力想方设法提升旅客出行服务质量。因此，车站工作组织的原则要求就应该从这两方面入手。

其次，针对以上两方面原则的侧重点考虑问题，不同时期、不同场景同样存在很大差异。为此，选定几个典型场景，比如平时工作日、春运时期等，让学生先思考自己在这些场景下开展客运站工作组织的基本思路。在此基础上，总结分析：不同时期采取的工作组织侧重点并不相同，平日工作日因客流相对较少，这时可以更好地做好旅客出行服务工作；而在春运时期，因客流量大，如何提高客流组织效率，保障客运顺利完成便成为重点。

3.分析总结

通过介绍铁路客运站工作组织的重要性、组织工作内容以及分析客运站工作组织的原则要求与适应性，阐述客运站工作组织在保证安全、提高效率、服务好旅客等方面的考量。由此借机让学生认识到铁路运输作为服务业，尤其是在当前客运市场竞争激烈环境下，坚持服务至上理念，服务好旅客才是铁路企业实现健康、稳定的可持续发展之根本。同时，提高学生服务社会、服务国家大局的服务意识。

案例7 旅客列车乘务计划编制
——"以人为本"的价值观引领铁路企业文化

【课程名称】铁路旅客运输。

【教学内容】旅客列车乘务计划编制。

【案例意义】通过学习旅客列车乘务计划的编制方法，了解影响旅客列车乘务计划的编制因素，强调乘务计划编制过程中乘务员的工作强度是不可忽视的重要因素，帮助学生树立作为铁路运输组织者"以人为本"的价值观。

教学过程

1. 问题导入

首先介绍旅客列车乘务组的主要组成，对比轮乘制和包乘制两种主要乘务制度的区别以及优缺点，总结影响旅客列车乘务计划的关键因素。提问：假设你作为列车乘务员，你希望铁路运输企业编制怎样的乘务计划？

2. 讲授正文

首先介绍旅客列车乘务组的基本内涵。旅客列车乘务组是指旅客列车为完成旅客及其行李包裹运输任务而组成的出乘人员小组。我国旅客列车乘务组一般由客运、车辆和公安等部门的人员共同组成，包括列车长、列车员、和乘警人员等，负责检补车票、整洁卫生、供应餐水、维持列车内的治安等工作。乘务组的工作特点包括：①工作环境处于列车动态运行中的封闭状态；②面对的是具有多元化旅行需求的旅客；③需要在限定的设备条件下和时间内，从实际出发，及时有效地满足旅客提出的要求和处理临时发生的各种问题。

然后介绍旅客列车乘务制度。旅客列车乘务组的乘务制度分为包乘制和轮乘制。包乘制分为包车次制和包车底制，其中包车次制是指1个车次由几个乘务组包干值乘，包车底制是指1个车底由1个乘务组包干值乘。轮乘制是指若干乘务组按照出乘顺序轮流值乘。

进一步对比分析轮乘制和包乘制的优缺点。轮乘制适用于旅客列车密度大、列车种类和编组基本相同的区段。包乘制中，相比包车次制，包车底制具有责任更明确的特点，有利于车辆设备和备品管理、提高服务质量，但是包车底制排班能力差，容易出现乘务工时不足现象。相比轮乘制，包乘制的上述特点更加明显。此外，长途旅客列车需挂乘务员休息车，途中不存在不同乘务组之间的交接班，包车底制最具体，包车次制略宽松，轮乘制最灵活。

请同学们思考，假设你是一名旅客列车乘务人员，你希望铁路运输企业编制怎样的乘务计划？然后介绍我国铁路旅客运输乘务规则的主要内容。以高速铁路乘务规则为例：①在一条乘务交路中，后一值乘区段的出发站应与前一值乘区段的到达站相同，且衔接时间不小于乘务组的最低换乘时间标准；②生成的可行乘务交路段集合需覆盖所有值乘区段；③乘务员一天的出乘时间(包含图定运行时间,本、外段出、退乘时间,接续时间)不允许超过一天最长乘务时间;④乘务员退乘后,到下一次出乘的间隔时间不小于8h;⑤乘务交路最多包含2条乘务交路段。再次提问:上述乘务规则③和④主要体现了什么样的价值观?

3.分析总结

铁路旅客列车乘务计划的编制规则,充分体现了"以人文本"的价值观。铁路运输企业在追求效率和效益的同时不忘铁路员工是支撑庞大铁路运输体系的核心,铁路企业要以员工为主体,坚持以人为本,以旅客为中心,实现企业、旅客、员工的和谐统一。

案例 8 铁路客票票价
——启发学生多角度思考解决问题

【课程名称】铁路旅客运输。

【教学内容】铁路客票票价。

【案例意义】通过学习铁路客票票价内容,一方面,使学生掌握铁路客票票价体系、客票票价定价原则与要求、客票定价方法等专业内容;另一方面,通过分析客票票价在制定时需考虑的铁路企业、不同消费水平旅客的利益,同时也需考虑公平性、公益性、市场竞争等方面因素,让学生学会在解决具体实际问题时,需要从不同角度、不同主体看问题,多侧面、多方位思考解决问题,达到一种共赢的和谐状态。

教学过程

1.问题导入

铁路票价水平选择是一个非常敏感的问题,不仅直接影响广大旅客出行费用,同时也影响铁路企业的客票收益。表面上看这两者是相互矛盾的,即为了降低旅客出行费用,票价应该制定得更低,而从提高铁路企业客票收益角度又应制定更高的票价。那么铁路目前在制定票价时会具体考虑哪些影响因素?在多种因素相互制约下,铁路企业又是如何权衡好各方利益、各类旅客出行需求的呢?

2.讲授正文

1)铁路客票票价制定影响因素

一方面,铁路运输企业作为独立的物质生产部门,其运输的产品为人与物的空间位移,运输产品具有商品属性,故运价的制定必须遵循价值规律的客观要求,以运输价值为基础,反映运输市场的供求关系,并且随市场需求的变化而波动。从铁路客运的产品角度出发,其票价制定需要考虑以下因素:各种运输方式之间均衡、铁路客运不同产品之间的均衡、运输成本、服务质量、出行需求(数量和质量)、民众的消费习惯和支付能力。

另一方面,铁路运输业是国民经济的基础设施,运价要体现一定的公益属性,国家为了从整个产业结构的合理性出发,需要从税费及政策方面对运价进行直接或间接的调节,使运价满足社会经济发展的需要。因此,其客票票价制定时还需考虑国家宏观经济政策、区域经济发展程度、各种运输方式的协调发展、民众的生活水平和收入水平。

2）铁路客票票价定价方法

运价的制定应以运输成本为主要依据，按目的不同一般可分为平均成本定价、边际成本定价和完全成本定价三种方法。

①平均成本定价方法。按照平均成本定价时，单位可变成本加上可变成本，再加平均利润等于运输价格。在短期内单位可变成本可视为固定不变，总可变成本随运量成比例增加，而总固定成本在一定运量范围内可保持不变，故运量越大，单位固定成本就越小。平均成本定价方法适合不太活跃、需求稳定的运输市场。整体上，运输总收入应能够补偿全部成本支出，并能够获得足以吸引投资的必要利润。但是，经济学界一般不赞成按照平均成本定价，因为平均成本在不同地区、方式和线路上存在很大的差异，也不适应市场波动。

②边际成本定价方法。边际成本是指增加单位运量而引起的总成本增加量。对于运能大于运量的线路，虽然平均成本高，但边际成本低，利用较低的边际成本定价可以刺激运输需求，既可以提高运输设备利用率，又可以降低社会运费。而对于运能不足的线路，当运量达到一定水平时，边际成本会大大超过平均成本，迫使运量向其他线路转移。由于边际成本定价具有很强的现实性和适应性，经济学界较为推崇这一种定价方法。但按照边际成本定价不是对全部运输消费的补偿，有可能导致企业亏损。

③完全成本定价方法。完全成本定价方法既要考虑固定成本，又要考虑可变成本；既要考虑直接成本，又要考虑间接成本；既要考虑目前支付的成本，又要考虑可能要支付的成本。如果所有运输企业都能以完全成本为基础定价，那么运输价格将能真正反映经济学意义上的运输成本，这将有利于资金在各种运输方式间的合理配置。

3. 分析总结

铁路客票票价水平既需要考虑客运市场竞争的需要，也要体现铁路企业公益性性质；既要考虑铁路企业利益，也要考虑广大旅客出行利益。因此，铁路客票票价一方面要以客运产品服务质量、满足客运市场竞争需要合理定价；另一方面需要满足不同消费层次广大旅客出行需求，提供多层次的票价。在解决各类具体实际问题时，学生应从不同角度、不同主体看问题，多侧面、多方位思考解决问题，达到一种共赢的和谐状态。

8

交通运输安全管理

教学内容和思政融合设计

序号	教学内容	思政映射与融入点	编者
1	知识点：运输安全系统工程	案例1：安全系统工程——科学精神与系统思维	秦　进
2	知识点：运输安全影响因素	案例2：道路交通事故分析——安全意识、法治精神与职业道德	秦　进
3	知识点：运输安全影响因素	案例3：德国高铁事故分析——质量意识与人本意识	秦　进
4	知识点：交通安全内涵分析	案例4：交通安全内涵分析——安全第一，预防为主	周文梁
5	知识点：交通安全隐患分析	案例5：交通安全隐患分析——千里之堤，溃于蚁穴	周文梁
6	知识点：高速铁路安全保障系统	案例6：高速铁路安全保障系统——世界名片的来源	周文梁
7	知识点：交通运输安全系统管理	案例7：交通运输安全系统管理——理论与实践相统一	秦　进
8	知识点：交通运输事故调查	案例8：交通运输事故调查——公正、法治的职业理想	秦　进

案例1　安全系统工程
——科学精神与系统思维

【课程名称】交通运输安全管理。

【教学内容】运输安全系统工程。

【案例意义】系统工程是为了最好地实现系统的目的，对系统的组成要素、组织结构、信息流、控制机构等进行分析研究的科学方法。作为一种组织管理的思路和方式，系统工程为具体的工程管理和社会治理提供了可以遵循和借鉴的操作路径。本案例主要结合学生生活和学习实际阐述安全工程学的基本概念、系统工程学的思想，帮助学生培养科学的系统思维。

教学过程

1. 问题导入

安全系统工程是系统工程在安全领域中的实际应用。任何系统的设计、制造、施工、运行、维护等都有安全与否的问题，系统中的人员、设备、环境等都需要强化安全管理，才能实现系统的整体功能和预定目标。安全系统工程就是以系统工程的理论和方法为指导，运用运筹学、控制论、信息论、概率论与数理统计及电子计算技术，科学分析、评价系统安全状况，预测并控制系统中的隐患和事故，为调整设计、工艺、设备、操作、管理、生产周期和费用投资提供决策依据，从而实现系统安全优化管理，达到预防或减少事故发生的目的。

2. 讲授正文

北宋(960—1127)年间，有一天皇帝居住的皇城因不慎失火，酿成一场大灾，熊熊大火使皇宫在一夜之间变成断壁残垣。为了修复烧毁的宫殿，皇帝诏令大臣丁谓组织民工限期完工。当时，既无汽车、吊车，又无升降机、搅拌机，一切工作都只能人挑肩扛；加之皇宫的建设不同于寻常民房建筑，它高大宽敞、富丽堂皇、雕梁画栋、十分考究，免不了费时费工，耗费大量的砖、砂、石、瓦和木材等。当时，让丁谓头痛的三个主要问题是：①京城内烧砖无土；②大量建筑材料很难运进城内；③清墟时无处堆放大量的建筑垃圾。如何在规定时间内完成皇宫修复任务，做到又快又好呢？聪明的丁谓经过反复思考，终于想出了一个巧妙的施工方案，不但提前完成了这项修筑工程，而且"省费以亿万计"。

丁谓是这样做的：把烧毁了的皇宫前面的一条大街挖成了一条又深又宽的沟渠，用挖出的泥土烧砖，就地取材，解决了无土烧砖的第一个难题；然后，他把皇城开封附近的汴河水引入挖好的沟渠内，使又深又宽的沟渠变成了一条临时运河，这样，运送砂子、石料、木头的船就能直接驶到建筑工地，解决了大型建筑材料无法运输的问题；最后，当建筑材料齐备后，再将沟里的水放掉，并把建筑皇宫的废杂物——建筑垃圾统统填入沟内，这样又恢复了皇宫前面开阔的大道。此举被古人赞誉为"一举而三役济"。

为什么丁谓可以一个操作就解决三个难题？

丁谓的修复工作能达到如此效果，正是因为将皇宫的修复全过程看成了一个"系统工程"，将取土烧砖、运输建筑材料、垃圾回填看成了一串连贯的环节并有机地与皇宫的修筑工程联系了起来，有效协调好了工程建设中看上去无法解决的矛盾，从而不但在时间上提前完成了工程，而且在经济上也节省了大量的经费开支，又快又好地完成了皇宫的修复工作，实现了整个系统的最优——既省时又省钱。

概括而言，系统工程是组织管理系统的规划、设计、制造、试验和使用的科学方法，是一种对所有系统都具有普遍意义的科学方法。这个定义表明，系统工程属工程技术范畴，主要是组织管理各类工程的方法论，即组织管理工程；系统工程是解决系统整体及其全过程优化问题的工程技术；系统工程对所有系统都具有普遍适用性。

3. 分析总结

系统工程方法的核心思想，就是将人们所做的每一项工作或所研究的每一件事物，看成了一个有机的称为"系统"的整体，并且设法找出使这个系统变得最好、最佳、最优的方法与途径。著名科学家钱学森在《组织管理的技术——系统工程》一文中指出："把极其复杂的研制对象称为系统……系统工程则是组织管理这种系统的规划、研究、设计、制造、试验和使用的科学方法，是一种对所有系统都具有普遍意义的科学方法。"

系统工程打破了各学科之间的界限，沟通了自然科学和社会科学的联系，使人们能够摆脱传统方法的束缚，为综合运用现代科技成就提供了最有效的方法和思路，为解决庞大复杂的系统性问题开辟了新的途径。

案例2　道路交通事故分析
——安全意识、法治精神与职业道德

【课程名称】交通运输安全管理。

【教学内容】运输安全影响因素。

【案例意义】职业道德和法治精神是减少人员不安全行为、提高系统安全性的重要保障。通过事故案例分析，理解两者缺乏对交通安全，对生命财产、经济社会的重大破坏性作用。在此基础上运用系统思维分析运输安全影响因素，指出交通运输系统的人员对安全的重大影响，以及各种微小因素可能存在的巨大风险，帮助学生牢固树立安全意识，同时引导培养和提高其法治精神与职业道德感。

教学过程

1.问题导入

道路交通活动中，疲劳驾驶引发的血淋淋的交通事故不胜枚举。在全球范围内，驾驶员过度疲劳驾驶已成为导致交通安全事故的重要原因之一。根据美国统计数据，每年美国由于驾驶员的疲劳驾驶而导致大约10万起交通事故，其中约1500起直接导致死亡、7.1万起导致人身伤害。欧洲情况也大致相同。在德国境内高速公路事故中，大约有25%的导致人员伤亡的交通事故都是疲劳驾驶而引发的。法国因疲劳驾驶而产生的事故数，占发生人身伤害事故总数的15%左右，占发生死亡的事故数的21%左右。日本因疲劳驾驶产生的交通事故约占总事故数的15%。在我国，重特大交通事故中，因疲劳驾驶造成的事故所占比例达40%以上，每年因疲劳驾驶造成的交通事故导致超过3000人死亡，占交通事故总数的3%左右，是发生重特大交通事故的三大原因之一。

2.讲授正文

2017年8月10日，一辆自四川成都驶往河南洛阳的客车，途经京昆高速公路安康段秦岭一号隧道南口时，撞向隧道口发生特别重大交通事故，共造成36人死亡、13人受伤。该事故的直接原因是事故车辆驾驶员疲劳驾驶、超速行驶，引起操作失误而致使车辆向道路右侧偏离，正面冲撞隧道洞口端墙。

疲劳驾驶会引发事故，这既是科学的结论，也是血和泪的教训。驾驶员长时间操作车辆，要求有充沛的精力、体力作后盾，以适应紧张而又持久的驾驶活动。驾驶工作虽然不是高强度的体力劳动，但大脑需保持高度的清醒状态，长时间的连续行车会造成驾驶员脑部供氧不足，易让人犯困、打瞌睡。如果过于疲劳，反应迟钝，操作错误就会增多，甚至会让人陷

入困乏瞌睡状态，使车辆失控，也就必然会导致交通事故的发生。

2022年3月29日第四次修订的《中华人民共和国道路运输条例》中，也对驾驶人"过度疲劳"做出了禁止性规定，明确规定"驾驶人员连续驾驶时间不得超过4个小时"。法律和行政法规之所以做出这样禁止性规定，乃是基于过度疲劳驾驶对人体生理的不良影响进而对道路交通安全构成了巨大危害。

通过对大量交通事故统计资料的分析可以发现，驾驶员是造成交通事故的最主要因素。尤其是在道路交通事故的形成原因中，人的因素所导致的事故，在事故总数、死亡人数及受伤人数中所占的比例，远远大于其他因素。进一步从人的因素层面看，其中驾驶员的过错占了绝大部分，行人和非机动车使用者等过错占很小的部分。根据相关统计数据，因驾驶员责任造成的事故件数、死亡人数和受伤人数，占事故总数、总死亡人数及总受伤人数的比例分别高达89.8%、87.4%和90.6%。

3. 分析总结

虽然驾驶员的不安全行为是导致事故发生的直接原因，但是使驾驶员产生不安全行为的，还有一些更深层次的原因。要想减少甚至消除驾驶员在交通安全中的负面影响，需要研究驾驶员的生理和心理特性，发现疲劳、饮酒及药物等因素对行车安全的影响规律，以及从法制上严格驾驶员培训制度，强化培训考核工作，加强驾驶员的甄选和管理工作，在提高驾驶员技能的同时，加强其道德意识、法治意识和安全意识，并正确选择交通安全宣传教育的方法，完善驾驶员常规培训教育制度。另外，也要加强交通执法的效果和力度，有效杜绝各类违章行为。

案例3 德国高铁事故分析
——质量意识与人本意识

【课程名称】交通运输安全管理。

【教学内容】运输安全影响因素。

【案例意义】通过对世界上最惨重的高速铁路列车事故——1998年德国ICE高铁脱轨事故发生原因的深入分析，引导学生理解质量意识与人本意识在交通运输安全中的重要性，并将以人为本、可持续发展等交通发展的核心理念刻进学生的脑海中。

教学过程

1. 问题导入

1991年投入运营的德国城际特快列车(Inter-CityExpress，简称ICE)是世界上最快的列车之一，并以豪华舒适和极高的安全性著称，号称世界上最安全、最先进的设备。ICE高速行驶了7年无一例死亡事故，成为德国人严谨特性的又一个代表性杰作。但是，1998年6月3日，一辆从德国慕尼黑开往汉堡的高速列车却在途中突然出轨，造成了世界高铁历史上最严重的一次重大伤亡事故，打破了德国制造的神话。

2. 讲授正文

首先介绍德国 ICE 的优越性和在高速铁路史上的地位，在此基础上使用图片、动画引出 1998 年的 ICE 事故，并指出这场严重的高铁出轨倾覆事故共造成 101 人遇难、88 人重伤、106 人轻伤，是截至目前世界上危害性最大的一次高速列车事故。

然后根据事故调查分析报告，抽丝剥茧，最后指出：为了解决列车运行过程中的振动和噪声等问题，提高乘客乘坐的舒适性，高铁公司决定修正车轮构造，用箍着钢条的双壳式车轮取代单壳式车轮。在事故发生之前，检修人员对高铁列车进行安全检查时，忽视了双壳式车轮的一个致命缺点，就是在列车运行过程中，相互间的挤压和自动伸缩极易导致金属疲劳现象。他们日常使用的检修工具一般只有手电筒，仅能发现最大和危险系数最高的裂缝，但无法在早期发现由金属疲劳造成的细小缺口。此外，在事故营救过程中，由于车窗采用的是防爆玻璃，非常难以打破，给救援工作造成了极大困难。

最后介绍查明原因后，德国高铁采取的应对措施：①拆除了高铁列车上所有的双壳式车轮，重新换成了单壳式车轮。时至今日，德国高铁仍未恢复使用双壳式车轮。②启用了新式逃生玻璃车窗，在紧急情况下，工作人员或乘客可以用救生锤从接缝处敲碎这种玻璃。③实行更为严格的安全规范。强调要定期对列车进行超声波安全检查，而且至少要有 2 名工作人员共同检查；同时还指出未来新建的铁轨要避开隧道和桥梁等设施。这份安全方案从事故中吸取了教训，并融入日常规则和安全标准之中，成为此后许多国家建设高速铁路的借鉴宝典。

3. 分析总结

通过事故案例分析，学生可以理解交通运输安全事故具有随机性和破坏性的影响。人们都认为德国制造是一个神话，这种对于品牌的信赖，慢慢变成了崇拜、盲目崇拜，甚至被神话。实际上，产品质量是不以国家为标准的。即便是德国的产品，也有出现问题的时候，而且是非常严重的问题。因此不要盲目地信任过去的成绩，安全永远都是过去式，每时每刻都需要提高警惕。

案例4 交通安全内涵分析
——安全第一，预防为主

【课程名称】交通运输安全管理。

【教学内容】交通安全内涵分析。

【案例意义】引导学生认识到交通运输安全问题是全世界所有国家交通行业所面临的共同问题。深刻认识到我国党中央、国务院对安全管理的高度重视和取得的突出成效；帮助学生牢固树立安全生产意识，并深刻认识到科学精神、工匠精神、责任意识对安全管理的重要性。

教学过程

1. 问题导入

"韩国大邱地铁火灾事故分析与启示"案例分析，是在讲解交通运输安全影响因素时，为综合体现人、机、环、管四大类因素的影响情况，进行的案例讲解，阐述科学精神、工匠精神、责任意识对安全管理的重要性，帮助学生牢固树立安全生产意识，是本案例分析的目标和教学重点所在。

2. 讲授正文

按照"案例导入，创建话题"的思路，首先通过图片和短视频进行事故惨重后果的介绍，创设严肃但吸引学生眼球的教学氛围，使学生结合实际开展学习，激发学生的学习兴趣。

在通过视频和图片等多媒体形式展现事故后，进行德国高铁发展历史等案例背景深化介绍，在生动说明任何小的失误都可能引发巨大灾难的同时，也阐明交通运输安全实际上是全世界所有国家所面临的共同难题。

使用互动讨论教学方法。结合所学城市轨道交通课程的专业知识，组织学生讨论城轨车站火灾后的救援难点，并提出可能的解决方案，引导学生发现新的交通方式带来的新的安全问题，解决新问题需要有系统思维，实现专业技术知识与思政知识的有机融合。

在救援工作讨论的基础上，进一步介绍事故发生后，韩国地铁的列车司机、车站值班员、控制中心调度员等相关工作人员做出的不当反应行为，指出交通运输系统内部人员是影响交通运输安全最关键的因素所在，其职业操守、业务素质、心理素质等，对系统安全起着绝对主导的作用。

结合实施紧急救援涉及的交通、警察、医院、消防等多部门协同运作的问题，指出组织协调能力对交通安全管理者的重要性，同时也指出事故预防的重要性，进一步介绍《中华人民共和国突发事件应对法》《突发事件应急预案管理办法》《国家突发公共事件总体应急预案》等安全管理法律法规的主要内容。

最后，再次结合造成如此重大事故的原因，说明安全风险无处不在、无时不有，进一步理解"安全第一，预防为主"的安全管理基本方针的正确性，并指出在工作、生活和学习中牢固树立安全意识的重要性。设置课后网上学习任务，进一步加深学生的印象，让学生进一步加深印象，掌握重点内容，也有利于学生下一步的课程学习。

3. 分析总结

铁路客车是铁路旅客运输的重要运载工具，运用维修工作是铁路运输的重要组成部分，维修质量直接关系旅客生命财产安全。在铁路运输生产组织过程中，保证安全和追求高效一定程度上存在矛盾，客运车底运用与检修必须坚持安全与效率辩证统一的原则。

案例 5 交通安全隐患分析
——千里之堤，溃于蚁穴

【课程名称】交通运输安全管理。

【教学内容】交通安全隐患分析。

【案例意义】主要是安全科学的基础概念介绍，包括安全、危险(风险)、事故、隐患、可靠性等内容，其中安全、事故、隐患的科学内涵，以及上述概念之间的内在联系和区别，是本节课的教学重点所在。坚持"融教书育人、知识传授、能力培养、思政教育于一体"的教学理念，以科学理解安全内涵、牢固树立安全意识为目标，有机融合专业知识和思政元素。

教学过程

1. 问题导入

使用互动型案例教学方法，按照"案例导入，创建话题"的思路，首先创设严肃但吸引学生眼球的教学氛围，使学生结合实际开展学习，激发学生的学习兴趣。

2. 讲授正文

（1）在讲解安全概念的内涵时，从安全评价标准入手，结合网上热炒的"美系车和日系车谁更安全"的问题开展启发式讨论分析，贴近生活和未来实际需求的话题，使学生更容易掌握安全内涵，以"科学的安全评价标准"为思政入口，引入科学精神、工匠精神、职业精神、奋斗精神、发展观念、系统思维等思政元素，有效培养学生分析和总结的能力，同时还能培养学生正确的价值观和世界观。

（2）结合"安全评价"的问题，结合时事热点，引入反面素材，通过剖析"流言"，引导学生开展思考和比较，提升学生辨别真伪的能力和社会责任意识，同时引入爱国主义精神教育。

（3）在讲解事故和隐患概念的内涵时，从"山上滚石砸毁汽车"的故事入手，讲解事故的偶然性和必然性、隐患危害的不可预测性，在帮助学生理解相关基本概念的同时，加强学生的科学精神、职业道德、风险防范意识等的培育。

（4）设置合理的课堂提问及课后网上学习任务，进一步加深学生的印象，让学生掌握重点内容，并设计发散、拓展、升华学生思维的提问，让学生课外收集资料，从而有利于学生下一步的课程学习。

（5）课堂上应用图表、动画、视频、文本等多种多媒体教学资源，同时采用互动性案例教学、启发性讨论教学等组织形式开展教学。

3. 分析总结

课堂教学效果好，通过合适的案例，将枯燥的理论教学转化为故事型教学方式，学生学习兴趣均明显高涨，学习效果明显，课堂内外的学生反馈均为良好。教学亮点在于采用理论讲授、案例、问答、讨论等多种方式，注重知识传授、素质培养、创新能力与思政教育引导于一体，实现了教师主导教学和学生自主学习相结合、教师讲解释疑和学生独立思考相结合的教学过程，充分调动了学生的积极性和创造性，有效加强了学生的安全意识、科学精神、职业精神、工匠精神、系统思维以及爱国主义精神等的培育。

案例 6　高速铁路安全保障系统
——世界名片的来源

【课程名称】交通运输安全管理。

【教学内容】高速铁路安全保障系统。

【案例意义】对国内外高铁的发展历程、高铁重大事故启示、安全保障系统的构成及功能等内涵进行介绍和比较分析；突出高技术总是伴随着高风险，而不是降低风险；同时适时引入铁路精神、工匠精神、系统思维等思政元素，提升学生的民族自豪感。

教学过程

1. 问题导入

客运站是铁路企业面向广大出行旅客的窗口，客运站大部分工作都与旅客直接相关，包括售票工作组织、行包工作组织、旅客乘降工作组织等，这些工作组织应以什么原则、什么方式开展？广大旅客对铁路出行服务的认可与满意程度在很大程度上取决于铁路客运站的工作组织。在当前各种客运方式快速发展、竞争激烈的客运市场环境中，铁路客运工作组织在安全、效率、服务等方面应如何考虑？

2. 讲授正文

（1）使用互动型案例教学方法，按照"案例导入，创建情境"的思路，首先通过图片和视频，对两个世界范围内突出的特别重大高铁事故相关情况进行介绍，为后续安全保障系统的介绍奠定基础，吸引学生关注的同时，激发学生的学习兴趣。

（2）对特大高铁事故的发生原因，结合专业知识进行深入的挖掘和分析，并特别指出"即使惨痛事故的发生，也是微小的不安全行为或不安全状态所造成"，帮助学生在理解高速铁路安全影响因素的基础上，树立安全意识、风险意识，也为培养学生的高尚职业道德和责任意识奠定基础。

（3）从高铁事故引出高铁安全保障系统和技术体系的内涵，重点阐明其是"集监测、检测、控制和管理决策于一体的大型综合自动化技术体系"，并继续深入介绍其各个子系统的构成及相互协同关系，以此为突破口，引入科学精神、系统思维、工匠精神、协作合作精神等思政元素；进一步指出"再智能的系统，也是由人设计和制造"的主题，突出强调人在安全管理中的重要性，将人本意识再次传递，促进培养学生正确的世界观和人生观。

（4）在介绍中国高铁系统的发展历程时，适时指出中国高铁的世界第一速度和中国名片效应，将"逢山开山，遇水架桥"的铁路精神、奋斗精神传递给学生，同时培养学生的民族自豪感和民族自信心；并进一步点出这是国内 40 多个科研单位集体智慧的结晶，有机融入系统工程、团结合作等思政元素。

（5）通过国内外高铁保障系统的发展历程和功能比较分析，进一步提升学生的民族自豪感和进行爱国主义精神教育，并指出高铁竞争仍在持续和白热化的国际形势，激发学生投身行业发展和民族复兴大任的热情和决心。

（6）布置一定的课后网上学习任务，进一步加强学生对中国高铁发展的专业体验和自我认知总结效果，为下一步的课程学习做好铺垫。

（7）课堂上应用图表、动画、视频、文本等多种多媒体教学资源，同时采用互动性案例教学、启发性讨论教学等组织形式开展教学。

3. 分析总结

在中国高铁发展历程的简要介绍过程中，点出发展中国高铁是国家确定的重大战略工程，是国内 40 多个科研单位集体智慧的结晶，由此融入铁路精神、科学精神、工匠精神、职业精神、奋斗精神的思政元素，引导学生增强对党的理论方针等的认同感，积极投身我国社会主义现代化建设事业。在介绍我国以及国外主要高铁国家的安全保障系统的主要特征时，通过各方面对比分析，适时引入科学精神、工匠精神和民族自豪感、爱国主义精神等思政元素。

案例7 交通运输安全系统管理
——理论与实践相统一

【课程名称】交通运输安全管理。

【教学内容】交通运输安全系统管理。

【案例意义】通过课堂讲解与课堂讨论等方式，让学生深刻体会到交通安全管理的重要性与必要性，能够系统掌握交通安全管理的内涵与内容，并通过课堂讨论方式加深对安全管理措施实施的思路与原则等的认识。

教学过程

1. 问题导入

针对交通安全问题，总结出可从不同角度构建安全防范措施，来降低交通安全问题发生的概率，并对比分析这些安全防范措施特点，进而引出安全管理措施在整个安全防范中的作用与地位。

2. 讲授正文

1）安全管理概述

安全管理就是利用管理的活动，将事故预防、应急措施与保险补偿三种手段有机地结合在一起，以达到保障安全的目的。

管理工作可分为四个部分：

①分析：对事故与损失产生的条件进行判断和估计，并对事故的可能性和严重性进行评价，即进行危险分析与安全评价，这是事故预防的基础。

②决策：确定事故预防和损失控制的方法、程序和规划，在分析的基础上制订出合理可行的事故预防、应急措施及保险补偿的总体方案，并向有关部门或领导提出建议。

③信息管理：收集、管理并交流与事故和损失控制有关的资料、情报信息，并及时反馈给有关部门和领导，保证信息的及时交流和更新，为分析与决策提供依据。

④测定：对事故和损失控制系统的效能进行测定和评价，并为取得最佳效果做出必要的改进。

2）运输安全总体管理

运输安全总体管理，是针对运输人—机—环系统整体的安全管理。运输安全总体管理的目的，就是提出一定时期的运输安全要求，并构建根据既定生产目标，正常高效运转的运输安全人—机—环控制系统。

运输安全总体管理的对象：

①人——一种安全因素和防护对象。

②机器——一种安全因素。

③环境——一种安全因素和应予保护的财富。

运输安全总体管理的内容包括：①安全组织管理，包括安全计划管理、安全行政管理；②安全法规管理，包括建立健全工作、增加废止工作；③安全技术管理，包括正确执行国家有关技术政策、标准、规程和铁路主要技术政策，为运输安全提供可靠的技术依据和技术措施；④安全教育管理，包括安全思想教育、安全知识教育、安全技能教育、事故应急处理教育；⑤安全信息管理，包括安全指令信息、安全动态信息、安全反馈信息以及其他安全信息的管理；⑥安全资金管理，对保证运输安全所需资金的筹集、调拨、使用、结算、分配等，并进行安全投资的经济评价与经济分析，实行财务监督等。

3）运输安全人员管理

影响运输安全的心理要素主要有感觉、知觉、记忆、思维、注意、情绪、能力、疲劳、需要、动机、意识、气质和性格等，人的心理现象状态及其转变程度成为运输生产中事故与安全相互转化的制约因素，运输安全的心理保障关键就在于采取各种有效的手段和措施提高人的心理素质。

3. 分析总结

让学生掌握交通运输安全管理的概念、基本内容与相关原则，针对具体问题，让学生自己动手分析、提出交通安全管理思路，锻炼解决实际问题的能力，并培养学生的整体性、公平性、客观性意识等。

案例8　交通运输事故调查
——公正、法治的职业理想

【课程名称】交通运输安全管理。

【教学内容】交通运输事故调查。

【案例意义】《交通强国建设纲要》中明确提出"完善依法治理体系，健全交通安全生产法规制度和标准规范"的安全体系建设理念。因此，通过交通运输安全课程让学生进一步坚定公正、法治的行业理想，这是对我国未来相关从业人员的必需要求。

教学过程

1. 问题导入

通过事故图片、视频等方式，将各种各样的事故快速展现给学生，并引出这些事故之间的差异、处理方式上的差异等。在此基础上，总结概括引出交通运输事故管理方面的一系列问题，包括事故的分级、分类、处理方式，事故数据的统计分析等，从而进入正式授课阶段，教授交通运输事故管理的内容。

2. 讲授正文

(1)从我国道路交通事故的定义中可以看出，构成交通事故必须同时具备下述条件：

①车辆条件。车辆条件包括机动车和非机动车。这是交通事故的前提条件，即当事方

中，至少有一方使用车辆。没有车辆参与的道路事故，不算交通事故。

②道路条件。道路条件是指交通事故是在规定的道路上（即特定道路上）发生的。这是道路交通事故的特征，是指事故发生的空间。其中供车通行的地方为车行道，供人通行的地方为人行道。在非道路上发生的事故不属于交通事故。判断是否在道路上应以事故发生时车辆所在的位置，而不是事故发生后车辆的最后停止位置。

③人员条件。人是发生交通事故的主体，是指与交通有关的、从事交通活动的自然人，包括驾驶人员、行人、乘车人及其他人员。其中驾驶人员包括没有驾驶证而驾驶机动车辆或驾驶与驾驶执照不相符车辆的人员。

④违章行为条件。违章行为条件是指因一方或多方当事人的违章行为造成的事故才属于交通事故。当事人各方都没有违章行为而发生的事故则不属于交通事故。例如，汽车轮胎崩起石块伤及行人的事件，由于参与交通的行人和汽车驾驶员都没有违章行为，所以不能构成道路交通事故。

⑤过失（意外）条件。道路交通事故是偶然发生的，是在人的意料之外的事件，当事人的心理状态是过失。这些事故包括碰撞、碾轧、刮擦、翻车、坠车、爆炸、失火等。

⑥损害后果条件。损害后果条件即事故的发生必然会造成人身伤亡或财产损失的后果。如果没有损害后果或损害后果是轻微的，并在规定的尺度以下，则不能构成交通事故。

（2）交通运输事故调查。事故调查是在事故发生后，为获取有关事故发生原因的全面资料，找出事故的根本原因，防止类似事故的发生而进行的调查。事故调查处理应当坚持实事求是、尊重科学的原则，及时、准确地查清事故经过、事故原因和事故损失，查明事故性质，认定事故责任，总结事故教训，提出整改措施，并对事故责任者依法追究责任。

事故调查工作对于安全管理的重要性可归纳为以下几个方面：①事故调查工作是一种最有效的事故预防方法；②为制订安全措施提供依据；③揭示新的或未被人注意的危险；④可以确认管理系统的缺陷；⑤事故调查工作是高效的企业管理系统的重要组成部分。

事故调查的目的是通过深入的调查分析，查出导致事故发生的深层次原因，特别是管理上的缺陷，才有可能达到事故调查的首要目的，即防止事故的再发生。

事故调查对象包括重大事故、未遂事故或无伤害事故、危害后果轻微但发生频繁的事故、可能因管理缺陷引发的事故、高危险工作环境的事故、适当的抽样调查。

3.分析总结

通过针对具体问题，分析问题、解决问题等方面，锻炼学生解决实际问题的能力，并培养学生思考问题的整体性、全局性、客观性思维。在上述的讲授和讨论过程中，学生逐步领会到我国交通运输安全法治建设成果，特别是党的十八大以来所取得的辉煌成就，从而更坚定地坚持党的领导，坚定公正、法治的行业理想，明确相关要求。

9

铁路行车组织

教学内容和思政融合设计

序号	教学内容	思政映射与融入点	编者
1	知识点：绪论	案例 1：绪论——交通强国	付延冰
2	知识点：铁路在我国综合交通运输体系中的地位	案例 2：绪论——勇担交通强国铁路先行历史使命	胡心磊
3	知识点：铁路行车组织	案例 3：铁路行车生产对社会生产的作用——支撑现代工业的钢铁长龙	邓连波
4	知识点：列车及其分类	案例 4：列车及其分类——人民利益高于一切	肖龙文
5	知识点：机车交路和机车乘务员值乘制度	案例 5：机车交路和机车乘务员值乘制度——以人为本	肖龙文
6	知识点：铁路车站工作组织	案例 6：铁路车站工作组织——铁路行车安全意识	付延冰
7	知识点：车流组织的基本做法	案例 7：车流组织的基本做法——"化零为整"与"化整为零"的辩证统一	胡心磊
8	知识点：列车编组计划	案例 8：列车编组计划——高效勤奋者	付延冰
9	知识点：技术站货物列车编组计划的编制	案例 9：技术站货物列车编组计划的编制——如何处理主要矛盾和次要矛盾	胡心磊
10	知识点：列车运行图的意义	案例 10：铁路列车运行图是如何诞生的——描绘列车时空关系的奇思妙想	邓连波
11	知识点：列车运行图	案例 11：列车运行图——做好本职工作	付延冰
12	知识点：列车运行图的编制与调整	案例 12：列车运行图的编制与调整——把握计划与变化的辩证关系	胡心磊
13	知识点：高速铁路列车运行图编制	案例 13：高速铁路列车运行图编制——团队分工协作意识	肖龙文
14	知识点：加强运输能力的措施	案例 14：加强运输能力的措施——交通强国，铁路先行	肖龙文

案例 1 绪论
——交通强国

【课程名称】铁路行车组织。

【教学内容】绪论。

【案例意义】交通强国。

教学过程

1.问题导入

"铁路行车组织"课程的总体授课目标是：学生能具备车站接发列车、调车工作、列车调度指挥的基本技能，具有合理运用车站各种设备、合理组织车流，编制列车运行图和技术计划，编制车站调车作业计划，组织指挥车站行车工作和列车运行的能力，能为从事铁路运输科学研究、铁路运输规划与宏观决策，铁路运输技术管理和组织指挥等工作打下坚实的基础。通过绪论篇的学习，要求学生：掌握铁路运输生产过程的主要内容、铁路运输生产过程中涉及的各类重要技术文件；分析铁路运输各种生产管理的关系；了解"铁路行车组织"课程构成。

2.讲授正文

铁路旅客运输生产过程的主要内容，是根据客运需要和设备条件，在不同发、到站之间为旅客提供一定数量和编成的旅客列车，满足旅客旅行过程对购票、乘降、托运行包、候车换乘、其他服务等多方面的需求。就货物运输而言，则是利用线路、机车、车辆等技术设备，将原料或产品装入车辆，以相同去向的车辆组成列车，以列车方式从一个生产地点运送到另一个生产地点或消费地点。在货物运送过程中，必须进行装车站的发送作业、途中运送以及卸车站的终到作业。为了加速货物运送和更合理地运用铁路技术设备，在运送途中有时要进行列车的改编作业。为了保证装车需要，卸后空车也要及时回送到装车站。

中国铁路快速发展，高速铁路运营里程已占全世界的 60%以上，高铁技术世界领先，早已超过曾经有名的德国 ICE、法国 TGV 等模式，许多国家都在引进中国高铁技术。这是我们国家的骄傲，是我们中国人的自豪。年轻的同学们，要不断努力，认真学习和工作，为国家发展贡献自身力量。在铁路线路上高速奔驰的列车离不开广大铁路行车工作者的辛勤努力和精湛技术，作为交通运输专业的学生，更应该学好"铁路行车组织"这门专业核心课程。展示我国铁路发展历程图片和视频，纵向对比我国铁路的迅猛发展；展示国外铁路先进技术和落后设备图片和视频，横向对比国内外铁路发展情况，以此激发学生学习兴趣和调动学生学习积极性。

3.分析总结

中国铁路的快速发展彰显着我国的科技实力和经济实力。中国高铁之所以取得丰硕成绩，与自身先进的科学技术分不开。如今，中国科技飞速发展，社会生活日新月异，我们的国家展现出了自己独有的雄风和磅礴的气势。"可上九天揽月，可下五洋捉鳖"已不再是国人的梦想。无论你是一名工人，还是农民，抑或是一名教师，中国日益增强的综合国力，让中国人民更加自信。作为年轻学生，我们为祖国的强大感到骄傲；作为交通运输专业的学生，我们要学好"铁路行车组织"这门课程。

案例2　绪论
——勇担交通强国铁路先行历史使命

【课程名称】铁路行车组织。

【教学内容】铁路在我国综合交通运输体系中的地位。

【案例意义】通过介绍铁路运输在我国综合交通运输体系中的比重，强化铁路运输骨干地位的认识，帮助学生树立"交通强国铁路先行"的历史使命感和责任感。

教学过程

1. 问题导入

首先介绍我国综合交通运输体系的几种主要运输方式，列举"十四五"时期综合交通运输发展主要指标，结合铁道统计公报等统计资料横向对比铁路运输与其他运输方式在运距、运能和运力等方面的差异性。提问：铁路运输在我国综合交通运输体系中扮演了什么样的角色？

2. 讲授正文

首先介绍《交通强国建设纲要》和《"十四五"现代综合交通运输体系发展规划》等的基本内容。建设交通强国是以习近平同志为核心的党中央立足国情、着眼全局、面向未来做出的重大战略决策，是建设现代化经济体系的先行领域，是全面建成社会主义现代化强国的重要支撑，是新时代做好交通工作的总抓手。到2025年，综合交通运输基本实现一体化融合发展，智能化、绿色化取得实质性突破，综合能力、服务品质、运行效率和整体效益显著提升，交通运输发展向世界一流水平迈进。展望2035年，便捷顺畅、经济高效、安全可靠、绿色集约、智能先进的现代化高质量国家综合立体交通网基本建成，"全国123出行交通圈"（都市区1小时通勤、城市群2小时通达、全国主要城市3小时覆盖）和"全球123快货物流圈"（快货国内1天送达、周边国家2天送达、全球主要城市3天送达）基本形成，基本建成交通强国。

然后归纳《2021年铁道统计公报》《2021年全国收费公路统计公报》和《2021年民航行业发展统计公报》等统计数据，对比分析铁路运输与其他运输方式在运距、运能和运力等方面的差异性。2021年全国铁路旅客发送量完成26.12亿人次，比上年增长18.5%；全国铁路货运总发送量完成47.74亿吨，比上年增长4.9%。2021年末，全国收费公路里程18.76万公里，占公路总里程528.07万公里的3.55%。其中，高速公路16.12万公里，一级公路1.76万公里，二级公路0.75万公里，独立桥梁及隧道1329公里，占比分别为85.9%、9.4%、4.0%和0.7%。2021年，民航行业完成运输总周转量856.75亿吨公里，比上年增长7.3%；全行业完成旅客周转量6529.68亿人公里，比上年增长3.5%。提问：与其他运输方式相比，铁路运输在运距、运能和运力等方面具有哪些优势？

最后介绍我国"6轴、7廊、8通道"的综合立体交通网主骨架中高速铁路网、城际铁路网、市域(郊)铁路网等铁路通道网络所承担的角色。

3. 分析总结

"今日之世界，非铁道无以立国。"1912年4月1日，孙中山先生在上海"中华民国铁道协会"举办的欢迎会上留下了这句话。从长辛店劳动补习学校播下革命火种开始，到成为名副其实的铁路大国，中国铁路经历了从落后到并跑再到领跑的飞速发展，见证了中华民族从站起来到富起来再到强起来的伟大复兴。作为交通运输专业的在校青年，要树立专业自信；作为新时代铁路青年，要在交通强国建设中当好先行，奋勇担当历史使命和责任。

案例3　铁路行车生产对社会生产的作用
——支撑现代工业的钢铁长龙

【课程名称】铁路行车组织。

【教学内容】铁路行车组织。

【案例意义】通过介绍铁路行车生产对社会化大生产的作用和意义，加深学生对于运输生产活动重要性的理解。

教学过程

1. 问题导入

铁路行车生产对社会生活有什么作用？铁路运输生产在国民经济和交通系统中的地位和作用如何？

2. 讲授正文

交通运输在人类社会生活中占有极为重要的地位，是国民经济活动和社会发展必不可少的重要组成部分，对保障国民经济持续健康发展、提高人民生活水平、促进国土开发和国防建设，具有极其重要的作用。国民经济要求运输业运量大、速度高、成本低、质量好，并能保证运输的经常性。

在交通运输各主要运输方式中，铁路运输作为我国中长距离、集中、快捷、安全、低耗和环保的运输方式，有着十分重要的地位，它是构成综合运输系统的重要组成部分。铁路运输的进步和发展，将极大地提升我国综合运输系统的整体实力，促进我国大交通领域的协调发展。

铁路运输作为高新技术最大的应用领域之一，带动了信息、材料、能源、控制、制造和管理等其他高新技术的进步，推动着一大批相关产业的现代化进程。

列宁曾经指出："铁路是一个重要环节，是城市和乡村间、工业和农业间最明显的联系表现之一，社会主义是完全建筑在这种联系上的。"目前在我国铁路网上，拥有十几万公里线路，几千个车站，几百万职工，配备有大量的技术设备；设有运输、机车、车辆、工务、电务等业务部门；铁路运输部门的主要工作，就是在每天有上万台机车和几十万辆车辆编成数以千计的各种列车，在四通八达的铁路线上昼夜不停地运行的背景下，采取各种有力的技术措施保证安全、迅速、经济、准确、便利地运送旅客和货物，以满足国家建设和人民生活的需要。铁路运输的作业环节多而复杂，要求各单位和各工种间密切配合，协同动作，像一架庞大的联动机环环紧扣，有节奏地工作。为此，在铁路运输组织工作中必须贯彻高度集中、统一指挥的原则。铁路运输的主要任务在于适应社会主义市场经济的发展，开发有竞争力的客货运输产品，合理地组织运输生产过程，采取各种有力措施保证安全、迅速、经济、准确、便利地运送旅客和货物，以满足国家建设和人民生活的需要。

我国是一个幅员辽阔、人口众多的国家，自然资源主要分布在西部和北部内陆地区，而工业基地则主要分布在东部和南部沿海区域。自然资源和工业布局的错位态势，决定了我国地区经济发展的不平衡，决定了货运结构以能源、原材料和初级产品为主，也决定了物资由北向南和由西向东的基本流向，同时伴随大量的人员流动。特别是改革开放以来，大量剩余劳动力从农村流向城市，从内陆省份流向沿海地区；随着人民生活水平的提高，旅游业的发展成为促进旅客运输发展的重要因素。

我国的基本国情和客、货流特点，决定了我国应发展以铁路为骨干和主导，公路、水运、民航、管道运输协调发展的综合交通运输体系，形成各种运输方式"优势互补、相互竞争、互促共荣"的格局。因此，要把我国这样一个地大物博、人口众多的国家建设成为伟大的社会主义现代化强国，没有强大的现代化的铁路是不可能的。大力发展铁路，是发展国民经济、增强国防力量、繁荣城乡市场、促进国土开发、增强民族团结和扩大对外开放的需要，完全符合我国的基本国情，符合我国经济和社会可持续发展的战略要求。

3. 分析总结

铁路运输是支撑现代化工业生产的重要载体，是实现社会主义现代化的支撑条件。对于我国这样幅员辽阔、资源分布不均衡的国家，铁路行车生产对于社会经济更是具有重要意义。

案例4　列车及其分类
——人民利益高于一切

【课程名称】铁路行车组织。

【教学内容】列车及其分类。

【案例意义】铁路列车，指在铁路轨道上行驶的车辆，通常由多节车厢所组成，为人类的现代重要交通工具之一，现国内分普速车和动车组两种。通过介绍铁路列车的发展，学生清楚认识到我国科学技术的进步、我国铁路的快速发展，铁路企业一直在不断开发新产品，满足人民对铁路运输的各种需求。

教学过程

1. 问题导入

党的十九大报告指出，坚持人与自然的和谐共生，必须树立和践行"绿水青山就是金山银山"的理念,坚持节约资源和保护环境的基本国策。铁路交通是我国最重要的中、长途运输交通方式,具有运载量大、运输能力强、运价低、运输成本低、远距离持续行驶能力强、受季节气候影响小等突出的优点。我国必须大力发展铁路运输,开发各种铁路运输产品。

2.讲授正文

1)列车按运输性质的分类

①旅客列车(特快、快速、普通旅客列车);

②行邮行包列车(特快、快速行邮列车,行包列车);

③军用列车;

④货物列车(五定班列、快运、重载、直达、直通、冷藏、自备车、区段、摘挂、超限及小运转列车);

⑤路用列车。

2)货物列车的分类

(1)按编组地点和运行距离分:

①直达列车——在装(卸)车站或技术站编组,通过一个及以上编组站不进行改编作业的列车。

②直通列车——在技术站编组,通过一个及以上区段站不进行改编作业的列车。

③区段列车——在技术站编组,到达相邻技术站,在区段内不进行摘挂作业的列车。

④摘挂列车——在技术站编组,在邻接区段内的中间站进行摘挂车辆作业的列车。其中,只在指定的几个中间站进行摘挂作业的列车称为重点摘挂列车。为了方便中间站调车作业,摘挂列车一般要求按到站选编成组,甚至要求按站顺编组。

⑤小运转列车,包括下列两种:

区段小运转列车——在技术站和邻接区段规定范围内的几个车站间开行的列车。

枢纽小运转列车——在枢纽内各站间开行的列车。

⑥整列短途列车——整列在同一车站装车,到达同一车站卸车,运行距离较短,途中不通过编组站的列车。

2)按运输特征和用途分:

①五定班列——发到站间直通,运行线和车次全程不变,发到日期和时间固定,实行以列、组、车或箱为单位的报价包干办法的列车,即定点、定线、定车次、定时、定价的列车。五定班列又分集装箱五定班列和普通货物五定班列两类。五定班列,是铁路为适应市场需要,确保货物运到期限,提高货运服务质量组织开发的货运新产品。自开行以来,在发展中不断优化。

②快运货物列车——快速运送鲜活、易腐及其他急运货物的列车。1962年,对外贸易部和铁道部共同开创编号为"751""753"和"755"的三趟快车,"定期、定班、定点"每日开行三趟,分别从上海、郑州和武汉始发,专门运输猪牛羊等鲜活商品,经深圳运抵香港,被称为"三趟快车"。

③超限列车——挂有装载超限货物的车辆并冠以超限列车车次的列车。

④重载列车——牵引重量在8000吨及以上的列车。2014年4月由中国铁路总公司在大秦铁路组织实施的3万吨重载列车运行试验取得成功。

⑤保温列车——由保温车(冷藏车)组成并冠以保温列车车次的列车。

⑥自备车列车——车辆产权属于企业的始发直达或整列短途列车。

3）按列车内的车组数目及编组方式分

①单组列车——全部由到达列车终到站及其以远的车辆编组而成的列车。列车中的车辆可能混编，也可能按某些特定要求分组，但其编组内容在列车到达终到站以前不变。

②分组列车——由到达列车终到站及其以远的车辆和终到站以近的车辆组成，且必须按去向分组的列车。列车在途中技术站换挂车组，因而编组内容在途中发生变化。

3. 分析总结

（1）大国重器的打造，体现了国家力量，也体现了中国政府和国有企业的担当与责任。

（2）工程技术人员应树立大局观，坚持科技优先，设计丰富的产品满足社会对铁路运输的需求。

案例5 机车交路和机车乘务员值乘制度
——以人为本

【课程名称】铁路行车组织。

【教学内容】机车交路和机车乘务员值乘制度。

【案例意义】对于新建铁路或进行技术改造的既有线路，选择优化的机车交路方案，不但可以使整个设计方案更加合理，节省投资，而且能够在以后的运营中获得更好的运输效益。

优化机车交路布局是一项复杂的工作，它需要综合路网结构、编组站的分布和分工、线路纵断面、行车组织的特点、技术装备的水平和基础设备的技术条件等多种因素，运用现代化的管理理念精心进行编制。通过对机车交路和机车乘务员值乘制度的讲解，培养学生以人为本的理念。

教学过程

1. 问题导入

机车交路亦称机车牵引交路或机车牵引区段，是指铁路机车担当牵引列车作业时往返运行的线路区段。牵引区段的一端是机务本段（机务段），另一端是机务折返段。设置牵引交路的目的是使机车固定在一定区段内循环工作，便于乘务人员熟悉线路情况，有利于提高操作技术和保证行车安全，还为机车乘务人员提供较好的作息条件，也便于机车的技术服务和乘务工作的组织管理。机车交路是组织机车运用工作，确定机务段的设施和配置、机车类型分配、机车运用指标的重要依据。

2. 讲授正文

1）机车交路

机车交路按用途，可分为担当旅客列车牵引任务的客运机车交路和担当货物列车牵引任务的货运机车交路；按乘务组工作时间，可分为一般机车交路和长交路。对于长交路，在机车乘务组采用换乘的乘务制度条件下，机车交路按方向又可分为直线形交路和多边形交路。

机车在交路上进行列车作业的组织方式称为机车运转制，它主要有循环运转制、半循环运转制、肩回式运转制和环形运转制之分。因而，机车交路按机车运转制分，又可分为循环运转制交路、半循环运转制交路、肩回式运转制交路和环形运转制交路。

确定机车交路，实际上也就是确定机务段及其折返段的位置，其主要依据为：

①运输的需要，即区段的行车量和列车密度。

②提高机车运用效率方面的考虑。

③乘务员工作时间和机车周转的安排。

④机车的技术性能。

2）机车乘务员值乘制度

机车乘务员的值乘制度有包乘制和轮乘制两种。

包乘制是指由固定的几个乘务机班组成机车乘务组，轮流值乘一台（双机重联时为一组）机车的乘务制度。在这一值乘制度下，机车组包管包用固定一台机车，即除值乘外，还负责机车的日常检查和保养以及中间技术检查，并参加机车的修理作业。包乘制有利于加强乘务员对机车运用和保养的责任心，便于乘务员熟悉机车的性能特征，掌握机车的状态。但包乘制使机车运用受到限制，机车生产时间不能充分利用，机车交路也不能很长，从而降低了机车运用效率和乘务员的劳动生产率。

轮乘制是指没有固定的机车乘务组，机车由若干乘务机班轮流使用，各乘务机班可以在任一台机车上值乘的乘务制度。在这一值乘制度下，机车的日常检查、保养和维修工作由专职人员负责。采用轮乘制时，可以保证乘务组有更好的劳动和休息条件，消除机车在折返段因等待乘务组休息而产生的停留时间，从而显著提高机车的运用效率和乘务员的劳动生产率，机车交路可得以延长。若将轮乘制和长交路加以结合，则可取得更佳的技术经济效果。

3）乘务员换班方式

根据机车交路长度和机车乘务员一次连续工作时间标准的规定，机车乘务员承担机车作业可采用折返段换班、中途换班、立即折返和按时出乘等几种乘务员换班方式。

对于出乘往返所需工作时间超过机车乘务员一次连续工作时间标准的机车交路，预先安排一班乘务员驻在折返段，当第一班乘务员牵引列车到折返段休息时，驻班乘务员即上机车牵引列车返回机务段的乘务员换班方式称为折返段换班。采用折返段换班方式可有效地延长机车交路长度，但乘务员经常需在外段驻班，不利于乘务员休息。

对于采用内燃或电力牵引的长交路铁路，在机务段和折返段之间设置的乘务员换班地点（通常为技术站），为每台机车驻有一个乘务机班，当机车牵引列车到达换班地点时，由驻班乘务机班换班，继续运行至前方折返段或另一个换班地点的乘务员换班方式称为中途换班。采用中途换班可有效地提高机车运用效率。

立即折返是在乘务员出乘往返所需工作时间不超过机车乘务员一次连续工作时间标准的一般交路上采用的乘务员换班方式。在这种机车交路上工作时，机车乘务员在折返段不休息，机车技术作业完成后立即接运另一列车返回机务段。

按时出乘是指机车乘务员完全按连续工作时间标准及有关规定换班的乘务员换班方式，它仅限于机车在很短交路上担当小运转列车牵引任务或在本站、邻站担当调车任务时采用。

3.分析总结

（1）充分利用现代化机车的优势性能和运输设备条件，通过合理规划，不断推进客货机车长交路，满足人民对运输的速度要求。

（2）对于一条线或某些区段，要将机车交路与乘务制度、担当机型、牵引质量、乘务员乘务方式等组成一个系统，进行布局优化，通过实施现代化管理，实现运输综合效益的最大化。

（3）在追求运输效率的同时，要合理安排乘务员的工作和休息时间。机车交路与乘务制度、乘务员执乘方式是密不可分的，对于轮乘制和随乘制的交路区段，随着列车质量和速度的不断提高，制定科学合理的乘务员作息时间标准是十分重要的。

案例6 铁路车站工作组织
——铁路行车安全意识

【课程名称】铁路行车组织。

【教学内容】铁路车站工作组织。

【案例意义】引导学生用心对待每一项工作，克服麻痹想法，不抱侥幸心理，强调铁路生产安全第一的意识和对待本职工作的责任感。

教学过程

1. 问题导入

车站是铁路运输系统最基础的生产单位，广大铁路职工认真负责、严格遵守规章制度的工作态度，对于保证铁路运输安全生产的意义重大。车站工作组织中广大铁路职工过硬的职业技能，不断提升的职业素质，对于提高铁路运输效率有极大的作用。广大铁路职工入职培训的第一个方面就是安全教育，而交通运输专业的教师和学生也必须同样有足够的安全意识，牢记"安全第一"。教师在课程开始阶段就着重强调认真负责、安全生产的重要性，对于提升学生在未来工作中的安全意识、遵章守纪的工作态度意义重大。

2. 讲授正文

引导学生认识铁路车站行车工作的作业内容、特征和应用背景，以突出重点、消化难点。强调以学生为中心、以成果为导向的教学理念。教学过程中始终注重学生的需求和反映，以教师为主导，以教材为蓝本，以教学大纲为依据，设计教学内容和教学方法，学生全程参与式学习。让学生明白为何学、学什么、学到何种程度、怎样学、如何用，把握好教学全过程，不断提高教学质量；把握基本要求，注重应用，适度拓展。培养学生将理论知识转化为实践操作的能力；从铁路运输组织工作者角度发现问题、分析问题并解决问题的能力和充分利用所学、理论联系实际的能力；寻求更好解决办法的工程实践能力和创新能力；勤于探索、发现新事物、探寻新规律、归纳总结并提升的能力；目标明确、方法科学的自主学习能力、创新能力。优秀的管理协调能力、良好的团队协作能力和社会交往能力。

在中南大学"教学可视化"平台展示近些年铁路重大安全事故视频、音频、文字和图片资料，例如T195次列车超速事故。要求学生仔细阅读文字和查看图片资料，认真收听和观看音频和视频资料，尤其关注事故原因分析。学习小组线上讨论，教师参与，要求每个学生都要讲述个人感受。学习小组指派代表在课堂中讲述对各类原因责任划分中有关铁路职工工作不认真而产生的不良后果的分析和感受。结合学生发言情况，教师进行点评，引导学生培养在学习、工作、生活中认真负责的态度。铁路许多的行车安全事故都与车站作业不规范、车站工作人员操作疏忽大意有非常直接的关系，关于铁路安全事故的讨论在此时进行更有助于提升学生安全意识，并牢固树立认真做好每一份基础工作、严格执行每一步微小操作、不忽视每一个细节的严谨工作信念。学生课堂发言和教师点评用时约 10 分钟。

3. 分析总结

铁路运输是一个庞大的联动系统，广大铁路职工的每一项操作都在为系统的运作贡献着力量。但同时任何一个小环节出现问题，都可能会产生很严重的影响。通过相关案例分析总结，引导学生爱岗敬业、细致认真工作，用心对待每一项作业，克服麻痹想法、不存侥幸心理，强调铁路生产安全第一的意识和对待本职工作的责任感。

案例 7　车流组织的基本做法
——"化零为整"与"化整为零"的辩证统一

【**课程名称**】铁路行车组织。

【**教学内容**】车流组织的基本做法。

【**案例意义**】通过介绍车流组织的基本做法，帮助学生建立"化零为整"和"化整为零"辩证统一的思维方式，掌握车流最佳编组方案的设计方法。

教学过程

1. 问题导入

首先介绍铁路车流组织的基本概念，分析货流、车流和列车流之间的相互关系，通过一支车流的编组方案案例，介绍车流组织的一般做法。基于一支车流的编组方案设计方法，引导学生总结产生"最佳"编组方案的基本原则。

2. 讲授正文

首先介绍车流组织的基本概念。大量的货物向同一方向流动，就形成了货流；铁路运输车辆装载着一定去向的货物，就形成了车流；车流汇集成一定去向的列车就形成了列车流。货物运输计划将货流组织成车流，列车编组计划将车流组织成列车流。车流是以列车的形式在线路上移动，所以车流必须转变成列车流，从而实现车流的移动。将车流转变成列车流的工作叫作车流组织，把车流转变成列车流的方案叫作编组方案。

通过单支车流的案例，引出车流组织的基本做法。对于单支车流，将其从装车地输送到目的地的基本做法包括：①将该支车流直接编入从装车地输到目的地的始发直达列车；②先将该支车流编入从装车地到邻近编组站的摘挂列车，然后从编组站重新编组通过若干区段列车经过多次有调中转作业，最终输送到目的地；③先将该支车流编入从装车地到邻近技术站的摘挂列车，再从技术站编入到达目的地邻近技术站的直通或直达列车，最后通过技术站到目的地的摘挂列车输送。

介绍车流组织的基本做法。结合单支车流的车流组织基本做法，对不同编组方案进行优劣分析。从车流组织的角度来说，优劣包含两方面含义：①运输时间短，加速货物和车辆的周转。评价运输时间的主要指标是方向上或路网上总车小时消耗；②切实可行。满足装卸地车站的装卸能力、技术站的改编作业能力、线路和车站的通过能力等约束。提问：对于车流量不太大的车流，如何进行车流组织？

总结车流组织的基本原则。车流组织遵循的原则：①最大限度地组织装车地直达列车，在大量卸车的车站或地区，尽量组织空车直达列车向装车地排空；②最大限度地减少车辆在运行途中的改编作业次数，尽量将改编调车工作集中在设备先进、能力强大的编组站进行；③采用多种组织形式，尽力加速区段管内车流和枢纽地区车流的移动；④充分发挥车站技术设备效能，合理分配各技术站的改编作业任务；⑤充分利用线路通过能力，合理规定车流径路，特别是合理利用平行线或联络线放行车流，以减少繁忙干线的压力。

3. 分析总结

分析总结车流组织的基本做法。可以将路网中车流组织的基本做法归结为两类，即"化零为整"和"化整为零"。"化零为整"主要体现在车流从装车地向技术站集结；"化整为零"体现在列车流到达目的地邻近的技术站后解体。车流在路网上从产生到消失，大部分是在技术站汇集或分散的，有的车流可能只涉及"化零为整"，有的车流既涉及"化零为整"又涉及"化整为零"，有的车流可能涉及多次"化零为整"和"化整为零"。在车流组织中，"化零为整"与"化整为零"是辩证统一的。

案例 8　列车编组计划
——高效勤奋者

【课程名称】铁路行车组织。

【教学内容】列车编组计划。

【案例意义】引导学生要善于对原有工作进行改进，学习新方法，通过主动学习，选择高成长的工作模式，做高效率的勤奋者。

教学过程

1. 问题导入

列车编组计划是铁路系统重要的技术文件，高质量的列车编组计划对于增强铁路运输能力、提高铁路运输效率、加快货物送达都有重要的意义。传统方法编制列车编组计划耗时，效果相对差。而先进的计算机技术和优化算法，能够考虑更多更细致的影响因素，便于快速选择更优的方案。基于广大铁路职工的精湛技艺和经验总结、科技工作者的智慧结晶，在大家共同的努力下我们找到了更高效地编制编组计划的方法。这其中，做高效率的勤奋者和工匠精神都起到了很好的作用。

2. 讲授正文

本部分内容讲述的是铁路行车组织的核心内容——列车编组计划。列车编组计划既是车流组织计划，又是站场设备运用计划。根据铁路运输系统运营组织过程的特点，本部分主要讲授列车编组计划的原理和编制方法。根据教学大纲要求和内容逻辑特点，本部分教学内容讲授安排如下：重点讲解列车编组计划的概念及作用，编制列车编制计划的绝对计算法和表格计算法；讲述装车地直达列车编组计划的编制；阐述编组计划的确定与执行。

在中南大学"教学可视化"平台展示一篇综述式科技论文，同时也提供校外网络链接。要求学生仔细阅读这篇综述式科技论文，学生也可自行在网上查找关于列车编组计划编制方法改进的文章。学习小组线上讨论，教师参与，要求每个学生都要讲述个人感受（包括对科技进步、高效率的勤奋者和工匠精神的感悟）。学习小组指派代表在课堂中起立发言讲述各自看法和感受。结合学生发言情况，教师进行点评，引导学生高效率学习、工作、生活和培养工匠精神。课堂讲述和教师点评在第3章技术站列车编组计划的编制中绝对计算法课程结束时进行。学生课堂发言和教师点评用时约10分钟。

3. 分析总结

提倡深度考虑，不做"低效勤奋者"。深度考虑是指从"被动学习"向"主动学习"升级。影响一个人成长速度的主要原因在于将时间、精力投到哪里，是选择"低成长区"还是选择"高成长区"。"低成长区"，一是指岗位上那些熟悉与熟练的并长期重复进行的工作及工作习惯。这种工作往往改进少，不能带来持续的竞争优势、绩效突破与提升。二是指杂乱分散的工作范围，很多将时间精力投入于这种"低成长区"的人，看起来在每天忙碌，每天都很勤奋努力，甚至自身也感到充实而心满意足，但是这对于生活或职场并没有多少帮助，这类人也被称为"低效勤奋者"。注意力花在哪里，时间就花在哪里，成长和进步就在哪里。年轻的学生一定要主动学习，选择高成长的工作模式，做高效率的勤奋者。

案例9　技术站货物列车编组计划的编制
——如何处理主要矛盾和次要矛盾

【课程名称】铁路行车组织。

【教学内容】技术站货物列车编组计划的编制。

【案例意义】通过学习货物列车编组计划的编制方法，掌握货物列车编组计划的优化目标，培养学生在解决多目标复杂工程问题过程中处理主要矛盾和次要矛盾的能力。

教学过程

1. 问题导入

首先介绍编制单组货物列车编组计划的基本原理以及编组方案表示方法，分析单组列车编组方案数；结合沿途支点站的技术设备条件和改编列车能力等因素，从时间消耗、资源消耗等多个维度对比不同编组方案的优劣。

2. 讲授正文

首先组织学生讨论技术站单组列车编组计划编制需要考虑的主要因素。①需求层面：计划车流。计划车流是编制列车编组计划的基础，计划车流包括计划重车流和计划空车流。技术站的计划车流是车流组织关注的重点，主要原因在于对于大部分车流而言，要么在技术站产生或消失，要么在技术站汇集或分散。②目标层面：车流组织的目标简单而言就是使车流更快地从装车地输送到目的地，车流从装车地到目的地主要的时间消耗包括火车集结时间消耗和技术站改编时间消耗，列车流在路网上运行的时间消耗占小部分。③能力层面：技术站单组列车编组计划需要考虑技术站的中转作业能力、解编能力和通过能力等。进一步组织学生讨论各因素之间的相互制约关系。

结合上述因素，分析货物列车编组计划编制的主要优化目标。货物列车编组计划编制的主要优化目标包括车流在起点站或技术站的集结车小时消耗和途中站的改编车小时消耗。货车集结车小时的主要产生原因是货流的不均衡性以及满轴开行的要求，途中站的改编车小时消耗取决于车流是否在途中站进行有调中转作业，然而，是否改编取决于装车地及货流方向沿线货流的大小以及途中站的有调中转作业能力。

进一步分析货物列车编组计划编制所要考虑的资源约束条件。车流是否能在途中站进行改变需要考虑途中车站的改编能力，此外区间和车站的通过能力也是列车流成组上线运行所要考虑的资源约束条件。

3.分析总结

车流组织的矛盾主要包括车流实现在路网中快速流转与车流不均衡、满轴开行（平均列车编成辆数）、技术站有调中转作业能力之间的矛盾，其中，由于车流不均衡性不受运输组织者的主观意愿所改变，满轴开行是编组计划的基本要求，因此两者与车流组织的优化目标形成主要矛盾；当车流量较大时，技术站和区间的通过能力将引发次要矛盾，当编组计划要求车流在技术站频繁进行有调中转作业时，技术站的有调中转作业能力也会成为制约因素。在编制货物列车编组计划过程中，应抓住主要矛盾，同时兼顾次要矛盾。

案例 10 铁路列车运行图是如何诞生的
——描绘列车时空关系的奇思妙想

【课程名称】铁路行车组织。

【教学内容】列车运行图的意义。

【案例意义】通过列车运行图的诞生案例，更好地理解列车运行图对于铁路运输组织工作的意义，培养学生面向工程问题的创新意识和思维。

教学过程

1.问题导入

列车运行图有什么作用？它是如何诞生的？对我们有什么启示？

2.讲授正文

列车运行图是用以表示列车在铁路区间运行以及在车站到发或通过时刻的技术文件，它规定各次列车占用区间的程序，列车在每个车站的到达和出发（或通过）时刻，在区间的运行时间，在车站的停站时间，以及机车交路、列车重量和长度等，是全路组织列车运行的基础。

列车运行图一方面是铁路运输企业实现列车安全、正点运行和经济有效地组织铁路运输工作的列车运行生产计划,它规定了铁路线路、站场、机车、车辆等设备的运用,以及与行车各有关部门的工作,并通过列车运行图把整个铁路网的运输生产活动联系成一个统一的整体,严格地按照一定的程序有条不紊地进行工作,保证列车按运行图运行,它是铁路运输生产的一个综合性计划。另一方面它又是铁路运输企业向社会提供运输供应能力的一种有效形式。从这个意义上讲,供社会使用的铁路旅客列车时刻表及"五定"货运班列运行计划,实际上就是铁路运输服务能力目录。因此,列车运行图又是铁路组织运输生产和产品供应销售的综合计划,是铁路运输生产联结厂矿企业生产和社会生活的纽带。

铁路通过能力与列车正点运行及列车运行的流水性密切相关。列车运行生产计划即列车运行图的实现有赖于铁路区段通过能力的保证,特别是当列车运行过程发生波动,亦即发生偏离于计划的情况时,只有在有充分通过能力保证的条件下,才能确保运输生产按计划准时进行,列车才有可能重新恢复正点运行。

世界上最早长成二维时空图样式的列车运行图,它的发明者是法国人艾蒂安-朱尔·马雷(Étienne-Jules Marey)。铁路诞生后十几年,1839年才在英国诞生了最早的列车时刻表,也就是《布拉德萧指南》(Bradshaw's Guide)。它给民众出行提供了丰富的参考信息,到今天仍然发挥着作用。但这最多算是列车运行图的雏形,距离铁路运输组织部门的专业列车运行图需求还有相当大的距离。

最终发明出时空二维列车运行图,是几十年之后的事情了。1885年,马雷为法国巴黎至里昂铁路设计了二维时空的列车运行图,时间和铁路线站才最终被摆在横纵垂直的两根坐标轴上。因此,它又叫作马雷图(Marey Diagram)。130年后列车运行图几乎没有太大变化。

3.分析总结

设计列车运行图的巧妙构思源自对铁路运输行业的深刻理解,又源自对自然社会的敏锐洞察,也受到社会发展进程的巨大驱动。同时,这也是做好铁路运输规划与组织工作的重要动力源泉。

案例 11　列车运行图
——做好本职工作

【课程名称】铁路行车组织。

【教学内容】列车运行图。

【案例意义】通过学习列车运行图,更深刻认识并坚守做人准则,严守道德底线,不为外界所诱惑。

教学过程

1.问题导入

在组织旅客和货物运输的过程中,列车运行是一个很复杂的环节,它要利用多种铁路技术设备,要求各个部门、各工种、各项作业之间互相协调配合,才能保证行车安全和提高运输效率。列车运行图就是全路组织列车运行的基础,是铁运输系统最重要的技术文件。列车运行图既是铁路运输企业实现列车安全、正点运行和经济有效地组织铁路运输工作的列车运行生产计划,又是铁路运输企业向社会提供运输供应能力的一种有效形式,是铁路组织运输生产和产品供应销售的综合计划,也是铁路运输生产联结厂矿企业生产和社会生活的纽带。同学们在平常乘火车出行时会遇到列车晚点的情况:各种原因导致某趟列车未正点运行,导致列车运行图调整,进而影响其他列车的正点运行。严格按图行车是保证整个铁路运输系统安全、高效运行的基础。任何一个环节出现问题都有可能对铁路运输系统产生重大影响。

2.讲授正文

在列车运行图和铁路通过能力的学习中,主要内容是列车运行图的铺画和通过能力的计算,通过这部分的学习,要求学生:①掌握列车运行图的含义、作用、表示方法和分类;列车运行图的构成要素;列车间隔时间的概念及相关计算方法;机车及动车组的运用方法;列车运行图的编制方法;铁路通过能力的概念,平行运行图和非平行运行图铁路区间通过能力的计算方法。②分析列车旅行速度的概念、计算方法;区段管内列车数量的计算;区段管内列车组织方案的制订。③了解铁路运输能力的适应性;加强铁路运输能力的途径和措施。④能够根据已知条件,手工铺画列车运行图。

学习小组线上讨论,教师参与,要求每个学生都要讲述关于按图行车、按规程操作、按标准工作的个人感受。学习小组指派代表在课堂中讲述上述感受。结合学生发言情况,教师进行点评,引导学生在学习、工作、生活中按规程操作、按标准作业,形成严谨为人处世的态度。学生课堂发言和教师点评用时约 10 分钟。

3.分析总结

铁路运输是一个庞大的联动系统,广大铁路职工必须按规程操作,在规定的时间内认真完成工作,才能保证铁路系统的正常运转。对于年轻学生来说做好本职工作就是对团体最大的贡献。习近平总书记强调:"中国把自己的事情办好了,对世界而言就是贡献。"同样,在工作中做好自己的本职工作就是对团体最大的贡献。团队协作共同完成一项工作时,成员能否按时、保质、保量地完成各自所承担的工作部分,是实现团队工作目标的关键。年轻学生也要牢记:坚守为人准则,严守道德底线,不为外界诱惑。

案例 12　列车运行图的编制与调整
——把握计划与变化的辩证关系

【课程名称】铁路行车组织。

【教学内容】列车运行图的编制与调整。

【案例意义】通过学习列车运行图的编制与调整的相关内容,深刻理解"按图行车"的重要意义,培养学生处理计划与变化之间的矛盾的思维方式和能力。

教学过程

1.问题导入

首先介绍旅客列车和货物列车运行图的编制方法,强调铁路运输"按图行车"的重要意义。提问：既然有计划图作为列车运行的指导性文件，为什么还需要进行列车运行调整？

2.讲授正文

首先进行旅客列车和货物列车运行图编制方法的学习。在编制列车运行图时，一般先铺画旅客列车运行线，然后在这个基础上铺画货物列车运行线。列车运行图的编制通常分为两步：第一步，编制列车运行方案图，着重解决运行图的全面布局问题。列车运行方案图的铺画不需要详细画出经过每一车站的时刻。第二步，根据方案图铺画详细的运行图（简称为详图）。旅客列车运行方案图的铺画需要兼顾旅客出行便捷、机车车底高效运用、与客运站技术作业协调、为货物列车运行图铺画创造有利条件。货物列车运行方案图首先需要与列车编组计划协调配合，满足车站技术作业约束、兼顾机车车辆高效运用。

强调铁路运输"按图行车"的重要意义。狭义的"按图行车"是指实现严格按列车运行图规定的时间组织列车运行，而广义的"按图行车"则是指实现严格按列车编组计划和列车运行图组织列车工作。

引导学生思考列车实际运行过程中可能会碰到哪些不确定因素，这些因素会如何影响行车。铁路运输生产过程由于受到各种因素的影响，每天的运输状态和环境均不相同，经常偏离计划，影响列车按点运行。列车运行并非千篇一律、一成不变，列车运行调整是指列车调度员为保证列车按车运行图正点运行，在确保行车安全的前提下，根据列车运行实际情况而采取的各种挖潜提效措施。列车运行调整方法主要有：①组织列车加速运行。②变更列车会让、越行地点和会车方式。③组织货物列车在技术站快速、平行作业。④组织摘挂列车在中间站快速作业。⑤组织列车合并运行。⑥组织列车反方向行车。⑦组织单机挂车或单机重联。⑧调整列车运行径路。作为铁路运输调度系统中的重要工作部分，列车运行调整的最终目的依然是保障"按图行车"。

3.分析总结

列车运行图是铁路行车组织核心资料，是保障列车有序、高效运行的重要依据。以计划列车运行图为目标进行列车运行调整，对实际开展运输生产具有重要意义。从辩证唯物主义的观点来看，一切物质都是在不断运动和变化的，列车运行的条件和环境也并非一成不变，要正确认识计划与变化之间的辩证关系，用发展的眼光看铁路行车组织中的关键问题。

案例 13　高速铁路列车运行图编制
——团队分工协作意识

【课程名称】铁路行车组织。

【教学内容】高速铁路列车运行图编制。

【案例意义】2008 年 8 月 1 日，中国第一条具有完全自主知识产权、世界一流水平的高速铁路京津城际铁路通车运营，至今，每天几千列车在运营里程达 4 万多公里的高铁上运行。高速铁路运行图的编制涉及很多部门、很多铁路局，需要共同的努力才能完成，通过该案例让学生认识到团队的重要性，工作中应强调主次，大家协调才能完成任务。

教学过程

1.问题导入

每天大量的高铁列车在高速铁路线上运行，如何使这些列车的运行既安全又高效，是铁路企业必须思考的问题。

2.讲授正文

1）高速铁路列车运行图的编制原则

①高速铁路列车运行图的编制工作是全路列车运行图编制工作的一部分，由国家铁路集团有限公司统一组织编制。

②严格遵守各种间隔时间标准和规章制度。

③适应高速铁路客流特点，最大限度地满足旅客出行的需要，尽可能按时段、服务频率安排列车运行线。

④协调好高速铁路与既有线的衔接，并尽可能提高高速铁路及既有线的通过能力。

⑤协调好跨线列车运行线与本线列车运行线的关系，尽量减少高速铁路各种列车的相互影响。

⑥尽可能提高动车组的运用效率。

⑦合理安排列车停站，以提高列车旅行速度。

⑧兼顾均衡铺画的原则，充分利用线路和车站的通过能力，减少各种列车间的越行与避让，同时使运行图保持合理的弹性。

⑨使高速列车运行与高速客运站的技术作业过程相协调。

⑩处理好列车密度、列车种类、到发时刻、动车组运用和综合维修天窗设置等几方面的关系。

2）高速铁路列车运行图编制的特点

高速铁路列车运行图的编制与既有线列车运行图相比有其不同特点：

①高速铁路列车运行图应尽可能考虑客流高峰需求，列车开行数量具有按时段的波动性和规律性。

②列车开行数量受动车组数量和运用方式的制约，应尽可能提高动车组的上线率。

③对于跨线列车和本线高速列车，需要明确其优先原则和列车等级。

④跨线列车运行线布局方案应尽可能考虑高速铁路的能力，并为本线列车的开行创造条件。

⑤高速铁路综合维修天窗设置方案对跨线列车和夕发朝至列车的开行具有制约作用。

⑥高速铁路运行图的编制要考虑相关运行线的紧密接续，方便旅客的换乘。

3）高速铁路列车运行图的铺画方式

高速铁路列车运行图的铺画方式、列车的开行位置，对通过能力有影响作用。

①同类列车成组铺画。成组铺画的追踪列数越多，每一列车占用运行图的时间越少，对B类列车的影响越小，可铺画的总列数越多。

②A类列车停站方式。A类列车采用交替停站的方式，停站顺序可由远而近，即前行列车停远方站，后行列车停后方站，依次由远而近。

③减少越行与待避的次数。A类列车不越行过多的B类列车,以减少运行图的空费时间,B类列车待避次数不宜过多,否则将严重影响B类列车的旅速。

④夕发朝至,列车运行线的铺画。高速铁路夕发朝至列车运行受到综合维修天窗的影响,一般通过等线、转线、一线行车一线维修等方式规避综合维修天窗,目前一般采用等线的方式,可通过合理设置分段矩形天窗及运行图的综合化技术,实现高速铁路夕发朝至列车运行的铺画。

4)高速铁路列车运行图的编制步骤

①收集编图资料,对有关问题组织调查研究和试验,计算确定列车运行图要素。

②编图前,各高速铁路公司提出跨线、本线列车开行方案。

③国家铁路集团有限公司统一确定列车开行方案。

④编制高速铁路列车运行图。

⑤编制动车组运用方案。

⑥编制客运站技术作业图表。

⑦列车运行图指标计算及分析评价。

⑧绘制列车运行图,公布列车时刻表。

3.分析总结

高速铁路列车的开行必须以客流为基础,满足人民群众对高速列车的要求。因此高速铁路列车运行图应分为基本运行图和节假日运行图,开行定期列车、季节列车和临时列车。另外,还可编制旅游旺季、特殊社会活动等特别需求的分号运行图。

开展工作前必须厘清关键问题,要不断地发现问题,解决问题,解放思想,要有大局意识、担当意识,以创新的思维、创新的方法,提供更好的服务。

案例 14　加强运输能力的措施
——交通强国,铁路先行

【课程名称】铁路行车组织。

【教学内容】加强运输能力的措施。

【案例意义】随着经济的不断发展,铁路运输作为我国运输业中的重要组成部分也取得了快速的发展,为我国的运输业发展做出了巨大的贡献。提升铁路运输效率和运输能力具有十分重要的意义。交通强国,铁路先行。

教学过程

1.问题导入

在铁路运输中,铁路运输的效率和运输能力关系到铁路的人员和物资的输送速度,对于促进我国经济发展有着十分重要的意义。随着经济的快速增长,对铁路运力的要求也会越来越高,为此,提高铁路运输效率和运输能力是非常有必要的。

2.讲授正文

1) 扩能措施

为加强铁路运输能力, 可采取多种措施。以提高列车重量为主要目标的措施有:

①改革牵引动力, 以内燃、电力取代蒸汽牵引。

②按需要采用牵引力较大的机车(或双机牵引)。

③在高坡地段采用补机(前补或后补)。

④在有条件的线路组织开行牵引重量 5000 t 及以上的整列式或单元式重载列车; 在能力接近饱和区段、季节性运量波动较大的区段或施工地段, 组织开行部分组合列车。

⑤采用大型货车, 改进车辆结构, 提高车辆轴重, 减轻自重, 减小单位阻力。

⑥延长车站到发线有效长。

⑦减小线路限制坡度, 加强线路上部建筑。

⑧其他临时性措施: 利用动能闯坡, 组织超轴列车等。

以增加行车密度为主要目标的措施有:

①在区间很不均等的区段, 增设会让站或线路所, 缩小限制区间长度。

②铺设双线插入段, 或部分区间修建双线, 组织列车在区间不停车交会。

③对于繁忙干线, 由单线直接过渡为双线, 使通过能力大幅度提高。在客货运量都很大的特别繁忙区段(线路), 增设第三线, 或修建客运专线, 实现客货分流。

④提高货物列车运行速度, 减少列车区间运行时分, 以压缩运行图周期, 同时缩小客货列车速度差, 以利于减小客车扣除系数。

⑤提高机车性能, 缩短起停车附加时分。

⑥采用较先进的信联闭设备(如自动闭塞、调度集中等), 缩短车站间隔时间。

⑦双线自动闭塞区段, 调整闭塞分区长度, 压缩追踪列车间隔时间。

⑧优化运行图的铺画方法, 如部分客车运行线连发或追踪, 摘挂列车减少停站次数, 以减小扣除系数。

⑨采用特殊类型运行图, 如单线不成对运行图, 单线部分追踪运行图; 在客运量较大的双线线路, 适当降低旅客列车速度, 或适当减轻货物列车重量以提高货物列车运行速度, 变非平行运行图为平行或接近平行运行图, 尽量减少客车越行货车所造成的能力扣除。

⑩其他临时性措施: 按时间间隔开行列车(即开行续行列车), 在双线区段(区间)组织反方向行车, 组织列车编队运行, 采用活动闭塞等。

2) 在选择扩能措施时应注意的问题

①必须以《铁路主要技术政策》为指导。《铁路主要技术政策》提出了铁路技术发展的总原则和总目标, 就铁路技术的重大若干问题规定了政策方针和各种量的标准, 是铁路技术发展的纲要文件。

②全面了解拟扩能的线路(区段)在路网中的地位和作用, 掌握该地区的生产力发展趋势及客货流量增长情况, 根据需要确定恰当的扩能方案, 既要留有一定的余地, 又要避免能力虚糜浪费。

③结合本线路(区段)的现有设备状况和技术特征, 因地制宜地采取扩能措施。

④要注意设备能力的协调配套。比如, 牵引动力的改进使列车重量增加了, 相应地列车编成辆数增多, 就要考虑车站站线是否需要延长; 在单线区段装设自动闭塞, 采用部分追踪

运行图,要注意中间站到发线数是否适应;等等。

⑤着眼于长远,统筹规划,有计划有步骤地分阶段加强,而且上一步措施为过渡到下一步打好基础,尽可能减少废弃工程,尽量节约投资。

⑥讲求经济效益和社会效益。在决定实施一项技术改造措施之前,应进行项目的经济评价。

3.分析总结

从我国第一条营业铁路上海吴淞铁路1876年通车之时算起,中国铁路迄今已有100多年的历史。至2021年12月30日,中国高铁运营里程突破4万公里,中国铁路营运总里程突破15万公里。

"人民有所盼,铁路有作为",铁路作为国民经济大动脉,在促进社会发展、服务经济建设中发挥着重要的作用,是民生之期盼,是经济之动能,是中国速度的见证,更是人民铁路为人民的实干写照。

牢记初心使命,延续百年荣光,奋力谱写交通强国铁路先行新篇章,雄关漫道真如铁,而今迈步从头越。在世界现代化进程中,中国铁路正一步步发展成为大国崛起的"国之重器"。

10

铁路行车技术管理

教学内容和思政融合设计

序号	教学内容	思政映射与融入点	编者
1	知识点：铁路行车技术管理规章体系	案例1：铁路行车技术管理规章体系——无规矩不成方圆	肖龙文
2	知识点：列车运行图	案例2：列车运行图——统筹布局、决胜千里	肖龙文
3	知识点：列尾装置	案例3：列尾装置——举安全之盾，防事故之患	肖龙文
4	知识点：调度命令	案例4：调度命令——令行禁止，使命必达	肖龙文

案例1 铁路行车技术管理规章体系
——无规矩不成方圆

【课程名称】铁路行车技术管理。

【教学内容】铁路行车技术管理规章体系。

【案例意义】铁路拥有大量的技术设备和人员。他们分散在全国各地，在不同的地点和岗位上，共同为完成运输任务而发挥着各自的作用。因此，铁路各部门，尤其是铁路行车部门必须有严密的组织和分工，才能使运输生产安全、准确、迅速、协调地进行。通过铁路行车技术管理规章体系的学习，培养学生遵守严格的规章制度和养成"一点不差，差一点不行"的严肃认真的工作态度。

教学过程

1. 问题导入

铁路运输是把人和物通过铁路从一个地方运到另一个地方，需要大量的技术设备和人员共同协作才能完成任务。因此铁路部门就有各种规章、规则、细则等，其中就有一部最重要的规章——《铁路技术管理规程》（以下简称《技规》）。《技规》每隔一段时间就要进行修改，最近一次修改有两个重要事件，一是撤销铁道部成立铁路总公司，一是高速铁路的建成。高速铁路的设备及管理与普速铁路的设备及管理存在很大的差异性，那么《铁路技术管理规程》的定位、适用范围就存在很大的变更。

2. 讲授正文

1)《技规》的修订背景、过程、目的

1950 年，为使铁路各部门、各单位、各工种安全、准确、迅速、协调地开展运输生产活动，原铁道部制定了第 1 版《技规》，于 1950 年 2 月 2 日公布，6 月 1 日起正式实行。60 多年来，《技规》先后进行了 9 次修订，使其不断完善，适应不同时期铁路建设和运输的需要，发挥了铁路基本技术规章的作用。随着铁路实行管理体制改革、政企分开，为加强铁路总公司铁路技术管理，确保国家铁路安全正点、方便快捷、高速高效，根据国务院机构改革和职能转变方案，制定形成铁路总公司第 1 版《铁路技术管理规程》。

2)《技规》制定的法律依据

铁路实行政企分开后，铁路总公司《技规》与行业标准和规范的关系发生了变化，铁路总公司《技规》应遵循《中华人民共和国铁路法》和《铁路安全管理条例》等国家和行业有关法规、标准和相关规定。

《中华人民共和国铁路法》于 1990 年 9 月 7 日经中华人民共和国主席令第三十二号公布，自 1991 年 5 月 1 日起施行，是铁路管理的基本法律，在铁路的分类、铁路运输营业、铁路建设、铁路安全与保护等方面确立了一系列基本原则和基本法律制度，该法最近于 2015 年修正。

《铁路安全管理条例》于 2013 年 8 月 17 日经国务院令第 639 号公布，自 2014 年 1 月 1 日起施行，该条例对铁路建设质量安全、铁路专用设备质量安全、铁路线路安全、铁路运营安全、监督检查以及法律责任等做了全面规定。

以上两部法律、法规所规定的一系列原则和制度，是铁路总公司铁路技术管理必须遵循的，如铁路建设的标准轨距、铁路交叉与道口、铁路线路安全保护区等。

3)《技规》的定位

铁路总公司《技规》是国家铁路技术管理的基本规章，定位为企业内部的基本技术规章，统领铁路总公司各专业技术规章、企业标准等。各部门、各单位制定的技术管理文件等，都必须符合本规程的规定。国家铁路工作人员必须严格遵守和执行本规程的规定。

4)案例

2007 版《技规》第 177 条：列车和单机由司机负责指挥，有运转车长的列车由运转车长负责指挥。列车或单机在车站时，所有乘务人员应按车站值班员的指挥进行工作。

2014 版《技规》第 227 条：列车和单机由司机负责指挥。列车或单机在车站时，所有乘务人员应按车站值班员的指挥进行工作。

修改原因：旅客列车安装列尾装置，为取消运转车长提供了条件，为适应优化劳动组织的需要，删除运转车长有关作业要求。

3. 分析总结

(1) 由《技规》的修改，了解我国国有企业的体制改革、实行政企分离的决心和勇气，了解我国是如何划分国家各级政权机构和经济组织的各自权限的，从而正确处理国家和企业的关系。

（2）由《技规》的修改，了解我国铁路装备的快速发展，培养学生对规章的敬畏，了解规章体系的严肃性。

案例 2　列车运行图
——统筹布局、决胜千里

【课程名称】铁路行车技术管理。

【教学内容】列车运行图。

【案例意义】列车运行图是铁路行车组织工作的基础。所有与列车运行有关的铁路各部门，必须按列车运行图的要求，组织本部门的工作，以保证列车按列车运行图运行。这个案例体现车、机、工、电、辆等各部门如何团结协作完成一个共同的目标，同时使学生有大局观，明白个人利益服从集体利益，局部利益服从整体利益。

教学过程

1. 问题导入

列车编成后，需要在铁路上运行，我国现有 15 万公里铁路线，上万列客运列车和货物列车，如何安排列车在铁路线上运行，是个很棘手的问题，这里涉及几个问题：用什么形式表示不同列车在铁路线上的运行？编制该计划需要考虑哪些因素？评价该计划好坏的指标是什么？

2. 讲授正文

1）列车运行图的基本概念和基本要求

铁路列车运行图（以下简称列车运行图）是用以表示列车在铁路区间运行及在车站到发或通过时刻的技术文件，它规定各车次列车占用区间的程序，列车在每个车站的到达和出发（或通过）时刻，列车在区间的运行时间，列车在车站的停站时间，以及机车交路、列车重量和长度等。

列车运行图运用坐标原理，用图解形式表示列车运行；以水平线表示车站的中心线，以垂直线表示时间，以斜线表示列车运行线。上斜线代表上行列车，下斜线代表下行列车。列车运行线与车站中心线的交点，表示列车在车站的到、发或通过时刻。各种列车运行线用不同颜色和符号表示。

编制列车运行图时应符合下列要求：

①符合列车运行、车站间隔、技术作业等时间标准。

②迅速、便利地运输旅客和货物。

③充分利用通过能力，经济合理地使用机车车辆和安排施工、维修天窗。

④做好列车运行线与车流的结合。

⑤保证各站、各区段的协调和均衡。

⑥合理安排乘务人员休息时间。

2)案例分析——杨庄事故

1978 年 12 月 16 日凌晨，陇海铁路线上，由西安开往徐州的 368 次旅客列车正在接近河南兰考东面的三等小站杨庄站。列车编组 13 辆，由郑州铁路分局郑州机务南段东线车队的“东风 3”型 0194 号内燃机车牵引。按照列车运行图，它应于 3 点 11 分在杨庄车站 2 道(站内侧线)停车 6 分钟，会让由南京开往西宁的 87 次旅客列车，因为 87 次列车将于 3 点 15 分从杨庄车站 1 道(站内正线)通过。但是，驾驶 0194 号机车的司机马某、副司机阎某此刻困意袭来，同时打起了瞌睡；在列车尾部值守的运转车长王某则正跟别人聊天，不监视列车运行，不按规定立岗，当列车越过停车点也未采取紧急停车措施，未能及时发现行车异常而采取拉车长阀的紧急停车措施。所以，当 368 次列车进入杨庄车站后，继续以 40 公里的时速向前行驶。当司机马某被对面 87 次列车的机头大灯照射惊醒时，慌乱中猛撂了一把非常刹闸，然而制动时机已经错过，87 次列车正以 65 公里时速迎面驶来。3 点 14 分，368 次列车越过出站信号机 43 米，猛烈地向 87 次列车拦腰撞去，87 次列车机后第 6 位至第 9 位车厢被撞翻，造成 324 名旅客伤亡，其中死亡 106 人、重伤 47 人、轻伤 171 人。

事后安全措施：

①加大科研力度，在机车上装备了列车无线调度电话、机车自动信号和列车自动停车装置。这些安全技术措施后来推广到郑州铁路局乃至全国铁路系统，有力地推动了全国的铁路安全运营。

②为了保障值乘人员得到良好休息，郑州铁路局普遍建立了待乘室，值乘人员出车前至少要在此休息 4 个小时，待乘室管理极为严格，这一措施延续至今。

3. 分析总结

(1)工作人员要有大局观意识，要正确处理个人与集体利益的关系问题。

(2)管理要人性化，永远遵循安全第一的理念。

案例 3 列尾装置
——举安全之盾，防事故之患

【课程名称】铁路行车技术管理。

【教学内容】列尾装置。

【案例意义】我国铁路部门非常重视铁路的运输安全，尤其是通过改善设备来提高安全系数，通过该案例学习，使学生了解铁路部门发明了很多提高安全性的设备，提高学生的学习兴趣，激发学生的爱国热情和民族自豪感。

教学过程

1. 问题导入

列车运行过程中，前面铁路上有影响铁路安全的情况要紧急制动，但中间折角塞门关闭，铁路司机无法使列车制动时，怎么办？

2. 讲授正文

1）无列尾装置的操作

在列车运行时，运转车长通常位于列尾最后一节车厢。在列车发车时，助理值班员先向运转车长表示发车指示信号，再由运转车长向司机表示发车信号；列车运行中，列尾风压状况由运转车长与司机通过无线电沟通确认；列车会车、通过车站，两列车的运转车长或者运转车长与车站要进行互检；列车在中间站更换机车时，运转车长要向机车乘务员报告列车编组；而列车一旦在运行中出现异常情况，运转车长需拉下列尾的紧急制动阀实行紧急制动。客车无须编挂守车，运转车长就位于列尾，而货物列车则需要编挂守车。

2）列尾装置的系统构成

列车尾部安全防护装置（简称列尾装置）是为提高铁路运输的安全性而研制的专用运输安全装置，设备应用计算机编码、无线遥控、语音合成、计算机处理技术，是为保证列车运行安全而设计生产的安全防护设备，也是重要的铁路行车设备。

列尾装置由固定在机车司机室的司机控制盒和安装在列车尾部的列尾主机组成。

①列尾装置司机控制盒：列尾控制盒的附属设备包括列尾装置输号器、列尾装置司机控制盒检测仪、列尾装置司机控制盒数据转存仪、列尾装置车载电台。

②列尾装置尾部主机（以下简称列尾主机）：列尾主机附属设备包括中继器、检测台、确认仪、主机电池、电池充电器、列尾数据读取仪、简易场强仪、屏蔽室。

③列尾装置数据处理系统：主要由计算机和数据下载、处理软件构成，可以对列尾装置有关数据进行下载分析。

列尾主机使用前由列尾检测人员、司机控制盒在机车出库前由电务部门按列车无线调度通信设备的有关规定进行检测，合格后方可投入使用。

3）列尾装置的功能

①列车尾部风压查询：使机车乘务员准确掌握列车尾部风压，确认列车完整。

②列车尾部低风压告警：当列车主管因泄漏等原因风压不足时，可直接向司机报警。

③列车尾部排风制动：当车辆折角塞门被意外关闭时，司机可直接操纵列尾装置，使其强行排风，使列车制动停车。

④列尾主机电池电量不足告警：在装置使用过程中，当电池电压下降预设电压报警位时，装置自动向机车发射电池电压低的报警信息。

⑤列车尾部标识：起到列车标志的作用（白天用红白相间斜彩条标识，夜间用红色发光管组闪光标识），为接发列车人员确认列车完整提供依据。

⑥列尾装置运用数据记录功能：将当前发生的事件如管压异常报警、电磁阀故障、接收查询风压、回查询风压、排风控制等事件发生的日期、时间记录下来。

4）货物列车列尾装置的使用

①除动车组以外的旅客列车应安装列尾装置。特殊情况下，无法安装或使用列尾装置时，应制定具体办法。

半自动闭塞区段货物列车尾部须挂列尾装置，其他区段货物列车尾部宜挂列尾装置。货物列车尾部未挂列尾装置时应以吊起尾部车辆软管代替尾部标志。尾部车辆软管的吊起，有列检作业的列车由列检人员负责，无列检作业的列车由车务人员负责。

②旅客列车列尾装置尾部主机的安装与摘解、风管及电源的联结与摘解，由车辆部门

负责。

货物列车列尾装置尾部主机的安装与摘解,由车务人员负责。软管联结,有列检作业的列车,由列检人员负责;无列检作业的列车,由车务人员负责;特殊情况下,由铁路局规定。

③列尾装置在使用前,必须按规定进行检测,合格后方可投入运用。

5)案例

2010年6月16日,DF47192号机车承担48004次货物列车牵引任务(编组32辆,总重2355吨,换长38.8米)。22时23分,准备进广深线平湖南站4道停车时,由于机后第三位后端折角塞门关闭,列车制动失灵,冒进4道出站信号机,挤坏171号道岔进入机待3线撞上土挡后,机车前台车3个轮对脱轨(不影响正线行车)。

3.分析总结

由列尾装置的功能学习,了解安全装置的重要性,明白科技发展的必要性。安全生产必须依靠安全科学技术,科技是第一生产力。

案例4　调度命令
——令行禁止,使命必达

【课程名称】铁路行车技术管理。

【教学内容】调度命令。

【案例意义】调度命令是行车调度处理日常行车工作中的有关问题,以及在非正常情况下组织指挥行车有关部门、单位和人员办理行车工作、指示作业方法和安全注意事项的带有约束性的指令。通过学习调度命令,让学生明白哪些事该做,哪些事不该做,哪些事重要,哪些事要优先做,自觉按原则、按规矩工作。

教学过程

1.问题导入

(1)行车调度处理日常行车工作中有关问题,如何处置?

(2)在非正常情况下组织指挥行车有关部门、单位和人员办理行车工作、指示作业方法和安全注意事项的带有约束性的指令,如何处置?

(3)行车各部门具体办理行车工作的依据是什么?

(4)什么手段体现了铁路行车工作集中领导、统一指挥的原则?

2.讲授正文

国家铁路集团有限公司、铁路局集团有限公司调度在组织指挥日常运输工作中,应及时发布与运输有关的调度命令,下级调度及行车有关人员必须坚决执行。

1)调度命令

调度命令是行车调度处理日常行车工作中的有关问题,以及在非正常情况下组织指挥行车有关部门、单位和人员办理行车工作、指示作业方法和安全注意事项的带有约束性的指令,是编有调度命令号码并在"调度命令登记簿"上登记的书面命令。

2）口头指示

除调度命令外，调度员在日常生产指挥中向有关人员发布的完成运输生产任务的具体部署和指挥行车工作的指令，称为口头指示。口头指示和调度命令具有同等作用，有关人员必须坚决执行。发布口头指示，应正确、及时、清晰、完整。

3）调度命令的发布权限

调度命令的发布必须贯彻行车工作集中统一指挥的原则，各级调度机构和各工种调度的调度命令只能在规定的权限范围内发布，不得越级或越权。

4）调度命令的发布

列车调度员在发布调度命令时，应力求做到以下几点：

①情况清楚。在发布命令前，应详细了解现场当时的线路、设备、列车或机车车辆所处的状态，需要进行的作业的性质、要求和必要性，了解有关领导的指示和日（班）计划的要求，并认真听取相关行车领导、其他工种调度和现场有关行车人员的意见，对现场的实际情况作出全面、正确的判断，确定该不该发布调度命令和如何正确发布调度命令，做到情况不清不发调度命令。

②规章明确。规章制度是列车调度员发布调度命令的依据。当需要发布调度命令时，调度员应根据《铁路技术管理规程》《铁路行车组织规则》《铁路运输调度工作规则》等有关行车工作的文件、电报和领导指示等有关规定条文，正确及耐心地发布相应的调度命令。

③内容确切。调度命令的内容要严密、确切、详细、完整，在调度命令中一般应包括作业的主体、对象、时间（起止时间）、地点（起止地点）、具体方法和安全注意事项。内容不得模棱两可，防止命令下达后，被受令人误解、曲解而出现漏洞。

④受令人齐全。调度命令发出后，有关受令人将以调度命令为依据进行作业，为了保证这些部门和人员工作时协调一致，发布调度命令时，必须受令人齐全，不可遗漏。

⑤措辞简明。发布调度命令时，措辞必须简明扼要、准确、文理通顺，尽可能规范化、标准化。

⑥记载完整。调度命令的号码、发布时间、受令人及转抄受令人、复诵人、命令内容、发令人等，必须在"调度命令登记簿"中逐项记载齐全，并书写清楚。

5）案例分析

××年×月××日，××线。2102次在××站—××站区间，因机车故障而被迫停车，请求救援。列车调度员在既未详细了解2102次所停地点准确位置（公里数），也未与现场联系确定救援方式及督促事故列车防护的情况下，即盲目发布调度命令，派出单机前往区间救援。由于当时天气不良，瞭望困难；尤其是调度命令的指定救援地点错误2 km，而2102次又疏忽未设防护，致使救援单机与事故列车发生冲突，导致事故救援工作中又发生列车冲突大事故。

3.分析总结

生产再忙，安全不忘；人命关天，安全为先；令行禁止，使命必达。

11

高速铁路运营管理

教学内容和思政融合设计

序号	教学内容	思政映射与融入点	编者
1	知识点：国外铁路市场化改革与高速铁路建设	案例1：高速铁路市场化改革——多角度看问题，多方位思考	张云丽
2	知识点：国外高速铁路运输组织模式	案例2：典型国家的高速铁路运输组织模式——他山之石，可以攻玉	邓连波
3	知识点：高速铁路列车开行方案的基本内容	案例3：由高速铁路列车开行方案的内涵引发的思考——增强系统思维能力	邓连波
4	知识点：高铁运营组织模式	案例4：高铁运营组织模式——具体问题具体分析	叶峻青
5	知识点：高铁车站技术作业组织	案例5：高铁车站技术作业组织——坚持系统思维方式的整体性	张英贵
6	知识点：高铁旅客运输服务	案例6："12306"客运服务——人民铁路为人民	叶峻青
7	知识点：高速铁路调度系统	案例7：高速铁路智能调度——与时俱进，自主创新	张云丽
8	知识点：高速铁路安全保障体系	案例8：高速铁路安全保障体系——学以致用，社会力量推动高铁安全治理	张英贵

案例1 高速铁路市场化改革
——多角度看问题，多方位思考

【课程名称】高速铁路运营管理。

【教学内容】国外铁路市场化改革与高速铁路建设。

【案例意义】在介绍国外铁路市场化改革和高速铁路建设的基础上，比较日本、法国、意大利等国家高速铁路建设项目管理和建设资金筹措方式，分析我国高速铁路改革方向，培养学生从多角度思考问题的能力，提高企业管理的能力。

教学过程

1. 问题导入

20世纪50年代以后，随着计算机技术、网络技术、现代通信技术、自动控制技术及智能交通、信息安全等高新技术的迅猛发展，高速铁路成为社会经济发展的必然产物，在1964年日本的第一条高速铁路东海道新干线建成后，各个国家相继研究和修建高速铁路，高速地面交通系统有全球化的趋势。日本、法国、意大利和德国在修建本国高速铁路时，都投入了大量的研究开发经费，建立自主知识产权，成为当今世界上四个较强的高速铁路技术保有国。

2. 讲授正文

20世纪70年代末80年代初以来，很多国家开始为恢复铁路行业的财务与市场活力而努力。多年来，这些国家铁路要么实行了国营，要么实行了严格管理制度，铁路普遍存在体制僵化、机制不灵、竞争力下降的现象与问题。面对存在的危机，各国都在进行改革与创新。世界各国铁路在改革中选择的模式并不固定，也不统一，然而，通过对企业重组推进制度变迁与创新却是一个共同的特征。铁路改革中的企业重组根本内容在于与过去的行政管理模式、运营方式和机构安排彻底分离，重新设计企业的构架，重新制定适应市场需求的运输服务标准。重组的本质是一种制度的变迁和创新。通过推动运输制度变迁与创新能够给铁路带来现存制度以外的潜在利润。铁路企业重组的目标是建立更加符合市场要求的企业制度，提高铁路资产的价值和使用绩效。通过比较日本、法国、意大利等国家高速铁路建设项目管理和建设资金筹措方式、既有铁路和高铁的运营管理模式，引导学生分析高速铁路运营管理模式选择应遵循的原则，分析选择高速铁路运营管理模式的影响因素，铁路经营模式的适应性和经营管理模式影响因素，给出不同经营管理模式。高速铁路采用委托运输模式还是自营模式取决于高速铁路的线路规模、运量特征、专业人员和技术装备配置、铁路局比较优势、市场竞争水平、铁路政策导向等。根据我国实际，在高速铁路产权结构不变，管控运输资源种类、数量和质量不变的情况下，目前我国高速铁路总体上比较适合采取委托运输管理模式。

3. 分析总结

本案例通过问题导入，介绍了高速铁路的发展及20世纪高速铁路技术保有国，通过分析世界高铁发展领先国家在铁路发展过程中的改革历程，探讨高速铁路运营管理模式遵循的原则，分析高速铁路运营管理模式选择的影响因素，最后依据我国国情，给出我国高速铁路目前应采取的比较合理的运输管理模式。

案例 2　典型国家的高速铁路运输组织模式
——他山之石，可以攻玉

【课程名称】高速铁路运营管理。

【教学内容】国外高速铁路运输组织模式。

【案例意义】介绍日、法、德等国典型高速铁路的运输组织模式，通过对比掌握不同国家的特点，引起对我国高速铁路运输组织模式选择的思考。

教学过程

1.问题导入

高速铁路运输组织模式一般是针对高速铁路不同发展阶段、客流特点、路网条件以及高速和既有线合理分工条件，解决高速线路上列车开行种类、列车速度(等级)、列车开行比例以及跨线列车运行方式、跨线客流组织等运输组织基本问题。总体上，其包含客货模式、对接模式、列车基本服务模式三个方面。

2.讲授正文

以日、法、德为例，讲授国外运输组织模式。

1)日本新干线铁路运输组织模式

日本客运专线运输组织模式采取高速客运的方式进行旅客运输，可以称为"全高速-换乘"模式，高速线上只运行高速列车，无跨线列车运行，直通客流大，跨线旅客采用换乘的方式。

日本的高速铁路尽管旅客换乘条件很好，但仍致力于创造更多的直达条件，日本国铁民营化后，划片管理，新干线和既有线归同一公司经营，为了使新干线高速列车服务范围扩展到更多的周边城市，取得更好的经济效益和社会效益，部分公司采取了将新干线列车直通运行到既有线的措施，其目标是提高全程的旅行速度。

为了满足方方面面的需要，开行停站数不同的3类车——"希望号""光号"和"回声号"，并采用有70种不同停车方式的列车运行在新干线上，从而吸引了大量的客流。

2)法国高速铁路运输组织模式

法国 TGV 高速铁路系统运输组织模式可以归结为：

①新线客运专用；

②新线与既有线兼容；

③高密度少中转的运输组织模式。

从整体上看，法高铁可归结为"全高速-下线运行"的运输方式。法高铁从系统整体性角度考虑，为获得最佳经济效益采取了以下措施：

①根据运营要求合理安排线路维修天窗；

②充分利用 TGV 高速列车可双向运行的特性，折返列车时刻表合理衔接；

③充分利用 TGV 高速列车可联挂的特性，高峰时重联。

3)德国高速铁路运输组织模式

德国铁路的高速网是由改造的旧线和新建高速线混合组成的。德国高速铁路的建设特别强调扩大货物运输能力，改善运输质量和消除运输瓶颈地段，所以采用"客货混运"的运输方式，高速线路运输任务很繁忙(客、货、地区客、短途客)；

德国的 ICE 动车组实行节拍运输，采取基于运输能力的运输模式，这种运输模式以固定的时间间隔组织运行。

优点：提供全天提供均衡列车，容易记忆，便于旅客对车次选择，对铁路经营者：所需列车的数量比较少,运营工作井然有序,减少运营过程中的不规则性,减少了列车回空,易于与其他交通工具衔接,便于旅客换乘,缩短了旅客在站停留时间。

缺点:运行速度必须与列车运行图相适应,平均列车运行速度降低,在间隔较小的情况下不可能客货共线运行。

3.分析总结

通过各个国家的不同对比,尝试回答以下问题:各个国家运输组织模式有什么不同?各有什么特点?这些运输组织模式对我国有何启示?我国高速铁路应采用什么样的运输组织模式?

相信同学们对于这些问题,都有属于自己的思考。可以以小组为单位,相互交换意见,并展开分析讨论。我国的高铁建设和运营起步晚,可以从这些国家的实践中吸取经验和教训,他山之石可以攻玉,学习完以后我们再根据本国的国情采用适合的运输组织模式。

案例3　由高速铁路列车开行方案的内涵引发的思考
——增强系统思维能力

【课程名称】高速铁路运营管理。

【教学内容】高速铁路列车开行方案的基本内容。

【案例意义】结合高速铁路的特点,阐述高速铁路列车开行方案的基本内容。并结合高速铁路开行方案编制的内容,引发学生对开行方案编制问题的思考,增强系统思维能力。

教学过程

1.问题导入

请思考,什么是旅客列车开行方案?

以客运需求为基础,以客流性质、特点和规律为依据,科学合理地安排包括旅客列车开行种类、等级、起讫点、数量、经由线路、编组内容、停站方案、列车客座能力利用、车底运用等内容,体现从客流到列车流的组织方案。

2.讲授正文

让我们从高速铁路的列车开行方案内涵讲起。

高速铁路列车开行方案包括列车开行区段、列车编组、列车等级、列车径路和停站、分时段的列车开行频率等内容(图11-1)。

开行频率:单位时间内开行对数。

列车编组:《旅客列车编组表》是确定旅客列车编组的依据,高速列车分8辆小编组和16辆长编组两种,同时小编组列车可以单组开行也可重联开行。

列车的运行区段:由列车始发站、列车终到站和经由线路组成。列车开行径路有两个以上时,可在最短径路基础上,结合线路情况、沿线车站和客流进行选择。

列车停站:包括列车径路上的停站序列和停站时间设置两部分。

可结合图11-1加深对高速铁路开行方案的理解,并注意观察图11-1的特点。

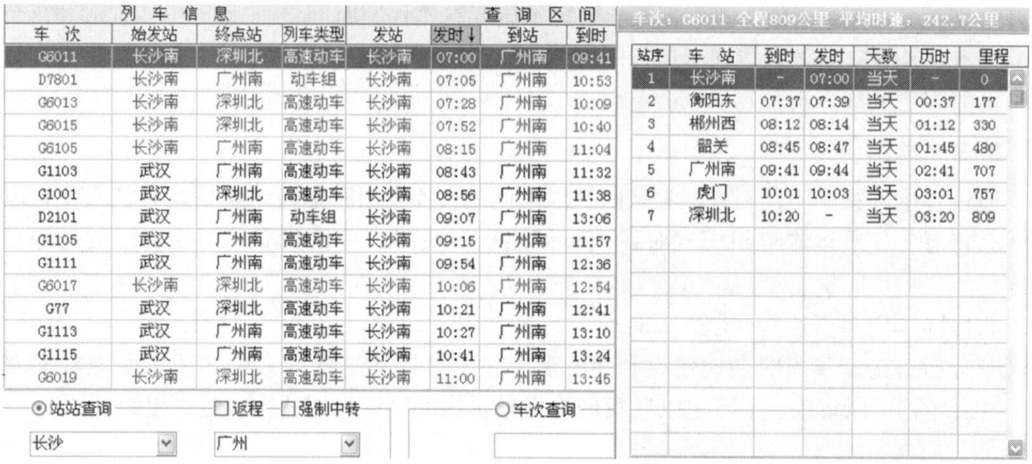

列车信息				查询区间			
车次	始发站	终点站	列车类型	发站	发时↓	到站	到时
G6011	长沙南	深圳北	高速动车	长沙南	07:00	广州南	09:41
D7801	长沙南	广州南	动车组	长沙南	07:05	广州南	10:53
G6013	长沙南	深圳北	高速动车	长沙南	07:28	广州南	10:09
G6015	长沙南	深圳北	高速动车	长沙南	07:52	广州南	10:40
G6105	长沙南	广州南	高速动车	长沙南	08:15	广州南	11:04
G1103	武汉	广州南	高速动车	长沙南	08:43	广州南	11:32
G1001	武汉	深圳北	高速动车	长沙南	08:56	广州南	11:38
D2101	武汉	广州南	动车组	长沙南	09:07	广州南	13:06
G1105	武汉	广州南	高速动车	长沙南	09:15	广州南	11:57
G1111	武汉	广州南	高速动车	长沙南	09:54	广州南	12:36
G6017	长沙南	深圳北	高速动车	长沙南	10:06	广州南	12:54
G77	武汉	深圳北	高速动车	长沙南	10:21	广州南	12:41
G1113	武汉	广州南	高速动车	长沙南	10:27	广州南	13:10
G1115	武汉	广州南	高速动车	长沙南	10:41	广州南	13:24
G6019	长沙南	深圳北	高速动车	长沙南	11:00	广州南	13:45

站序	车站	到时	发时	天数	历时	里程
1	长沙南	-	07:00	当天	-	0
2	衡阳东	07:37	07:39	当天	00:37	177
3	郴州西	08:12	08:14	当天	01:12	330
4	韶关	08:45	08:47	当天	01:45	480
5	广州南	09:41	09:44	当天	02:41	707
6	虎门	10:01	10:03	当天	03:01	757
7	深圳北	10:20	-	当天	03:20	809

图 11-1　列车信息

3. 分析总结

从高速铁路的内容出发，进一步思考，可以归纳总结高速铁路列车开行方案编制面临的一些问题：

①由既有铁路的长编组、按对数开行模式向小编组、高密度开行模式转变。

②高铁投入运营后网络规模大、层次关系复杂，由此带来的中转和衔接问题。

③客运专线时段能力利用对列车开行和停站设置的要求。

④旅客的服务要求日益提高，并且更加细化，以及当前一日一图等新的运行组织要求。

高速铁路列车开行方案涉及的内容很多，需要我们增强系统思维能力，只有系统思维，才能抓住整体，抓住要害，才能不失原则地采取灵活有效的方法处理事务。

案例 4　高铁运营组织模式

——具体问题具体分析

【课程名称】高速铁路运营管理。

【教学内容】高铁运营组织模式。

【案例意义】通过介绍不同国家的高铁运营组织模式，引导学生凡事必须根据具体情况加以具体分析和解决。

教学过程

1. 问题导入

同学们，在你们印象中高铁一般只跑客运，那高铁有没有客货混跑呢？一条高速铁路上动车的速度都是一样吗？这就是我们今天要介绍的高铁运营组织模式，不同国家的模式不相同，中国不同高铁线路也不相同，要具体问题具体分析，才能找到最合适的运营组织模式。

2. 讲授正文

高铁运营组织模式是在一定的运营管理体制、社会经济和科技发展水平、路网功能结构条件下，高速铁路所开行的组织形式和方式。由于高速铁路的速度等级、列车种类、在路网中的功能地位不同，不同类型的高速铁路运输组织模式也不同。根据我国铁路运输组织特点，选择高铁运营组织模式原则为：①线路合理分工；②以旅客为中心；③提高运营效益。

1）纯高速模式

纯高速模式是指高铁上全部开行高速列车的运输组织模式。日本、法国、西班牙以及我国大部分高铁采用。但不同列车运行方式不同，纯高速模式还可以分为以下两大类。

①按列车是否跨线分为换乘模式和下线模式。换乘模式下高铁仅开行本线高速列车，不运行跨线列车，跨线客流需换乘。下线模式部分列车可下到其他高速线或既有线。

②按列车最高运行速度分为单速度模式、多速度模式。

日本采用换乘和多速度模式，法国采用下线模式，高速列车可以跨线运行到既有铁路，方便进入无高铁城市，具有高密度、少中转的优点。

2）混运模式

混运模式还可以分为高中速混跑模式和客货混跑模式，前者还可以分为上线模式和上下综合模式。德国采用混运模式，高速线路上既运行 ICE 高速列车，也运行较低速度的 EC 欧洲城际列车和 IC、RE、RB 等。昼间主要运行旅客列车，夜间部分时段运行快货。

我国高铁线网规模庞大、层次多样，其线路里程、路网功能、服务范围、运能利用等差异化较大，运输组织模式呈现多样化特征。此外，随着客流数量及性质的变化，以及新建衔接线路的开通运营，其运输组织模式也会随之发生改变。在高速铁路线路通过能力较富余条件下，共线模式、高中速混跑模式对于充分发挥铁路网络效应，满足不同层次旅客出行需求有着重要作用。随着快货市场的兴起，高铁在条件具备时可以组织开行一定数量的快货列车（货物列车按客车运行条件组织行车），从而出现一定比例的客货混运。随着我国高速网的进一步扩大，高铁本线客流的增长，本线高速列车开行的数量将逐步增加，下线高速列车数量逐步减少，纯高速模式将是我国高铁运营组织的主要模式，目前在部分繁忙高铁线上已经采用单速度的纯高速模式。

3. 分析总结

具体问题具体分析是马克思主义的一个重要原则和活的灵魂，也是我们在一切工作中必须严格遵守的基本方法。只有从实际出发，具体分析矛盾的特殊性，才能认识事物的客观情况和发展规律，找到解决矛盾的正确方法。

案例 5　高铁车站技术作业组织
——坚持系统思维方式的整体性

【课程名称】高速铁路运营管理。

【教学内容】高铁车站技术作业组织。

【案例意义】通过系统介绍高速铁路车站技术作业流程、特征及影响因素，培养学生的系统思维，对事情全面思考。

教学过程

1.问题导入

介绍高速铁路车站的主要作用：组织旅客安全乘降、候车和集散，保证旅客方便地办理购票、进出站等手续，安全地承运、装卸、保管、中转与交付行李、包裹，及时地组织高速旅客列车的到达、出发以及动车组的出入段作业。那么基于以上作用，高速铁路车站技术作业应该包括哪些内容呢？（第一问）

2.讲授正文

首先和学生讨论高速铁路车站技术作业的内容。高速铁路车站技术作业主要包括候车检票、客运乘降、接发列车、调车作业、吸污上水、动车组折返等。然后向学生继续提问：不同作业类型（始发、终到、停站、通过、立折）列车在站技术作业组织有什么区别？（第二问）对列车技术作业过程进行总结后，继续对学生提问：高速铁路车站技术作业组织具有哪些特征？（第三问）旅客列车基本按时刻表到达车站、办理客运业务、离开车站，每天到发旅客列车数基本固定。车站办理业务的列车有始发、终到、停站、通过和立折五种类型，其占用各种资源的时间由时刻表及列车在站技术作业过程确定，如通过、立折列车占用到发线时间由列车时刻表确定，始发、终到列车由时刻表和车站技术作业时间确定取值。列车密集到发现象时有发生，列车不均衡到发特征会引起车站在高峰期到发线能力、咽喉能力及通过能力运用较为紧张，非高峰期时车站各项能力使用相对宽松。列车一般按列车时刻表正点运行，但由于受到各种主客观因素突发性、不可预见性的影响，尤其是在高峰期列车可能会偏离列车时刻表，造成列车晚点（大面积晚点），或车站设施故障、发生安全事故，必须及时有效地实时调整技术作业计划，恢复列车正点运行，安全开展旅客运输工作。

请学生来总结，高速铁路车站技术作业组织具有哪些影响因素？（第四问）——车站场布局（候车室、站台、股道、联锁等）、列车时刻表（列车运行图，到开时间）、车底周转计划（不同列车车次共用一组客车车底）、列车种类和等级（G、Z、D、C、T、K、L 等，跨局和管内等）、车站行车工作细则（到发线固定使用方案、作业标准等）、施工作业（天窗）、计划在线执行情况、其他（高峰期、晚点程度、调车作业及其天窗等）。

3.分析总结

基于系统视角，通过第一问首先明确了高速铁路车站技术作业的内容，并比较了不同作业类型列车在站技术作业过程的区别（第二问），并进一步分析了技术作业组织特征及其影响因素（第三问、第四问）。系统思维方式的整体性是由客观事物的整体性所决定，整体性是系统思维方式的基本特征。在对高速铁路车站技术作业进行分析和优化时，需坚持系统思维方式的整体性，站在车站整体的角度来进行考虑，在分析高速铁路车站技术作业时需要把流程、影响因素、特征等一系列问题作为一个整体系统进行研究。

案例6　"12306"客运服务
——人民铁路为人民

【课程名称】高速铁路运营管理。

【教学内容】高铁旅客运输服务。

【案例意义】"铁路12306"软件始终秉承着为人民服务的宗旨，坚持以为旅客提供方便、快捷、温暖、贴心的出行服务为目的，在批评声中奋进，在呼唤声中奔跑，永不停歇，充分体现了"人民铁路为人民"的发展理念。

教学过程

1.问题导入

同学们，你们有过彻夜排队买票的经历吗？（没有，不需要啊，我们在"铁路12306"上买票）确实，"铁路12306"上购票方便快捷，它使得中国人民彻夜排队买票成为历史，大大提升了我们的幸福感。

2.讲授正文

"铁路12306"就是中国铁路客户服务中心，是客服服务的主要窗口和营销平台，是国铁集团与全国人民沟通的纽带。2013年12月，为进一步方便旅客购票，提升服务品质，中国铁路在原有互联网售票系统的基础上，推出了手机客户端应用程序"铁路12306"，开启了铁路移动售票新时代。最初的"12306"软件也不可避免地存在很多的问题，如登录和支付过程烦琐、购票高峰期系统宕机和崩溃、易受抢票软件的干扰等，被广大网友吐槽。但"12306"并未给自己找客观理由作为借口，而是认真听取客户的意见，不断完善自身功能，不断改善客户体验。上线以来，"铁路12306"App从1.0版演进到5.5版，历经30多个大版本、500多个小版本的升级，旅客出行服务功能不断创新完善。

"铁路12306"App一直用实际行动来满足旅客们的需求，自主选座、线上订餐、候补以及为了照顾老年旅客推出了"爱心版"的"12306"。2022年1月，铁路部门统筹疫情防控精准要求和旅客便捷出行需求，不断改进服务举措，方便旅客购票和退改签；延长"12306"售票服务时间，由每日5：00至23：30调整为5：00至次日凌晨1：00（每周二除外）；提供24小时互联网退票服务，退票截止时间由乘车站开车前25分钟延长至开车前；"12306"手机App实现电子临时乘车身份证明的开具功能。"12306"已成为全球交易量领先的票务系统，累计注册用户近6亿，年售票40亿张，单日最高售票量突破1700万张，互联网售票量占比高达90%。"12306"已经成为广大旅客购买火车票、查询旅行信息的主渠道，深刻地改变着国人的出行方式和生活方式，每年为社会节约购票的直接交通成本超百亿元。

优质的服务不仅要全覆盖，更应该做到一个不落。目前在"铁路12306"网站注册的65岁以上用户有2500万人，实施适老化及无障碍功能改造将有效解决老年人和障碍人士在网络购票中遇到的"数字鸿沟"，进一步提升他们的购票体验，让更多的人享受到智慧交通带来的便利。从爱心窗口到重点旅客预约服务，再到发声支持现金购票，种种举措背后，无不彰显铁路关注民生的拳拳之心。近些年铁路虽然发展速度很快，新线建设如火如荼，铁路改革大刀阔斧，但是在做好"慢"服务上坚持等一等。在铁路高质量发展的进程中，一个也不能少，关爱老年人和障碍人士，是一个企业应有的责任和担当，也是一个企业应该守护的国家温度。

3. 分析总结

"12306"系统的开发给我国人民的出行带来了极大的便利，是"乐民之乐者，民亦乐其乐，忧民之忧者，民亦忧其忧"。"12306"的不断完善服务升级，是众多铁路客票系统工作者"二十多年磨一剑"的结果，是技术、管理众多创新的成果，是中国铁路坚持以人民为中心，践行"人民铁路为人民"服务宗旨的生动实践。

案例 7　高速铁路智能调度
——与时俱进，自主创新

【课程名称】高速铁路运营管理。

【教学内容】高速铁路调度系统。

【案例意义】通过介绍高速铁路调度系统，结合京张高速铁路的智能调度技术，探讨高速铁路调度系统的智能技术及我国自主创新技术，让学生从案例中学习复杂系统分析解决方法，并培养学生献身科学的精神。

教学过程

1. 问题导入

随着计算机技术、大数据技术、网络技术以及智能控制技术的发展，铁路调度作为铁路的大脑，应该如何发展？（第一问）我们运输专业学生作为铁路未来的指挥者，应加强自身的素质和素养，结合运输专业知识，为铁路调度指挥自动化、智能化贡献力量。

2. 讲授正文

首先介绍高速铁路调度指挥技术的发展历程、研究现状及展望，从智能调度的概念、内涵及特征出发，分析铁路智能调度系统应具有的总体架构——应分为运营层、控制层和运行层三个层级，并讲述各层的主要任务及逻辑关系；继续向学生提问，并引导学生根据自己坐高铁的认知及运用所学知识分析此三层中应该在哪些方面进行智能把控（第二问），得出铁路智能调度中列车运行自动调整、安全卡控及预警、列车运行晚点预测、行车调度综合仿真等核心技术需要加强的认识。

【观看京张高铁视频】通过观看京张高铁视频，讨论分析京张高铁中用到了哪些关键技术以支撑智能调度，它们分别属于哪一层（第三问）——列车自动驾驶技术、CTC系统、北斗卫星导航系统及高速通信技术、智能运行图调整等。进一步以智能运行调整为例，讲解系统要做到智能，需具备"调整策略"和"自动调整"两个层面。进一步分析"调整策略"应根据不同的运行场景提供不同的调整策略，引导学生分析不同的运行场景有哪些（第四问）——区间封锁、车站封锁、动车组故障（分站内和区间两种不同情形下调整）、供电系统故障、极端天气暴风雪下、异物侵限、列车晚点、区间折返等。调整时应遵循相关规范和约束。继续对学生提问：约束有哪些约束？（第五问）①线路设备方面约束——单线还是双线，是否限速，车站股道是否停用、接触网是否停电等；②安全方面约束——是否需要救援，异物是否侵限等；③通过能力约束——包括车站通过能力、区间通过能力及供电设备能力、综合天窗设置等；④其他要素约束——是否区间折返、动车组接续等。最后讨论建立列车运行图自动调整模型的优化目标。此目标是多目标优化，要考虑列车在营业线的晚点最少，受晚点影响的列车数量最少，本调度区段交出的列车晚点最少，动车组之间的接续优化，本线晚点对邻线的影响等多样化优化目标，属于复杂大系统。当需要大面积调整时，能不能临时计算决策？譬如由行调一边进行运输组织，一边完成运行图自动调整。如果不能，怎么办？（第六问）可以设置智能调整终端，由值班主任或指派其他人员在智能终端上操作完成自动调整。

3. 分析总结

本案例通过第一问使学生对铁路调度发展有大致的了解；然后介绍了高速铁路调度指挥技术的发展，从智能调度的角度使学生对智能调度系统的总体架构有了更加深刻的认识和理解（第二问）；通过设置"第三问"使学生进一步掌握京张高铁中运用到的关键技术，并进一步引导学生理论联系实际，分析高铁智能运行图调整的"调整场景"和"调整策略"（第四问、第五问）；最后通过第六问引出高速铁路运行图调整的复杂性，并从安全的角度出发，给出了解决此复杂问题的切实有效的办法，与时俱进、自主创新是不二法宝。

案例8　高速铁路安全保障体系
——学以致用，社会力量推动高铁安全治理

【**课程名称**】高速铁路运营管理。

【**教学内容**】高速铁路安全保障体系。

【**案例意义**】通过介绍高速铁路安全保障体系，结合实际，探讨社会力量如何推动高速铁路安全治理，确保安全，引导学生学以致用，强化理论联合实际，注重知识的应用。

教学过程

1. 问题导入

介绍高速铁路事故典型案例：①1998年6月3日，德国埃舍德高速列车脱轨事故；②2011年7月23日，甬温线追尾事故；③2022年6月4日，贵广高铁脱轨事故。提出建立一套科学的、系统的高速铁路安全保障系统对保证高速铁路高效正常运营的重要性，那么高速铁路安全保障系统应该包括哪些内容呢？（第一问）

2. 讲授正文

首先介绍高速铁路安全保障体系框架，从对象、技术、手段、目标四个角度向学生介绍高速铁路安全保障体系总体框架。然后对高速铁路安全保障体系的关键组成部分进行分析，继续对学生提问：基于预防和事故避免的高速铁路安全的监控和监测技术应该对哪些目标进行监控和监测？（第二问）（1）对高速铁路设备运行状态的监控与检测技术：①列车运行控制

技术；②列车状态监测与诊断技术；③机车车辆诊断和实时检测技术；④桥梁、隧道、重要立交道口的监测技术；⑤车站、站场状态的监测技术；⑥轨温监测技术；⑦牵引供电设备的安全监测技术。(2)对环境的监控与检测技术：①自然环境的监控与检测技术，包括雨量及洪水监测技术、强风监测预警技术、地震监测技术、落实监测技术、泥石流监测技术；②社会治安环境的监控与检测技术，包括安全防护工程技术、铁路入侵检测技术。(3)对人员的监控与检测技术。继续介绍基于维护、维修的移动设备和固定设备的安全检测技术，包括无损检测技术、轨道几何形位不平顺检测技术，以及高速综合检测列车、大型养路机械设备、动车组、综合维修天窗、通信信号系统的维修技术。继续向学生提问：在管理方面可提出哪些建议以加强对高速铁路的运营安全保障？（第三问）(1)规章制度和标准管理：①完善各项规章制度；②建立规章制度动态优化机制。(2)高速铁路安全教育管理：①建设培训基地；②开发培训教材；③建设高素质师资队伍。(3)高速铁路安全监督检查：高速铁路安全监督检查保障体系应严格遵循我国现行的安全管理体制——"企业负责、行业管理、国家监察、群众监督"来建立。加强站段的安全监督检查力量，强化安全生产的外部监督、安全监督更贴近运输现场。各级安全监察部门应加强对问题整改情况的检查，及时处理各类安全隐患和问题。最后，结合实际和所学理论及方法，提问并讨论社会力量如何推动高铁安全治理(第四问)，包括具体实现方式等。

3. 分析总结

本案例通过第一问使学生对高速铁路安全保障体系有大致的了解，然后介绍了高速铁路安全保障体系总体框架，并使学生对监控和监测技术和高速铁路运营安全管理技术有更加深刻的理解(第二问、第三问)，通过设置第四问引导学生善于理论联系实际，确保高速安全保障机制落地实施。高速铁运营安全需引入非政府组织、媒体和公众等社会力量参与监管，提升安全治理水平，应更加重视"社会—政府—企业"三方关系，着眼于三方互动、三位一体的高速铁路运营安全视域，开展社会力量参与监管的理论研究；顺应高速铁路运营安全"开放监管、协同监管"的国际主流趋势，立足我国基本国情，明确社会力量参与高铁安全治理的机制体制，提升高速铁路运营安全管理水平，学以致用。

12

城市轨道交通运营与管理

教学内容和思政融合设计

序号	教学内容	思政映射与融入点	编者
1	知识点：中国城市轨道交通发展概况	案例1：轨道交通发展历程——历程中的中国速度	黎茂盛
2	知识点：城市轨道交通的指挥调度	案例2：轨道交通系统的集中指挥调度——重要性与非凡作用	黎茂盛
3	知识点：轨道交通停站管理	案例3：轨道交通列车停站管理——关开门细节体现以人民为中心	黎茂盛
4	知识点：城市轨道交通对外宣传	案例4：轨道交通对外宣传——让人民爱上城市的"轨道交通家具"	黎茂盛
5	知识点：城市轨道交通的准公共物品特性及经营管理模式	案例5：城市轨道交通运输服务由谁来经营管理——人民地铁为人民的价值理念	陈维亚
6	知识点：地铁线路每日行车计划编制	案例6：日行车计划编制——用科学方法解锁安全、质量和效率责任	陈维亚
7	知识点：地铁车站大客流管控原理与科学决策	案例7：地铁车站大客流管控——科学思维与职业精神的融合效应	陈维亚
8	知识点：地铁乘客满意度调查设计与实践	案例8：地铁乘客满意度调查——实践出真知、精神铸服务	陈维亚

案例1 轨道交通发展历程
——历程中的中国速度

【课程名称】城市轨道交通运营与管理。

【**教学内容**】中国城市轨道交通发展概况。

【**案例意义**】城市轨道交通总体经历了生成期、成长期和成熟期。在崇尚聚居文化的中国，人们自古以来就养成了天下一家、和睦相处、相互友爱、爱护公物等优秀品质。在低碳、节能、环保的时代理念下，中国人再次选择了轨道交通这种便捷的公共交通方式，以应对能源、环境、拥堵等问题。中国虽晚自1969年才修建、运营北京地铁1号线，但是到2022年，中国的上海地铁总里程高居世界第一，地铁里程长达831 km。俄罗斯的莫斯科排在第五，地铁里程达到466.8 km。英国的伦敦仅排第十一，地铁里程只有405.2 km。中国不愧是人口大国，有12座城市上榜，并且上海、北京、广州和成都位居前四名，中国"基建狂魔"的称号名不虚传。从城市轨道交通里程数字看到了不起的中国，激发学生的自豪感，同时让学生看到规模庞大的基础设施运营维护重任需要后辈们去承担。

教学过程

1.问题导入

1804年2月29日英国人理查德·特雷维塞克设计制造了第一辆蒸汽机车"新城堡号"，标志着轨道交通进入了生成期；之后1832年，约翰·史蒂芬森在美国纽约的上曼哈莱姆之间建立了第一条市区有轨马车线路。1863年1月10日，世界上第一条长6.5 km、采用蒸汽机车牵引的地铁线路在伦敦建成通车。城市轨道交通发展经历了一个曲折的过程，大致可以分为以下几个阶段：生成期（1863—1890年）、成长期（1890—1969年）和成熟期（1969年—现今）。

2.讲授正文

我国城市轨道交通发展历程，也反映了中国百年复兴之路。在轨道交通刚兴起的1900年，轨道交通没有出现在任何亚洲城市；到了新中国成立之初的1950年，亚洲也只有日本东京建成了城市轨道交通。1969年北京开通运营我国第一条轨道交通，至2020年轨道交通里程排全世界前十位的城市中国已经占有7席，分别为上海、北京、广州、成都、深圳、南京和武汉。

到了2022年，上海地铁总里程高居世界第一，地铁里程长达831 km。俄罗斯的莫斯科排在第五，地铁里程达到466.8 km。英国的伦敦仅排第十一，地铁里程只有405.2 km。中国不愧是人口大国，有12座城市上榜，并且上海、北京、广州和成都位居前四名。

从城市轨道交通里程数字看到了不起的中国，同时看到规模庞大的基础设施运营维护重任需要后辈们去担当。在座的各位同学未来不是没有工作岗位，考验的是各位是否能够在平凡的岗位上，为国家运营、维护好里程数量庞大的轨道交通系统。

3.分析总结

全球城市轨道交通发展历程揭示，长期、稳定的政治、社会环境，充裕的社会财力是城市轨道交通建设的根本保证。规模庞大的城市轨道交通基础设施运营、维护重任需要后辈们去承担。

案例2　轨道交通系统的集中指挥调度
——重要性与非凡作用

【课程名称】城市轨道交通运营与管理。

【教学内容】城市轨道交通的指挥调度。

【案例意义】城市轨道交通是一个网络型、公共交通服务单位，由分布在城市或区域不同地域的线路、车站、停车场、维修基地等设施组成，是现代科技产品的集合体，涉及车辆、机务、工务、通信、信号、电力等不同专业工种。分布在不同地域、不同工种、执行不同任务的成千上万员工为保证时间上高度关联的动态列车顺利安全、准点、高质量运行，必须依靠集中统一指挥，使大家协调一致，共同完成每天运送城市或区域一半人口1次的生产目标。牢记"为人民群众出行服务"的初心使命，精准执行调度指令，才能履行好本岗位职责。

教学过程

1. 问题导入

行车调度中心是运输调度工作的核心部门，担负着指挥列车运行、贯彻安全生产、实现列车运行图、完成运输计划的重要任务。行车调度中心由调度中心主任领导，值班主任是列车运行指挥的第一责任人。

2. 讲授正文

控制中心由中心主任执行行政领导，值班主任带领下的3~5名行车调度员、电力调度员、环控调度员、维修调度员团队共同完成指挥列车运行、贯彻安全生产、实现列车运行图、完成运输计划的重要任务。控制中心直接给车站值班站长、车辆段运转值班员下达各种指令。在车站，指令将由车站值班站长经车站值班员、站务员层层下达。在车辆段，车辆段运转值班员下达各种指令给信号员、调车长、扳道员，最终传递到调车司机和调车员；车辆段运转值班员也将下达指令给乘务长，再传达给列车车长、司机以及工程车司机。控制中心的领导层级及工作环境分别如图12-1和图12-2所示。

①控制中心的领导权是为指挥列车运行、贯彻安全生产、实现列车运行图、完成运输计划的重要任务服务的。

②调度员要履行好岗位职责，至少有3个不同岗位的实践经验才能胜任，年轻的学生要勇于到基层去锻炼，首先好好听别人指挥，配合同事、积累才干，然后才能脱颖而出。

③集中统一指挥是网络型企业的基本属性。牢记"为人民群众出行服务"的初心使命，精准执行调度指令，才能履行好本职岗位职责。

3. 分析总结

分布在不同地域、不同工种、执行不同任务的成千上万员工为保证时间上高度关联的动态列车顺利安全、准点、高质量运行，必须依靠集中统一指挥，使大家协调一致，共同完成每天运送城市或区域一半人口1次的生产目标。牢记"为人民群众出行服务"的初心使命，精准执行调度指令，才能履行好本岗位职责。

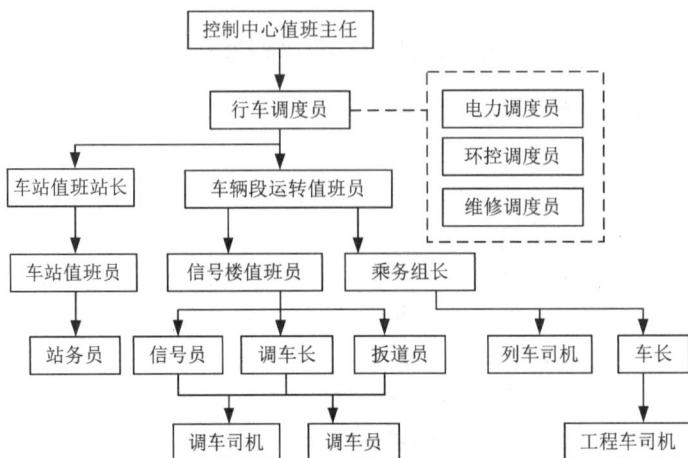

图 12-1　调度控制中心层级

图 12-2　调度控制中心现场图

案例 3　轨道交通列车停站管理
——关开门细节体现以人民为中心

【课程名称】城市轨道交通运营与管理。

【教学内容】轨道交通停站管理。

【案例意义】地铁车站是城市轨道交通系统与乘客的连接界面，是乘客乘车、到站的场所，是城市轨道交通对外服务的窗口。其每天担负着海量人流的进出、登车、下车，在这一过程中列车停站管理是关键环节。尽管列车按照列车运行图严格执行进站、停车，关开列车门、站台屏蔽门都是在列车监控子系统控制下按照规定程序自动完成，然而仍然避免不了发生车门或屏蔽门夹人夹物的情况，这就要求站务员等车站管理人员按照规定的程序紧急处理险情。通过本案例，使学生始终把人民生命和财产、安全生产放在第一位，践行"为人民群众出行服务"的初心使命。

教学过程

1.问题导入

地铁车站是城市轨道交通对外服务的窗口，是乘客乘车、到站的场所，列车停站管理质量的优劣，直接影响列车行车安全、效率和乘客的满意度。列车停站后，列车车门、站台屏蔽门的关开控制是极其重要的环节。正常情况下，列车车门、站台屏蔽门收何种指令执行关开门控制？按照何种次序完成这一过程？夹人夹物紧急情况下，站务员等车站管理人员需如何处置？

2.讲授正文

列车的自主运行依赖于列车自动控制系统（ATC），包括列车自动防护系统（ATP）、列车自动运行系统（ATO）和列车自动监控系统（ATS）。

ATO 可以提供自动开关门的功能（图 12-3），当有司机存在时，也可以仅提供自动开门的功能，由司机手动关门。

当列车停在站台并对准时，ATO 可以根据轨道数据库确定正确的开门侧，并发出开门指令。若需要，ATO 可以在预定的停站时间结束后自动发出关门指令。

如果站台有屏蔽门或者安全门，ATO 可以同步打开、关闭屏蔽门和安全门。开门的时候，会按照先开车厢门、再开屏蔽门；关门的时候，会按照先关屏蔽门，后开车厢门的次序进行。

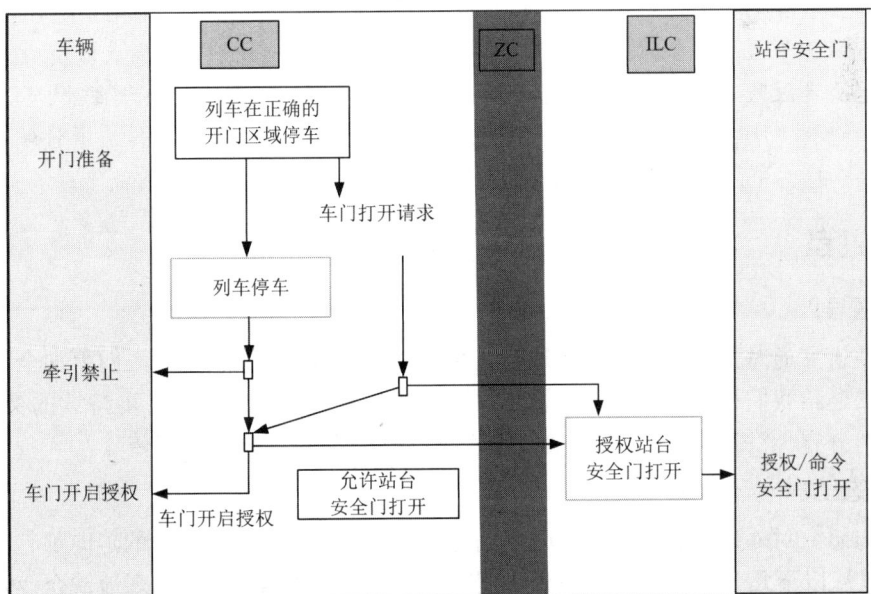

图 12-3　ATO 系统控制车门开、关指令流程图

紧急情况下，车站管理人员可以通过控制台发出指令，由区域控制器(ZC)授权打开屏蔽门，也可以由站台值班员手动紧急开启屏蔽门，由车站调度员通知列车司机或乘客在车厢内紧急开启列车车门。

3. 分析总结

地铁车站乘客服务最关键的一步是列车车门、屏蔽门开闭管理。正常情况下，由列车自动控制系统(ATC)的子系统 ATO 自动执行开关门的功能。当发生紧急情况时，车站管理人员可以通过控制台发出指令，由区域控制器(ZC)授权打开屏蔽门，也可以由站台值班员手动紧急开启屏蔽门。由车站调度员通知列车司机或乘客在车厢内紧急开启列车车门。要求站务员等车站管理人员按照规定的程序紧急处理险情，始终把人民生命和财产、安全生产放在第一位，践行"为人民群众出行服务"初心使命。

案例4　轨道交通对外宣传
——让人民爱上城市的"轨道交通家具"

【课程名称】城市轨道交通运营与管理。

【教学内容】城市轨道交通对外宣传。

【案例意义】如今城市轨道交通已不再是一种简单的交通工具，表面上它所承载的是城市里繁忙的客流，实际上它已经形成一种独特的文化，是城市发展的一个缩影，也可以衡量一个城市的发展水平，甚至代表了一个城市的形象。不同城市结合自身特色建立独具匠心的城市轨道交通，与整个城市的形象相互辉映，相得益彰。例如北京地铁通过中华恢宏、庄重的建筑风格，中国蓝色彩，现代化信息服务和有序的乘车秩序反映出北京古朴、恢宏、庄严、现代的东方城市形象。只要你仔细观察就会发现上海地铁、长沙地铁、香港地铁、东京地铁、纽约地铁等无不反映了当地的文化特色。城市轨道交通的对外宣传需要从商业、环保、文化等多个方面进行，可以说城市轨道交通的对外宣传就是对这座城市的宣传。通过城市轨道交通对外宣传，挖掘中国城市的亮点，让学生爱上身边的城市，爱上自己的故土。

教学过程

1. 问题导入

城市轨道交通对外宣传的目的就是要让城市轨道交通深入人心，让人们更加全面地了解城市轨道交通给我们日常生活带来的影响，接受并乐意使用这种便捷、可持续的交通工具。轨道交通对外宣传没有既定的模式，那么我们如何开展轨道交通对外宣传呢？

2. 讲授正文

设计与研究对外宣传的策略对于城市轨道交通的发展以及未来城市的走向都有着深远的意义，这里从以下几个角度来研究城市轨道交通对外宣传策略，最终实现地铁企业效益以及城市效益的最大化。

1)建立舒适的乘车环境

城市轨道交通是为了缓解路面交通压力孕育而生的，因此它的基本功能就是将乘客从出发地运送到目的地。相对于其他路面公共交通方式，城市轨道交通的优越性毋庸置疑。首先，城市轨道交通的运输量是公交车的 8~9 倍；其次，城市轨道交通准点率高，运行间隔固定，出行状况不因路面交通以及天气情况改变。另外，城市轨道交通倡导低碳节能的生活方式，把污染和噪声都降到最低；乘客换乘时直接根据站内提示便可以轻松换乘；并且地铁乘坐环境良好，地下有良好的通风系统，车厢内干净、舒适，地铁服务人员培训到位，为乘客提供了最优质的服务。这些优越性都是城市轨道交通对外宣传中的重点，它不仅给人们创造了优质的交通空间，还让人们潜意识里建立对城市轨道交通的好感。

2）营造地铁文化氛围

①新颖时尚的广告。对于乘坐地铁的人来说，如何在有限的地铁空间内给他们带来心理上的抚慰是十分重要的。地铁站内新颖时尚的广告更能给地铁增添一份人情味。鲜艳的色彩、动感的画面无不吸引着人们的视线。正是这些看似平凡的广告为地铁站带来了现代化的时尚气息。人们通过广告进一步了解外面丰富多彩的世界。地铁还可以利用广告为自身形象做宣传，让人们进一步了解现代化的城市轨道交通。商业类的地铁广告在宣传企业形象的同时也创造着巨大的经济效益。形形色色的地铁广告在城市轨道交通的对外宣传中发挥着举足轻重的作用。

②地铁壁画及建筑。当你走进某个地铁站，给你印象最深的一定是地铁站内的建筑风格与外观设计。就北京奥运线地铁站来说，不得不提的就是站内气势恢宏、独具特色的建筑风格和色彩，它的设计灵感来源于中国的青花瓷，所以其造型别致并且具有现代感。就香港地铁而言，虽然这座城市土地有限，但是地铁站内空间却十分宽阔，有很长的地下步行空间，让乘客在地下就能实现快速换乘。长沙地铁清风站站内设计简单明了，线条流畅，将典雅风格与中国特色文化相融合。这些城市的地铁均能够反映当地城市的风貌，向人们展示当地的风土人情和城市演迁中的重要事件及人物。

③表演艺术。城市轨道交通需要创造轻松愉悦的氛围来缓解行人的各种压力。地下的密闭空间里人们川流不息，擦身而过，很多人都会选择用电子产品打发时间，缺少一种人文情怀。地铁表演艺术的出现不仅能够吸引人们的注意力，活跃地铁内紧张忙碌的气氛，更重要的是拉近了人与人之间的距离。地铁表演艺术发源于伦敦，在这里你能欣赏到当地的高水平表演艺术。如今，越来越多的地铁站都加入了表演艺术的部分，对于这一种新型的地铁文化，大部分人都表示赞同。地铁表演艺术为当地艺术文化的宣传作出了很大贡献。

3）城市轨道交通的商业宣传

城市轨道交通带来了巨大的客流，为了满足乘客的日常生活及出行需求，地铁商业圈应运而生。城市轨道交通商业圈不受外来环境的影响，又得益于强大的消费群体，因此有着广阔的发展前景。而地铁商业圈的发展也能吸引更多的消费群，为城市轨道交通带来更多的客流，两者之间形成一种良性循环。广州地铁站内有各种类型的商店和购物中心，不仅满足人们基本的生活需求还能为人们提供更高品质的追求。除了地铁商业圈，站内大大小小的广告牌和电子显示屏每天都将最新鲜的资讯传递给往来的行人。很多地铁站都会在广告牌中为地铁企业做宣传，让人们进一步了解城市轨道交通。一些即将上映的电影也会在广告牌中不断更新，电影发行商之所以选择在地铁站展示电影海报，就是看准了其巨大的客流所带来的经济效益。地铁企业也通过这一方式来获取一定的经济收益。这些令人眼花缭乱的商业元素给行人营造了置身于地面的氛围，让原本压抑的地下环境变得和路面一样精彩，减轻了乘客的压力，同时也带来了巨大的经济效益。

4）创造更多的交流机会

城市轨道交通通过自身强大的凝聚力把不同肤色、不同性别、不同年龄的人汇聚在地下空间，为他们创造出更多的交流机会。一个眼神、一次肢体接触都有可能碰撞出意想不到的火花。人们可以在地铁里寻找更多交流机会，体会人与人交往的乐趣。城市轨道交通将文化与特色带给每一个乘客，不同的乘客也将自己置身在城市轨道交通的文化中。城市轨道交通给人们创造了更多的交流机会，正是这种无限的可能性赋予了城市轨道交通新的活力。

城市轨道交通体现着一个城市的现代化水平。它的出现既是人们日常出行的需要，也是城市进步和发展的需要。以城市轨道交通为代表的大众公交的高速发展能够体现这座城市的发展速度，并且带动了城市的开发和拓展。城市轨道交通将空间垂直延伸，为人们打造了一个丰富多彩的地下空间，为今后地下城市的发展创造了无限可能性。同时，城市轨道交通也是文化宣传中的形象大使，将各种文化传递给来来往往的人们。

3.分析总结

城市轨道交通的对外宣传需要从商业、环保、文化等多个方面进行，可以说城市轨道交通的对外宣传就是对这座城市的宣传。通过城市轨道交通对外宣传，挖掘中国城市的亮点，让学生爱上身边的城市，爱上自己的故土。

案例 5　城市轨道交通运输服务由谁来经营管理
——人民地铁为人民的价值理念

【课程名称】城市轨道交通运营与管理。

【教学内容】城市轨道交通的准公共物品特性及经营管理模式。

【案例意义】通过理解城市轨道交通的准公共物品特性，辩证思考城市轨道交通运营管理模式，树立人民地铁为人民的价值理念，培养城市轨道交通经营管理者的安全、质量、效率责任意识。

教学过程

1.问题导入

城市轨道交通是重要的城市基础设施，城市轨道交通运输服务具有什么样的技术经济属性？从经济学角度，城市轨道交通运输服务适合采取什么样的经营管理模式？

2.讲授正文

从经济学角度，根据生产消费的排他性和竞争性，可以将社会物品分为公共物品和私人物品，其中公共物品又分为纯公共物品和准公共物品。具有非排他性和非竞争性的物品为纯公共物品，具有排他性和竞争性的物品为私人物品，介于二者之间的为准公共物品。

非排他性——不可能阻止不付费者对公共物品的消费，不付任何费用的人同支付费用的人一样能够享有公共物品带来的益处，即技术上不允许或成本过高，不能解决搭便车的问题。

非竞争性——一个人对公共物品的消费不会影响其他人从公共物品的消费中获得效用，即增加一个人消费，该公共物品不会引起产品成本的任何增加，也就是边际生产成本为零。

公共物品理论认为，由于公共物品的非排他性和非竞争性，存在市场失灵（有效供给不足和利用不足）。因此，根据公共物品的不同属性和特征，安排公共物品的多元供给制度，使各种公共物品的需求与供给平衡。政府出于对法律的遵从和满足公民基本权利与公平分配的需要，它必须对某些涉及国计民生、国家安全、公民基本权利与利益的纯公共物品予以提供，但同时可以通过多种组织形式，利用市场资源配置和私营部门的经营与技术优势，有效地生产各种不同性质的准公共物品，这样既满足公平价值，又满足效率价值，并降低公共财政的支出，提高公众满意度。

城市轨道交通运输服务具有排他性和不充分的非竞争性，属于准公共物品。这种特征决定了城市轨道交通运输服务可以由政府部门或其代理提供，也可以由企业（私人部门）提供，还可以由政府部门和企业合作提供；其投融资既可能完全通过公共财政的方式解决，也可能借助市场化融资的方式，辅以各种融资渠道和方式的搭配组合。基于此，城市轨道交通的经营管理模式，又可分为无竞争条件下的官办官营模式、有竞争条件下的官办官营模式、官办民营模式、官办半民营模式、公私合营模式、私办私营模式。不同经营管理模式有其自身发展历史原因，也有其城市适应性。

在我国"以人民为中心"的社会主义现代化建设进程中，应该遵循"人民地铁为人民"的价值理念，正确理解城市轨道交通的技术经济特征，辩证思考、充分论证和合理选择经营管理模式，不管谁是经营管理者，都应树立起安全、质量、效率责任意识。

3. 分析总结

通过理解城市轨道交通的准公共产品特性，辩证思考城市轨道交通运营管理模式的优势和不足，树立"人民地铁为人民"的价值理念，落实城市轨道交通运营管理的安全、质量、效率责任意识。

案例6　日行车计划编制
——用科学方法解锁安全、质量和效率责任

【课程名称】城市轨道交通运营与管理。

【教学内容】地铁线路每日行车计划编制。

【案例意义】通过学习如何编制地铁线路的每日行车计划，辩证考虑运营计划编制中的安全、质量、效率要素，培养严谨求实的科学思维，形成城市轨道交通运营管理的安全、质量、效率责任意识。

教学过程

1. 问题导入

城市轨道交通线路的每日行车计划规定了线路全日分时段开行列车种类、对数和编组情况，其中列车开行种类主要是指列车开行交路、停站方案、开行快慢等特征类别，编组情况

主要是指列车的编成辆数。列车开行计划的编制是制订列车运行图的基础，也是编制车辆配备、运用与检修计划和乘务排班计划的基础。因此，它关系到运营安全、质量和效率，也是运营安全、质量和效率的核心载体。那么在编制过程中，如何体现运营安全、质量和效率呢？

2.讲授正文

全日行车计划编制的数据基础是客流计划和服务设计要求，即列车开行计划一方面需要尽量满足客流计划中的乘客数量需求，另一方面要尽量满足服务设计对关键质量特征参数的要求，如发车间隔、停站时长、首末班车时间、列车满载率等技术参数。具体来讲，需要综合考虑营业时间内各个小时的最大断面客流量、列车定员人数、列车满载率和运输能力等。

以一般情形下全日分时开行列车对数的计算方法为例来说明。全日分时开行列车对数是全天运营时间内分时段计划开行的列车对数。它与全天运营时间、各时段内（通常是 1 小时）的最大断面客流量、列车定员人数、计划满载率等参数相关。

①全天运营时间。全天运营时间是指城市轨道交通系统全日营业时间范围，一般受到两个主要因素的影响：一是方便乘客，满足城市生活的需要；二是满足轨道交通系统各项设备的检修养护需要。

②全日分时最大断面客流。将全天运营时间划分为若干时段，通过客流计划中的全日分时断面客流数据，确定全日分时最大断面客流。

③列车定员人数。列车定员人数是列车编组辆数和车辆定员人数的乘积。一般情况下，同一线路采用相同编组辆数和定员人数的列车。

④计划满载率。列车计划满载率是列车载客人数与列车定员人数的比值，它是衡量列车利用率和乘客舒适度的指标，满载率越高，列车利用率越高，但乘客舒适度将降低。

分时开行列车数由下式计算：

$$n_i = P_{max, i} / (C_{train} \times \beta_i) \qquad (12-1)$$

式中：n_i——时段 i 内计划开行的列车数；

$P_{max, i}$——时段 i 的最大断面客流量；

C_{train}——列车定员人数；

β_i——时段 i 内开行列车的计划满载率。

通过上式计算得到的列车数取倒数求得行车间隔，该间隔可能会过长而影响乘客候车时间和感知满意度，也可能会过短而不能满足最小行车间隔等技术要求，因此，需要对计算得到的行车间隔进行校验。通常，根据城市轨道交通行业主管部门的要求，地铁行车间隔高峰期不宜大于 6 分钟，非高峰期不宜大于 10 分钟；受到当前最小行车间隔等技术约束，地铁列车的最小行车间隔不宜小于 2 分钟。

从上述确定每日行车间隔的方法可以看出，每日行车计划直接影响运营安全、质量和效率，因此，需要进行辩证思考，用严谨求实的科学思维解锁安全、质量、效率责任。

3.分析总结

通过学习如何编制地铁线路的每日行车计划，强调辩证考虑运营计划编制中的安全、质量、效率要素，培养严谨求实的科学思维，树立城市轨道交通运营管理的安全、质量、效率责任意识。

案例 7 地铁车站大客流管控
——科学思维与职业精神的融合效应

【课程名称】城市轨道交通运营与管理。

【教学内容】地铁车站大客流管控原理与科学决策。

【案例意义】通过采用"问题引入—小组讨论—教师评授—案例分析"四环节教学法，实现理解和运用大客流管控原理与探索科学决策方法，培养学生探索创新的科学思维、安全与质量责任意识、服务乘客的职业精神。

教学过程

1. 问题导入

大客流是指车站在某一时段集中到达的乘客人数超过车站正常客运服务设施或者正常客运组织措施所能够承担的客流。当车站遭遇大客流时，如何采取合理的方法进行客流组织，既可以保证乘客安全和乘客乘车感知质量，又可以提高车站客流组织效率呢？

2. 讲授正文

总体教学思路：采用"问题引入—小组讨论—教师评授—案例分析"四个环节实现教学目标。

第一步，问题引入：当车站遭遇大客流时，如何采取合理的方法进行客流组织，既可以保证乘客安全和乘客乘车感知质量，又可以提高车站客流组织效率呢？

第二步，小组讨论：3~5人一组开展3分钟思考和讨论，请2个小组陈述想法和思路。

第三步，教师评授：针对小组的想法和思考，开展点评，进一步引出三级管控原理与方法。

当城市轨道交通车站即将发生可预见性大客流或突发性大客流时，运营管理部门应合理安排人员，对客流做好疏导和组织工作，并会同公安部门对客流进行控制。大客流管控应遵循的基本原则：

①坚持集中领导、统一指挥的原则。车站在实施大客流管控措施之前，须向调度部门报告。

②明确大客流管控职责分工。大客流管控可分为点控和线控。运营控制中心负责全线的客流控制，车站站长或值班站长负责本站的客流控制，其他各专业班组在站长统一指挥下各司其职。

③遵循"由内至外、由下至上"分级管控原则。我国大部分城市轨道交通车站大客流管控遵循"由内至外、由下至上"的三级客流管控原则。

第一级客流管控：当站台候车乘客即将达到拥挤状态时，控制站台至站厅间的楼梯及扶梯设备，保障站台乘客安全。第二级客流管控：当付费区乘客即将达到拥挤状态时，控制闸机的开启数量，延缓乘客进入付费区的速率。第三级客流管控：当非付费区即将达到拥挤状态时，控制出入口处设备，减缓客流进站速率。

第四步，案例分析：以往届学生通过创新建立三级客流管控智能决策模型和系统获得全国大学生交通运输科技大赛国家级一等奖作品为案例，进一步示范和鼓励学习者开展探索创新。

3. 分析总结

上述四个教学环节，不仅能帮助学生掌握大客流管控的基本原理与方法，还能够通过示范鼓励学生提出一些创新的改进策略和方法，实现相关专业知识与能力的培养、探索创新的科学思维的训练、安全与质量责任意识以及服务乘客的职业精神的有机融合，达成预期教学目标。

案例8　地铁乘客满意度调查
——实践出真知、精神铸服务

【课程名称】城市轨道交通运营与管理。

【教学内容】地铁乘客满意度调查设计与实践。

【案例意义】通过采用"项目引入—小组合作—教师评析—案例展示"四环节项目式教学法，实现掌握科学设计地铁乘客满意度调查方案的方法，在团结合作开展问卷调查实践中认识和了解乘客质量需求和感知体验，培养学生严谨求实的科学思维、质量责任意识、团结合作精神与服务乘客的职业精神。

教学过程

1. 问题导入

城市轨道交通作为城市重要的基础设施和大众化交通工具，承担着服务社会经济发展、服务人民生活的重大使命，因此，城市轨道交通服务应以"以人为本""服务至上"的基本思想为出发点，在生产过程中做到"服务乘客"。交通运输部颁发的《城市轨道交通运营管理规定》规定，我国城市轨道交通运营管理应当遵循以人民为中心、安全可靠、便捷高效、经济舒适的原则，运营企业应当按照有关标准为乘客提供安全、可靠、便捷、高效、经济的服务，保证服务质量。

那如何能够比较客观地获悉乘客对地铁服务满不满意、对哪些方面满意、对哪些地方不满意呢？乘客满意度调查是很好的途径，是行业主管部门的治理要求，也是运营企业自身发展的要求。

2. 讲授正文

总体教学思路：采用"项目引入—小组合作—教师评析—案例展示"四个环节实现知识、能力与素质融合培养的教学目标。

第一步，项目引入：针对如何开展地铁乘客满意度调查的学习，我们将采用理论与实践相结合、项目小组合作的方式进行，每个小组由4~5名同学组成，请同学们通过文献研究等方式设计地铁乘客满意度评价指标体系和调查量表、小组团结合作开展问卷调查和数据收集，撰写研究报告和开展项目汇报。

　　第二步,小组合作:项目小组需自行学习和讨论完成设计指标体系和调查量表、确定调查方案和开展调查、开展数据分析、完成研究报告和成果汇报。在项目执行过程中,教师需要关注每个小组的项目进展情况,并给予响应式指导。

　　第三步,教师评析:教师听取小组的项目汇报,开展点评。在理论与技术层面,重点评析指标体系设计的方法和合理性、量表设计的合理性、问卷调查样本确定的方法、数据分析方法、改进策略等;在态度与表现层面,重点鼓励团结合作、报告严谨、创新思维等优秀品质;从专业问题研讨层面,重点提问和引申讨论开展乘客满意度调查的关键环节和提高乘客满意度的策略设计要点等,表达和传递理解乘客和服务乘客的职业精神。

　　第四步,案例展示(根据条件可选):引入教师团队或第三方机构开展的地铁乘客满意度调查真实案例,进一步激发学习者对比反思和巩固所学。

3.分析总结

　　通过上述四个教学环节的理论与实践相结合的项目式教学方法,让学生在实践中主动学习和运用知识,培养解决复杂交通工程问题的能力,更重要的是培养严谨求实的科学思维、团结合作精神,并形成服务乘客的职业精神和提高城市轨道交通运营与服务质量的责任意识。

13

国际货物运输

教学内容和思政融合设计

序号	教学内容	思政映射与融入点	编者
1	知识点：国际贸易相关基础知识	案例1：国际贸易相关基础知识——提高职业素养，维护国家制度	冯芬玲
2	知识点：国际铁路货物联运	案例2：国际铁路货物联运——担当时代使命，共建交通强国	冯芬玲
3	知识点：国际海上货物运输合同	案例3：国际海上货物运输合同——提高契约意识，培养法律思维；激发爱国情怀，提高国际地位	冯芬玲
4	知识点：国际多式联运	案例4：国际多式联运——放眼国际，合作共赢	冯芬玲

案例1　国际贸易相关基础知识
——提高职业素养，维护国家制度

【课程名称】国际货物运输。

【教学内容】国际贸易相关基础知识。

【案例意义】在本课程的学习中，以培养学生的职业能力为主线，详细介绍国际贸易相关基础知识及部分工作流程，通过合理地利用教学内容，深入挖掘各知识点中蕴含的思政元素，实现专业知识与思政元素的有机融合。在开阔学生国际视野的同时，提高其专业能力，使其了解国家海关制度的重要性，立志成为未来国际贸易的中流砥柱。

教学过程

1.问题导入

国际贸易有着悠久的历史，并在资本主义社会的产生与发展中起了重要的作用，成为资本主义生产过程中一个不可缺少的组成部分。随着世界经济的迅猛发展，各国间经济联系的加深，国际贸易已成为世界各国寻求在世界经济舞台中成为重要一员的主要手段。那么在国际贸易过程中我们主要应该关注的是什么呢？

2. 讲授正文

首先和学生讨论国际贸易的主要构成，其内容主要分为货物进出口、技术进出口和国际服务贸易三大块。目前在世界各国的国际贸易活动中，有形贸易即货物进出口占有相当大的比重，是国际贸易中最基本、最主要的部分，它能够按照货物的转移方向分为出口贸易、进口贸易和过境贸易。

接下来请学生讨论，我国进口和出口贸易的程序大致有哪几个阶段？在讨论的基础上，总结我国进口贸易主要以 FOB 价格条件成交，可以分为进口交易前的准备、进口交易洽商和签订进口合同、履行进口合同三个阶段；出口贸易大多数按 CIF 或 CFR 价格条件成交，可以分为出口贸易前的准备、出口贸易洽商与签订出口合同、履行出口合同三个阶段。

继续提问学生：还知道哪些常用的贸易术语？结合学生的回答和相关资料，介绍《1990 年国际贸易术语解释通则》的影响和使用，同时强调其中所记载的六种主要贸易术语。在这几种术语中，均有规定卖方和买方的主要义务，引导学生对不同贸易术语的相关要求进行区分，理解不同术语的含义和适用范围，培养职业意识。

随后介绍国际贸易中常用的收付方式以及进出口商品检验工作。以票据为切入点讨论其特性，接着介绍汇付、托收的种类以及信用证项目及业务特点，使学生理解并掌握三种收付方式的适用性及作业程序。引导学生学习了解进出口商品的检验工作程序，即报验、抽样、检验鉴定、签发证书，进一步感受国际贸易工作的严谨性与系统性。

最后对报关程序进行讲解。海关是国家设在进出境口岸的监督机关。在国家对外经济贸易活动和国际交往中，海关代表国家行使监督管理的权利。通过海关的监督管理职能，保证国家有关进出口政策、法律法令的有效实施，维护国家的利益。在对海关的职责进行介绍后，学生了解并掌握进出口货物的监管、报关程序以及关税的计算问题。让学生深入学习海关对于国家进出口贸易的重要意义，培养学生的责任意识以及家国情怀。

3. 分析总结

本次课程从对国际贸易相关基础知识的介绍入手，加强学生对国际贸易的认知，培养他们作为交通运输学子的大局观念、国际视野，勇担时代的重任，为促进国际贸易而努力奋斗。同时在国际贸易术语的运用、各收付方式的作业流程的介绍及进出口商品的检验工作流程中，帮助学生探索各项程序的工作原理和必要性，使其对相关职业有进一步了解，同时养成严谨细致的工作作风。通过对贸易程序的介绍说明，增进学生对进出口贸易的了解，培养其开阔的国际视野，提升专业素养。

在对报关程序的介绍中，帮助学生了解我国海关的监督管理职能，深入学习海关对于国家进出口贸易的重要性，体会国家制度的严谨性和系统性。任何进出口货物都必须严格遵守报关程序，这既是对国家法律的遵守也是对国家利益的维护。正因为有海关的存在，国内经济才在开放中亦保持着自己的独立性。作为交通运输专业的学子，应该自觉遵守、维护国家法律规章制度，这也是其专业素养的一个重要体现。

案例 2 国际铁路货物联运
——担当时代使命，共建交通强国

【课程名称】国际货物运输。

【教学内容】国际铁路货物联运。

【案例意义】秉承立德树人的教学理念，将专业知识和"一带一路"倡议有机统一，在讲授国际货物运输基本理论和实践的基础上，在介绍国内外国际货物运输立法动向及最新发展方向的前提下，潜移默化地融入课程思政要素，激发学生的使命意识、担当意识和爱国情怀，培育学生正确的人生观和价值观。

教学过程

1. 问题导入

在跨越两个及两个以上国家铁路的货物运送中，由参加国铁路共同使用的一份运输票据，并以连带责任办理货物的全程铁路运输，该种运输组织形式是什么呢？通过提问的形式，引发学生思考，明确本节课的中心授课内容。

2. 讲授正文

首先播放"一带一路"中欧班列相关纪录片，引发学生对国际铁路货物运输的思考，从而理解其所承担的政治、经济、文化意义，感悟交通强国及家国情怀。

然后具体介绍国际铁路货物运输的特点，特点概括为：货物必须由两个及以上的国家铁路参加运送；使用一份铁路联运票据完成货物的跨国运输；在运输责任方面采用统一责任制；仅使用铁路一种运输方式。

接下来，在介绍完国际铁路货物运输特点的基础上，提问学生：国际铁路货物运输的作用有什么？提问结束后，在学生作答的基础上，与之一起分析讨论，可以概括其作用为：简化手续、方便发货人（收货人）；便于在国际贸易中充分利用铁路运输的优势；可及早结汇；促进铁路沿线外向型经济及铁路运输企业的发展。聚焦其作用与意义，激发学生的使命意识和担当意识，培养其为国家提升综合国力及国际地位的奉献精神。

而后介绍国际铁路货物联运的起源，即《国际铁路货物运送公约》的产生和《国际铁路货物联运协定》的签订，阐述国际铁路货物联运的重要影响作用及在亚欧国家之间的纽带意义。而后提问学生知晓哪些国际铁路组织？铁路合作组织，简称铁组，原为政府部门间的组织，宗旨为发展亚欧间铁路联运；国际铁路联盟，简称铁盟，欧洲一些国家的铁路机构和部分其他洲的铁路机构及有关组织参加的非政府性铁路联合组织。通过对国际铁路组织的简要介绍，增进学生对于国际铁路联运的了解，进一步提升其职业素养。

最后介绍我国开展国际铁路货运联运的简况。我国正式参加国际铁路联运是在新中国成立之后。新中国成立初期，我国对外政治、经济和文化交往的范围主要局限于当时的苏联和东欧的一些社会主义国家，西方资本主义国家对我国采取海上禁运的经济封锁手段，而我国当时的公路和航空运输均较落后，因此国际铁路货物联运就成为当时我国进出口货物运输的主要运输方式。20 世纪 80 年代后，国际上多方面的有利因素促使欧亚国家开展的国际联运发生了较大的变化，我国的进出口国际联运运量上升较快，贸易货物品类也日趋多样化。国际铁路货物联运这一运输方式为我国的国际贸易货物运输提供了有利条件，并在我国对外运输中发挥着重要的作用。

3.分析总结

本次授课聚焦国际铁路货物运输作用与意义，激发学生的使命意识和担当意识，培养其为提升国家综合国力及国际地位而奉献的精神。通过对我国发展历程和成果的介绍，激发学生的责任意识，促使其厚植家国情怀，提升专业素养，从而为我国货运行业作出自己的贡献。

"国际货物运输"课程从教学目标定位、课程内容设计、教学方式改进、教学管理创新等方面进行了思政改革，在教学过程中教学团队深刻贯彻落实习近平总书记在思想政治理论课教师座谈会上的重要讲话精神，坚守高等教育初心，在帮助学生全面了解国际货物运输知识、国际货物运输法规及最新发展动向的基础上，从多层面多角度加强思政课程建设的思想性、理论性和针对性，坚持立德树人，培育学生的家国情怀和职业素养，提升其应对挑战的综合能力。

案例 3　国际海上货物运输合同
——提高契约意识，培养法律思维；激发爱国情怀，提高国际地位

【课程名称】国际货物运输。

【教学内容】国际海上货物运输合同。

【案例意义】通过学习国际海上货物运输合同，让学生更好地了解国际海上货物运输需要进行的各种程序和相关知识，同时让学生感受到契约意识的重要性，进而理解法律法规的必要性，为学生在任何情况下学法、遵法、守法、用法提供参考；在学习国际海上公约的过程中，也让学生领会谁掌握资源，谁就掌握话语权，激发学生努力学习，向着提高中国在国际舞台上的地位的目标奋斗。

教学过程

1.问题导入

提单是由船长或承运人的代理人签发，证明收到特定货物，允许将货物运至特定目的地并交付于收货人的凭证。从定义上看，提单的作用有哪些呢？

2.讲授正文

首先引导学生反复阅读并分析提单的定义，从定义中来领会提单的作用，经过学生的共同讨论以及老师的总结，我们得到提单的作用有以下几点：第一，提单是运输合同的证明，提单是承运人与托运人之间原已存在海上货物运输合同的证明。第二，提单是货物收据，提单是承运人接收货物或将货物装船后，向托运人出具的货物收据。提单作为货物收据，对承托双方具有"初步证据"的效力。第三，提单是物权凭证，提单是货物所有权的凭证，是票证化了的货物。一般情况下，谁拥有提单，谁就拥有该提单所载货物的所有权，并享有物主应

享有的一切权利。

通过前面的学习我们知道，国际海上货物运输过程比较复杂，不同的海上货物运输合同其权利和义务的范围也不同。作为运输合同的证明，提单当有不同的种类，接下来请同学们结合前面学习的相关知识来思考一下该怎样将提单分类呢？在学生回答的基础上，老师给出现有的提单分类的角度——按货物是否已装船，分为已装船提单和收货代运提单；按提单抬头，分为记名提单、指示提单和不记名提单；按有无影响结汇的批注，分为清洁提单和不清洁提单、按收费方式，分为运费预付提单和运费到付提单；按船舶经营方式，分为班轮提单和租船提单。

了解了国际海上货物运输合同和提单的相关知识后，同学们是否对合同里的各项条款的来源产生好奇呢？这些条款是如何产生的，何以被写入合同中呢？这就要提到国际海上货物运输最著名的一个公约——《海牙规则》。《海牙规则》是海上货物运输方面第一个国际公约，其生效至今已有 60 多年之久。尽管各国航运公司制定的提单条款在文字、格式上不尽相同，但很多都直接或间接地受《海牙规则》的约束。除《海牙规则》外，还有《海牙-维斯比规则》和《汉堡规则》，这三种国际公约在国际航运中不同的国家内同时并存，互相影响，发挥着各自的作用。

3.分析总结

国际海上货物运输因其参与主体的复杂性，运输货物的多样性，运输过程的长途性，运输环境的不稳定性，需要对其采取一定的手段来保证承运人和托运人的权利得以实现，义务得以履行，因此，在国际海上货物运输中，必须有一定的规则来管理和约束承运人和托运人的行为，各种海上货物运输规则由此诞生。在社会生活的方方面面，每个人都在不断追求己方利益的最大化。如何在追求自身利益的同时不损害他人的利益，如何在利益各方之间找到平衡点，怎样管理和约束利益各方的行为，除了法律以外，没有其他解决办法。学生在学习海上货物运输相关规则的同时，一定要意识到在这个过程中，规则是一切得以运行的基本保证。用法律约束自己的行为，用法律保护自身的权益，做诚信守法的世界公民。

国际海上公约的形成过程告诉我们，没有足够的实力，就无法在国际事务中拥有话语权。我们希望我国的国际地位进一步提高，就是希望我国的综合国力进一步增强。每个学生都是未来祖国的希望，作为大学生，努力学习科学文化知识，掌握更多的知识，提高自己的水平，才有可能为我国国际地位的提高作出贡献。

案例 4　国际多式联运
——放眼国际，合作共赢

【课程名称】国际货物运输。

【教学内容】国际多式联运。

【案例意义】通过本次授课，让学生了解国际多式联运的特点、优越性和相关规则制度等，在国际多式联运的背景下引导学生感受各国紧密合作对于国际货物运输的重要性，激发学生投入未来国际多式联运建设的使命与担当意识，促进国际沟通交流，在现有基础上继续加强合作，提高多式联运的工作效率。

教学过程

1. 问题导入

国际多式联运，是在集装箱运输的基础上发展起来的一种国际货物运输组织形式。它把海上运输、内河运输、铁路运输和公路运输等传统的单一运输方式有机地结合起来并联为一体加以有效地综合利用，构成一种跨国（地区）的连贯运输方式，被喻为运输业的一次革命，那么这一类运输具有怎样的特点呢？

2. 讲授正文

首先播放国际多式联运相关纪录片，使学生对这种运输方式有一个基本的理解。在此基础上，与学生一起讨论分析国际多式联运具有哪些特征。在讨论结果的基础上，可以将总结概括其特点为：要有一个多式联运合同，必须使用一份全程多式联运单据，必须是至少两种不同运输方式的连贯运输，必须是国际的货物运输，必须由一个多式联运经营人对全程运输负总的责任，必须是全程单一运费费率。

接下来，在介绍完国际多式联运特点后，提问学生：国际多式联运的优越性体现在哪里呢？提问结束后，在学生的回答基础上，可以概况得到其优越性为手续简便，责任统一；减少中间环节，提高货运质量；降低运输成本，节省运杂费用；提高运输组织水平，实现合理化运输。从这些优越性中，引导学生体会各国间的合作起到的决定性作用，正是因为各国间互相交流沟通，才能使国际多式联运发展得如此快速及普遍，也成为国际货物运输发展的重要方向。

而后介绍国际多式联运经营人的性质和责任范围，帮助学生了解并区分经营人对于责任范围和赔偿限额方面的三个类型：统一责任制、分段责任制和修正统一责任制。接着提问：对我国的国际多式联运管理规则有什么了解？在学生阅读相关书籍、查阅相关资料后，与其一同分析讨论。从适用范围、多式联运的管理、多式联运单据、托运人的责任、多式联运经营人的责任、书面通知诉讼几个方面对我国《国际集装箱多式联运管理规则》进行解读，帮助学生在学习规则，放眼国际，理解我国对于集装箱多式联运的规则在国际多式联运公约基础上做出的结合与提升，体会我国法律的严谨性。

最后介绍经营国际多式联运业务的基本条件，即具有开展多式联运的集装箱货运站，拥有国内外联运网点、实行单一的多式联运费率、具有较完善的多式联运组织制度等，能够保证多式联运工作正常开展并提高货物的运输效率。同时对我国现已开通的多条多式联运线路和我国的国际多式联运在今年取得的发展进行简要概括。实践证明，采用多式联运方式对促进贸易成交、货物按时装运、提前结汇和及早到货均为有利，尤其是为我国内陆地区的进出口货物运输提供了极为便利的条件。

3. 分析总结

本案例首先明确了国际多式联运的特点，分析其优越性，通过引导学生自主学习，理解各国合作互利，共同为多式联运发展助力的意义所在，并通过对我国《国际集装箱多式联运管理规则》的解读，结合国际多式联运公约，帮助学生在学习规则的基础上，放眼国际，体会我国多式联运与国际的紧密结合，体会我国法律的严谨性。

学生在学习这一课的时候，应在领悟国际多式联运的特点和优越性的同时，感受世界各国对多式联运的支持，感受各国间运输过程中的合作与发展，在满足运输需求的同时，优化了运输组织工作流程，提高了效率。作为现在国际货物运输发展的重要方向，国际多式联运正在飞速发展着，而开展国际多式联运，仍然需要各个国家继续加强合作，为国际货运事业的发展贡献力量。

14

国际物流与商务

教学内容和思政融合设计

序号	教学内容	思政映射与融入点	编者
1	知识点：国际物流基础之国际物流的风险	案例1：国际物流基础之国际物流的风险——强国自信	罗荣武
2	知识点：国际贸易、投资与金融之国际金融通道	案例2：国际贸易、投资与金融之国际金融通道——全球化战略	罗荣武
3	知识点：国际货物铁路运输	案例3：国际铁路货物运输——"一带一路"助力中国经济	罗荣武

案例1 国际物流基础之国际物流的风险
——强国自信

【课程名称】国际物流与商务。

【教学内容】国际物流基础之国际物流的风险。

【案例意义】通过介绍"银河号"事件，说明强大的国家是国际物流安全的保障，引导学生确立为国家强大作出贡献的理想，激发学生的爱国热忱。

教学过程

1. 问题导入

介绍国际物流中的风险。在国际物流运作中，尤其是远洋运输中，由于运输距离遥远，运输时间长，相对于国内物流而言，天然地具有更大的风险，不确定性大大增加。从来源上看，这些风险主要有哪些？如果风险足够大，可能带来什么后果？（第一问）

2. 讲授正文

首先和学生讨论在当今国际物流运作中可能存在的风险。国际物流风险与国际物流的现实可行性具有密切关系。古代的丝绸之路，可以说就相当于是当今国际贸易与国际物流，其发生了中断，也因此对国际往来造成巨大冲击。当今社会的国际贸易与国际物流运作，也面临较多的风险，有些是自然方面的，有些是政治方面，有些是经济金融方面，有些是地区局势方面的。自然方面，随着技术的逐步发展，其危害性倾向于降低；经济金融方面，部分是市场自身波动造成的，是市场的固有属性，只能以牺牲部分利益采取某些技术手段进行对冲；地区局势方面，如前些年较为著名的索马里海盗问题，近年来随着我国军舰在该海域的护航，情况也有逐步向好的趋势。其中，政治方面的风险，也许是中国需要在较长时间内面对的一个较为重要的方面。对我国的国际物流运作而言，主要的政治方面的风险来自何处？（第二问）

背景知识：1993 年 7 月 23 日，美国宣称驶往伊朗阿巴斯港的中国"银河号"货船载有制造化学武器的前体化学品，要求中国政府立即采取禁止措施，否则将按国内法制裁中国。从 8 月 1 日起，美方派遣海军舰船、飞机对"银河号"近距离跟踪和低空侦察。8 月 3 日，美方又要求中方召回该船，允许美方登船检查，还向该船计划停靠港口所在国施加压力，阻止船进港卸货。为避免事态恶化，中方于 8 月 3 日指示该船于霍尔木兹海峡东口外公海上停泊。该船载有运往伊朗的 24 个集装箱，主要是文具、五金和机械零件。中方查对后没有发现美方指控的化学品并将情况通报美方，但美方坚持指控，要求对该船检查。对此，中方建议由第三方与中方一起检查。该船驶入达曼港后，由中国检查组与沙特阿拉伯代表共同进行检查；美国则派专家作为沙特阿拉伯代表的技术顾问参与检查。对该船全部集装箱的检查证明，"银河号"没有美方指控的化学品。美国代表不得不签署否定其指控的检查报告。中国外交部就此发表声明，公布检查结果，谴责美国行径，要求美方道歉并给予赔偿。一些国家也纷纷发表声明，对美国的行为表示谴责。"银河号"事件实质上是美国以防止化学武器扩散为名，不顾国际法准则，侵犯中国主权的霸权主义行为。

当时的中方为什么会允许美方登船检查，现在还可能发生这样的情况吗？（第三问）

3. 分析总结

国际物流风险来源多样，对于不同的物流风险，应有相应的预案。对国际商务与国际物流全程进行预估评审，是国际商务与国际物流运作过程中应予以高度重视的课题。第一问主要让学生厘清国际物流风险的来源，顺带阐述面对这些风险的基本应对方案，让学生对国际物流风险有一个基本概念：国际物流风险足够大时，国际物流可能会消失。而在国际物流的政治风险中，要对美国的长臂管辖有充分的认识，要熟悉业务，不要掉进美国挖的坑中（第二问）。而随着我国北斗导航系统的应用，我国已经摆脱了必须用美国 GPS 系统进行导航的困境，因此，类似"银河号"事件的情况，已经一去不复返了（第三问）。

案例 2　国际贸易、投资与金融之国际金融通道
——全球化战略

【课程名称】国际物流与商务。

【教学内容】国际贸易、投资与金融之国际金融通道。

【案例意义】通过介绍国际贸易全过程中的必要条件，说明国际金融通道的重要作用，

以及我国建立人民币跨境支付系统的重要性与必要性。

教学过程

1. 问题导入

国际供应链的顺畅运作，需要"四流"顺利、低成本、低风险运行配合，即物流、资金流、信息流、商流。当前，美国作为世界的重要力量，经常实施长臂管辖，对世界上其他国家的正常国际事务、正常经济活动横加干涉。中国作为最大的发展中国家，有必要在和平条件下实现与世界上其他国家的正常贸易与运输免受或少受影响，顺利达成"一带一路"逐步发展的良好局面。为了免受长臂管辖的影响，我们需要做的工作还是挺多的。我们可以考察一下，当今国际贸易的主要支付渠道是什么？它具有哪些特点？（第一问）

2. 讲授正文

首先和学生讨论国际供应链顺畅运作的必要条件。国际物流与国内物流的最大区别，就是其中的国际因素，而部分国际因素对于中国来说，具有不确定性。考虑到当前及未来一段时间中美之间的激烈竞争，确保国际供应链免受或不受美国长臂管辖影响，我国在国际供应链"四流"方面的工作的基本情况如何？哪些方面是当前应该重点推进发展的？（第二问）

人民币跨境支付系统的基本情况及最新进展。该系统于 2012 年 4 月开始建设，2015 年 10 月上午正式启动。2018 年 3 月，CIPS 系统(二期)成功投产试运行，实现对全球各时区金融市场的全覆盖，支持全球的支付与金融市场业务，满足全球用户的人民币业务需求。2018 年 3 月 26 日，人民币跨境支付系统（CIPS）二期投产试运行，10 家中外资银行同步试点上线，进一步提高人民币跨境资金的清算、结算效率。截至 2018 年 3 月底，CIPS 共有 31 家境内外直接参与者，695 家境内外间接参与者，实际业务范围已延伸到 148 个国家和地区。2022 年 8 月，国家发改委新闻发言人金贤东在国家发改委新闻发布会上表示，截至 7 月底，我国累计与 20 多个共建"一带一路"国家建立了双边本币互换安排，与 10 多个共建"一带一路"国家建立了人民币清算安排。人民币跨境支付系统的顺利发展，不仅拓展了我国企业对外贸易的金融渠道，也对其他与我国进行国际贸易的国家具有积极影响作用。请思考：人民币跨境支付系统对于我国及"一带一路"相关国家的发展具有哪些积极意义？（第三问）

3. 分析总结

维护国际供应链稳定，积极发展国际贸易对我国融入世界、发展自己并带动全世界发展具有积极意义。为了保障这一趋势的持续稳定，中国需要采取积极措施进行扶持保障。案例通过国际支付渠道及其特点(第一问)，引出美国在 SWIFT 系统中具有重要话语权以及美国的长臂管辖。通过说明资金流在国际供应链中的不可或缺，说明我国建立人民币跨境支付系统的必要性，引出第二问，并介绍人民币跨境支付系统的基本情况及最新进展。在人民币跨境支付系统影响力逐步扩大的情况下，可以进一步思考第三问，即中国的发展，不仅是发展自己，也将带动相关国家一起发展，其中构建人民币跨境支付系统，就是促进"一带一路"发展的重要抓手之一，可以构建出一个对美元、对美国霸权免疫的，可以让合作伙伴放心的跨境支付系统。

案例3 国际铁路货物运输
——"一带一路"助力中国经济

【课程名称】国际物流与商务。

【教学内容】国际货物铁路运输。

【案例意义】通过介绍中欧班列的发展历程及其在疫情中的表现，向学生阐述习近平总书记"久久为功"的深刻含义，展示中国以积极的心态拓展"一带一路"的国际铁路货物运输所带来的成果。

教学过程

1.问题导入

在介绍国际铁路货物运输的基础上，重点介绍中欧班列的发展历程及其在新冠疫情中的表现。

中欧班列(英文名称为"CHINA RAILWAY Express"，缩写为"CRExpress")是由中国铁路总公司组织，按照固定车次、线路、班期和全程运行时刻开行，运行于中国与欧洲以及"一带一路"沿线国家间的集装箱等铁路国际联运列车，是深化我国与沿线国家经贸合作的重要载体和推进"一带一路"建设的重要抓手。

2.讲授正文

在向学生介绍中欧班列的基本情况的基础上，回顾中欧班列的发展历程，说明多种交通运输方式在国际物流中都各自具有不可替代的作用。提出一个问题：各地政府为什么会对中欧班列进行补贴？(第一问)

2011年至2021年中欧班列分别开行列数为17列、42列、80列、308列、815列、1702列、3673列、6363列、8225列、12406列、1.5万列。我们如何看待中欧班列的增长情况及中欧班列的意义？(第二问)万事开头难，最初几年中欧班列的运量很小，辐射的国家、城市数量都很有限，但是只要认准方向持续努力，久久为功，就可以打开局面。随着班列的开行，2022年6月，在"中国这十年"发布会上介绍，中欧班列通达欧洲23个国家的185个城市。2022年，经霍尔果斯进出境中欧(中亚)班列数量已突破5000大关。新疆双口岸年内通行中欧班列列数已突破1万列，达到10017列，同比增长7.8%，2022年11月21日，中欧班列首次以"铁路快速通关"模式从内蒙古自治区赤峰保税物流中心驶出。由于多种运输方式共同发力，我国对外贸易的可靠性得到很大提升。随着运输能力的提升，通关便利性更高，中欧班列有良好的发展前景，不仅给中国带来巨大经济利益和政治利益，也给沿线国家和地区，尤其是内陆国家和地区的发展带来强劲发展动力。

面对国际大型突发事件，作为物流从业人员，应该有一定的敏感性。在疫情肆虐情况下，对国际物流可能产生什么冲击？(第三问)由于欧美国家疫情肆虐，国际海运价格飙升，现在价格已经逐步回落至正常情况，但在那个时间段，国际供应链产生了巨大震动，而关键在于欧美国家的港口能力不足(基础设施问题、劳动力问题、劳资关系问题、制度问题等都有所暴露)。可以说,疫情对欧美国家的影响是史无前例的。相比于最低运价,运价最高时升了10倍以上,严重紊乱了国际供应链。此时,中欧班列在国际物流中起着极其重要的作用,为我国商品正常出口立下了汗马功劳。

3. 分析总结

中欧班列的开行,说明在促进经济发展方面,我国中央和地方政府都是有担当、有思路的;运价补贴(尤其是来自日韩的货物也能获得补贴),虽然局部上看吃亏了,但是维持了中欧班列的正常运行,并使其逐步发展壮大了,对我国中西部地区的经济发展,尤其是进出口产业的落地,产生了积极的推动作用。(第一问)万事开头难,但是只要认准正确方向,采取适当措施,持续努力,就可以久久为功,获得成功。(第二问)作为物流从业人员,未来也可能遇到若干突发事件,要静下心来好好考虑可能对物流及相关行业产生的影响并积极应对,以开创良好的局面。(第三问)

15

运输市场营销学

教学内容和思政融合设计

序号	教学内容	思政映射与融入点	编者
1	知识点：运输市场与运输市场营销的基本概念	案例1：运输市场与运输市场营销——交通强国战略	冯芬玲
2	知识点：运输市场预测	案例2：运输市场预测——马克思主义基本原理与客观规律	冯芬玲
3	知识点：运输市场细分及目标市场选择	案例3：运输市场细分及目标市场选择——系统思维和精准思维的有机结合	冯芬玲
4	知识点：运输产品的生命周期	案例4：运输产品的生命周期——自我革命与历史周期率	冯芬玲

案例1 运输市场与运输市场营销
——交通强国战略

【课程名称】运输市场营销学。

【教学内容】运输市场与运输市场营销的基本概念。

【案例意义】在交通强国国家发展战略的背景下，如何更好地进行运输市场营销，具有重要的作用。通过引入运输市场与运输市场营销的基本概念，初步带领学生了解相关课程的学习内容，为今后的学习搭建框架，同时引导学生思考个人前途与国家发展之间的关系。

教学过程

1. 问题导入

同学们在之前许多课程的学习中，已经接触过市场等相关定义。但是在运输市场营销学这门课程中，市场的含义又是什么？什么是运输市场？什么又是运输市场营销？

2. 讲授正文

1）运输市场

市场是一切具有特定的欲望和需求，并且愿意和能够以交换来满足此欲望和需求的消费者的集合，它包括某种产品的实际购买者和潜在购买者。从对一般意义市场的理解，可以获得运输市场是运输产品交换的场所或领域，是运输产品交换关系的总和，是指运输产品现实的和潜在的需求者的集合。运输市场是整个市场体系的一个重要组成部分。由于运输产品生产过程、运输需求过程以及运输产品的特殊性，运输市场除具有一般市场共性外，也具有区别于其他产品市场的特殊性：运输产品具有生产、交换、消费的同步性；运输市场具有空间上的广泛性，又有具体位移的特定性，具有非固定性；运输需求具有多样性，运输供给具有分散性；运输供求具备不均衡性；运输产品价值具有特殊构成；运输市场天然容易形成垄断。

根据研究目的的不同，运输市场可以按以下几种方法进行分类：按服务对象和性质划分，运输市场由运输基本市场和相关市场组成；按运输范围和区域划分，运输市场由地方性运输市场、国内运输市场和国际运输市场组成；按运输市场供求状况来划分，运输市场可划分为运输买方市场和运输卖方市场。

2）运输市场营销

交通运输业与工业、农业、建筑业等物质生产部门相比较，既有共同之处，又有其自身的特点。了解和掌握运输业的特点，对于加强运输企业管理，顺应客观经济规律，提高经济效益有十分重要的现实意义。运输产品的特点有无形性、生产与消费的同时性、强可替代性和价值的特殊性。交通运输业是由五种运输方式组成的，由于各种运输方式的技术经济特征不同，形成了各自不同的经营范围和特点。但是从运输生产经营活动的内容和性质上讲，各种运输方式具有生产经营活动的服务性、波动性、产品的无形性与异质性、销售活动的超前性以及生产活动的开放性等共同的生产经营特点。

微观市场营销是连接市场需要与企业生产的中间环节，是企业用来把消费者需要和市场机会变为有利可图的企业机会，并利用它作为提高企业经营效益有效途径。从理论分析可知，运输企业市场营销属于微观市场营销的范畴，是指在运输市场上通过运输产品的交换，满足运输需求者现实或潜在需要的综合性营销活动过程。它始于运输生产之前，贯穿于运输生产活动的全过程：在提供运输产品之前，要研究货主旅客的需求，分析运输市场机会，研究目标市场，从而决定运输产品类型、运输生产组织形式以及运输范围和数量；在组织生产经营过程中，要使运输产品策略、运价策略、客流货源组织策略和服务策略有机地结合起来，通过良好的公共关系去实现运输生产过程；运输生产结束后，还要做好运输结束后的服务和信息反馈工作。这样周而复始，形成良性循环，不断满足社会运输需求，提高企业的经济效益，更好地发挥市场营销的作用。运输企业的市场营销以合理满足运输需求、增进社会福利为中心，以等价交换、自愿让渡、互需互利为原则，以整体市场营销为手段，运用产品研究法、组织机构研究法、职能研究法、管理研究法、系统研究法等研究方法进行深入研究。

3）交通强国国家发展战略

交通强国，是中国的发展愿景，从党的十九大到二十大，国家对交通强国战略的重视程度持续加深，创新发展的步伐加快。

指导思想：以习近平新时代中国特色社会主义思想为指导，深入贯彻党的十九大精神，紧紧围绕统筹推进"五位一体"总体布局和协调推进"四个全面"战略布局,坚持稳中求进工作总基调,坚持新发展理念,坚持推动高质量发展,坚持以供给侧结构性改革为主线,坚持以人民为中心的发展思想,牢牢把握交通"先行官"定位,适度超前,进一步解放思想、开拓进取,推动交通发展由追求速度规模向更加注重质量效益转变,由各种交通方式相对独立发展向更加注重一体化融合发展转变,由依靠传统要素驱动向更加注重创新驱动转变,构建安全、便捷、高效、绿色、经济的现代化综合交通体系,打造一流设施、一流技术、一流管理、一流服务,建成人民满意、保障有力、世界前列的交通强国,为全面建成社会主义现代化强国、实现中华民族伟大复兴中国梦提供坚强支撑。

发展目标:到2020年,完成决胜全面建成小康社会交通建设任务和"十三五"现代综合交通运输体系发展规划各项任务,为交通强国建设奠定坚实基础。从2021年到21世纪中叶,分两个阶段推进交通强国建设。到2035年,基本建成交通强国。现代化综合交通体系基本形成,人民满意度明显提高,支撑国家现代化建设能力显著增强;拥有发达的快速网、完善的干线网、广泛的基础网,城乡区域交通协调发展达到新高度;基本形成"全国123出行交通圈"(都市区1小时通勤、城市群2小时通达、全国主要城市3小时覆盖)和"全球123快货物流圈"(国内1天送达、周边国家2天送达、全球主要城市3天送达),旅客联程运输便捷顺畅,货物多式联运高效经济;智能、平安、绿色、共享交通发展水平明显提高,城市交通拥堵基本缓解,无障碍出行服务体系基本完善;交通科技创新体系基本建成,交通关键装备先进安全,人才队伍精良,市场环境优良;基本实现交通治理体系和治理能力现代化;交通国际竞争力和影响力显著提升。到21世纪中叶,全面建成人民满意、保障有力、世界前列的交通强国。基础设施规模质量、技术装备、科技创新能力、智能化与绿色化水平位居世界前列,交通安全水平、治理能力、文明程度、国际竞争力及影响力达到国际先进水平,全面服务和保障社会主义现代化强国建设,人民享有美好交通服务。

3. 分析总结

通过对运输市场以及运输市场营销等概念的简单介绍,引入本课程即将讲述的内容,关于运输市场营销学相关理论体系知识的学习。在此基础上,引导学生将自己所学内容与交通强国战略相联系,思考如何将个人前途融入国家发展、民族复兴的伟大事业中,从而更好地进行社会主义现代化建设。

案例2 运输市场预测
——马克思主义基本原理与客观规律

【课程名称】运输市场营销学。

【教学内容】运输市场预测。

【案例意义】在马克思主义基本原理与客观规律的指导下,学习运输市场预测的方法,可以为运输企业确定发展目标、制订运输经营决策提供科学的依据。同时也可以探究马克思主义哲学中的基本规律,将预测与马克思主义基本原理相联系。

教学过程

1. 问题导入

什么是运输市场预测？运输市场预测有什么作用？怎样进行运输市场预测？

2. 讲授正文

马克思主义哲学是一种社会经济学的分析手段，在马克思主义哲学中客观规律性是事物内部所固有的、本质的、稳定的联系，它的存在和作用不以人的主观意志为转移。世界上一切事物的运动、变化都是有规律的，同时，客观事物发展的规律性是可以认识的。事物的发展具有各种可能性，同时，任何事物的发展变化都有其合乎自身规律的连续性，只要规律发生作用的条件不变，则合乎规律的现象必然重复出现。马克思主义基本原理作为预测的基础理论，对运输市场预测具有重要的指导性。

什么是预测？运输市场预测的含义和内容是什么？有什么步骤和方法？

所谓预测，就是人们根据事物以往发展的客观规律性和当前出现的各种可能性，运用科学的知识、方法和手段，对事物未来发展趋势和状态预先作出科学的估计和评价。人们研究未来，是为了探求客观事物未来的发展变化趋势和内在的规律性，以指导自己的行动，力求趋利避害，按客观规律办事，达到改造客观世界的目的。然而，在客观世界中，很多事物的发展具有不确定性，它们在一定的时间和空间范围内能否发生、如何演变、产生何种影响往往是不确定的，人们很难预先完全肯定。这就要求人们通过科学预测，将未来事物发展变化的不确定性极小化，尽量减小事物的不确定性对人类活动的影响。这样，人们就可以在把握事物发展变化趋势的基础上，制订行动计划以指导当前的行动，引导客观事物朝着有利于人类进步的方向发展。

运输市场是市场体系的重要组成部分，运输市场预测是一种重要的市场预测。运输市场预测是指在运输市场调查的基础上，揭示运输市场供求矛盾发展变化的规律性以及影响运输市场供求关系的各类复杂因素，运用逻辑推理、统计分析、数学模型等科学方法，对运输市场上运输产品的供需发展趋势和未来状况以及与之相联系的各种因素的变化，进行预计和推测，从而为运输企业确定发展目标、制订运输经营决策提供科学的依据。运输市场预测是满足社会运输需求、促进国民经济发展的重要手段；是国家制定交通运输规划和运输企业编制运输计划的重要依据；是运输企业改善经营管理的重要措施。运输市场预测的内容非常广泛。运输市场需求量、运输市场供给能力、运输价格和成本变化趋势、运输市场占有率、运输市场营销发展趋势、运输企业经济效益和社会效益、同行业的竞争能力和竞争战略策略的改变等，都可以是运输市场预测的内容。但对运输企业来讲，最基本和最重要的是运输市场需求预测，简称运输需求预测。

科学的运输市场预测，是在一定的原则指导下，按一定的步骤有组织地进行的。运输市场预测一般应遵循目的性原则、连贯性原则、模拟性原则、综合性原则、客观性原则、及时性原则、修正性原则和经济性原则。运输市场预测是调查研究、综合分析和计算推断的过程。一个完整的运输市场预测项目，一般应包括以下几个步骤：①确定预测目标、制定预测计划；②收集和整理资料；③选择适当的预测方法；④进行预测；⑤分析预测误差；⑥参照新情况，确定预测值，并进行评审；⑦经常反馈，及时调整预测方法和预测值，发布正式预测报告。

运输市场预测的原理，是指关于人们为什么能够运用各种方法进行运输市场预测的道理。运输市场预测的原理是运输市场预测方法的基础。运输市场预测的原理主要有可知性原理、可能性原理、可控性原理、系统性原理、连续性原理、类推性原理、因果性原理、反馈性原理、可检性原理和经济性原理。运输市场预测的方法很多，归纳起来，可分为两大类，即定性预测方法和定量预测方法。定性预测是指建立在经验、逻辑思维和推理基础上的预测，主要通过社会调查，采用少量的数据和直观材料，结合人们的经验加以综合分析，对预测对象做出判断和预测。定量预测是建立在数学、统计学、运筹学、计量学、系统论、控制论、信息论等学科基础上，运用方程、图表、模型和计算机仿真等技术进行的预测，包括时间序列预测法、因果分析预测法、组合预测法等。

3. 分析总结

学习运输市场预测方法的深刻内涵就是学习马克思主义哲学。通过对运输市场预测的含义、原理、方法等的掌握，可以让学生在深刻理解与认识的同时，探究马克思主义基本原理与物质世界的客观规律。

案例3　运输市场细分及目标市场选择
——系统思维和精准思维的有机结合

【课程名称】运输市场营销学。

【教学内容】运输市场细分及目标市场选择。

【案例意义】通过对运输市场进行细分，寻找和确定富有吸引力的目标市场，在此基础上进行目标市场选择，以获得较大竞争力，争取最大利益。同时，还可以引导学生对系统思维和精准思维的思考，培养相关能力。

教学过程

1. 问题导入

什么是运输市场细分？如何对运输市场进行细分？怎样对目标市场进行选择？

2. 讲授正文

系统思维是原则性与灵活性有机结合的基本思维方式。客观事物是多方面相互联系、发展变化的有机整体。系统思维就是人们运用系统观点，把对象的互相联系的各个方面及其结构和功能进行系统认识的一种思维方法。精准思维，主要指主体在认识、谋划、施策、操作和落实的工作过程中，在精准调查研究、精确识别客观实际的基础上，精心做到战略上判断、决策得准确，战略上谋划得科学，操作中精细精当，在工作中以工匠精神和绣花功夫落细落实的思想和工作方法。将系统思维和精准思维有机结合，可以在灵活处理问题的基础上做到从大局出发，精准定位。运输市场细分是企业站在整体利益的角度上做出的绝佳选择，为发挥优势，获取更大的竞争力以及更多的利益，灵活思考，同时对目标市场进行精准选择，也有助于满足不断变化的、特点各异的运输需求，促进国民经济的协调发展。

运输市场细分的含义和作用是什么？怎么做？对目标市场如何进行评价与选择？

运输市场细分,是指运输企业的营销管理者通过市场调研,根据旅客或货主对运输的不同需求和欲望,按照一个或几个细分变量将某一运输产品的整体市场划分为若干个旅客或货主群的市场的分类过程。被分割出来的每一个群体就是一个细分市场,即子市场。在每一个子市场上,旅客或货主的运输需求、欲望及行为具有相似性。因此,运输市场细分不是对运输产品的分类过程,而是对具有不同运输需求的旅客和货主的分类,市场细分的基础是运输需求差异性。运输市场细分的理论基础是"多元异质"理论。运输市场细分,是由运输市场内在发展引起的。因为运输产品最终是要实现与旅客、货主的交换,而运输产品只有具备了满足旅客、货主所需的使用价值,人们才可能愿意交换。但运输市场的细分并不意味着把整体市场加以分割。实际上市场细分化是一个聚集而不是分解的过程。所谓聚集的过程,就是把对某种运输产品的特点最易作出反应的旅客或货主集合成群。聚集的过程可以根据多种变量连续进行,直到鉴别出其规模足以实现企业利润目标的某一旅客或货主群。

运输市场细分有利于运输企业发掘和分析新的市场机会,寻找和确定新的富有吸引力的目标市场;有利于运输企业及时调整营销策略,提高其适应能力和应变能力,不断适应市场的需要;有利于运输企业集中使用各种资源,发挥优势,增强竞争力,提高经济效益;有利于满足不断变化的、特点各异的运输需求,促进国民经济的协调发展。运输市场细分无论对运输企业还是对旅客和货主都是有益的,但企业应用市场细分策略时必须考虑细分市场的实用性和有效性。有效的运输市场细分应具备可进入性、可盈利性、可衡量性和反应差异性几个条件。

运输企业进行市场细分,必须通过市场调研分析市场中旅客或货主的需求,要明确把握旅客或货主所寻求的利益,并发现不同旅客或货主期望值的差异程度。除此之外,运输企业还要将这些需求不同的旅客或货主的特征组合或消费特征联系起来。运输市场细分是运输企业确定目标市场和设计市场营销组合的重要前提。运输市场细分通常包含以下几个步骤:①依据需求选择一种运输市场范围以供研究;②根据运输市场细分的原则,列出市场上所有旅客或货主(潜在旅客或货主)的所有运输需求;③根据市场细分的标准对运输市场进行初步细分;④进行筛选;⑤为各细分市场初步命名。

运输市场细分的目的是选择目标市场。目标市场是指在运输市场细分的基础上,运输企业根据自己的实力及竞争优势相应地选择一个或几个运输子市场作为服务对象,即为目标市场。目标市场选择是在运输市场细分的基础上进行的。在市场营销活动中,运输企业均应选择和确定自己的目标市场。因为对于某一个运输企业,并非所有的市场机会都具有相同的吸引力,或者说,并不是每一个运输子市场都是该运输企业愿意和能够进入的。而且,对于某一个运输企业,由于资源和能力有限,因此,企业必须合理有效地利用各种资源,其营销活动也必然限定在一定范围内,只能满足运输市场中一部分旅客或货主的需要。目标市场的选择正确与否直接关系到运输企业的成败。运输企业评价细分市场应主要考虑细分市场的规模和增长潜力、细分市场的吸引力和运输企业本身的目标和资源。

3. 分析总结

科学的思维方法需要培养,通过对运输市场的细分以及对目标市场选择的讲解,让学生在掌握对应方法的同时引入系统思维和精准思维,两种思维方式有机结合,从而掌握科学思维方法。

案例 4 运输产品的生命周期
——自我革命与历史周期率

【课程名称】运输市场营销学。

【教学内容】运输产品的生命周期。

【案例意义】掌握运输产品的生命周期，有助于相应市场营销策略的制订以及选择产品投产和更新换代的有利时机。运输产品具有一定的生命周期，中国共产党也有一定的历史周期率，但党找到了自我革命这一跳出治乱兴衰历史周期率的第二个答案，保证党内政治生态的风清气正。

教学过程

1. 问题导入

什么是产品生命周期原理？产品生命周期各阶段的特点及策略是什么？产品生命周期理论对运输产品有何意义和作用？

2. 讲授正文

运输产品也具有一定的生命周期。什么是产品生命周期原理？产品生命周期各阶段特点及策略是什么？产品生命周期理论对运输产品有何意义和作用？

产品的生命周期，或称产品寿命周期，是指产品从引入市场开始，经过它的成长期（又称发展期）、成熟期（又称竞争期）直至衰败（又称衰退期）而被市场所淘汰，企业不能再生产为止的全部延续时间（图 15-1）。由此可知，产品的生命周期与该种产品在市场上的销售量和企业获得的利润额的变化有很密切的关系。所以，企业要掌握社会对产品的需求变化，了解其变动趋势，来研究产品的经营策略。一般说来，每个运输企业经营的位移产品并不繁多，更新变化也较缓慢，不少产品还是"多年一贯制"，其产品生命周期相对地说也比较长些。虽然运输企业的产品在周期的各个阶段其销售量经常受季节、气候、假日等因素影响而出现周期性波动，但总的发展趋势，仍符合一般产品生命周期的规律。产品生命周期是指产品的市场寿命，而不是产品的使用寿命；不等同于商品在流通领域内停留的时间；主要是指产品品种的市场寿命，而不是指产品种类的市场寿命。

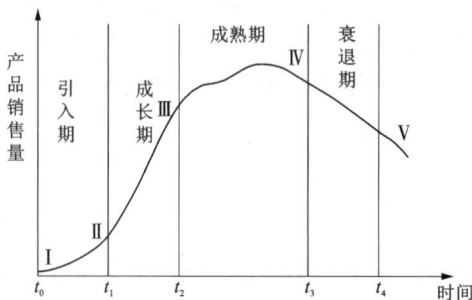

图 15-1 产品生命周期图

产品生命周期各个阶段呈现不同的特点，需要相应地制订不同的营销目标和营销策略。

产品生命周期多个阶段的营销策略主要有开发期营销策略、引入期营销策略、成长期营销策略、成熟期营销策略和衰退期营销策略。产品生命周期理论概括描述了产品销售各个阶段的特点及其变化趋向，是企业制定产品策略的主要理论依据，有助于经营决策人员制定相应的市场营销策略，同时也可以帮助企业选择产品的投产和更新换代有利时机，所有这些，对所有运输企业都是适用的。

产品生命周期对于运输企业的实用价值主要在于以下几方面：①预测运输品种在市场销售各个阶段中的发展走势。产品生命周期可以预示产品品种在各个阶段的发展走势，可以推断产品品种的未来前途，可以帮助运输企业研究制订产品经营策略，提高企业经营水平、竞争能力和经济效益。②帮助运输企业掌握成本、价格和利润的发展趋势。随着产品生命周期的变化，产品的成本和价格也随之变化。产品生命周期所展示的各阶段产品销售额、成本和价格的变化可以帮助运输企业掌握利润发展趋势（表 15-1、图 15-2）。③帮助运输企业采取措施来延长即将进入衰退期的产品品种的寿命。通过改变市场策略，改变产品策略和改变营销组合等措施，可以使衰退期的产品重新获得新的生命，从而延长了产品的寿命周期。④对运输企业控制产品更新换代时机具有重要的参考价值。一般来说，当原有产品进入"成熟期"后，新开发的产品应在适当时机进入"引入期"，而当原有产品进入"衰退期"后，新产品就已进入"成长期"来代替原有产品，这样可保证企业既不会过早更换产品造成生产能力和应得利润受到损失，又不会因过早更换产品而失去用户，使企业生产经营活动处于不断发展的态势。

表 15-1 产品生命周期各阶段特征和营销目标

特征	阶段				
	开发期	引入期	成长期	成熟期	衰退期
销售额	无	低	迅速上升	达到顶峰	下降
单位成本	高	高	平均水平	低	低
利润额	无	无	上升	高	下降
顾客类型	无	领先采用者	早期采用者	多数采用者	滞后采用者
竞争者数目	无	少	渐多	相对稳定开始减少	减少
营销目标	尽快投产上市	建立知名度采取试用	提高市场占有率	保持市场占有率，争取利润最大化	妥善处理比较产品，实现产品更新换代

3. 分析总结

通过对运输产品的生命周期原理的学习，学生可以从中习得相应市场营销策略的制订方法以及选择产品投产和更新换代的有利时机，以及如何尽可能获得最大的利润。从运输产品的生命周期联想到中国共产党的历史周期率，我党通过自我革命等方法，成功跳出了这一治乱兴衰的历史周期率。通过本案例，不仅让学生掌握了知识，同时也宣扬了党的政治建设。

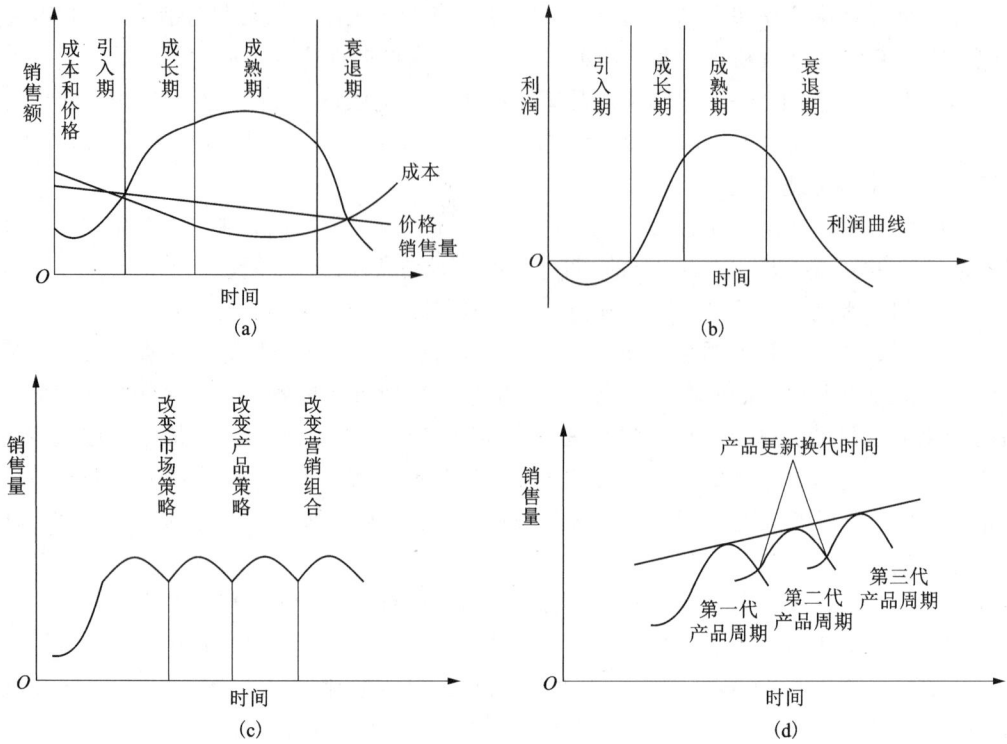

图 15-2　产品生命周期示意图

16

生产运作管理

教学内容和思政融合设计

序号	教学内容	思政映射与融入点	编者
1	知识点：企业发展战略	案例1：生产运作战略——增强规划与竞争意识	夏伟怀
2	知识点：产品设计与开发	案例2：并行工程——树立系统观、协同观，强化团队协作精神	夏伟怀
3	知识点：质量管理	案例3：质量理论——质量强则国家强，质量兴则民族兴	夏伟怀
4	知识点：准时生产(JIT)哲理	案例4：准时生产——树立正确的"消除浪费观"，增强节约意识	夏伟怀

案例1　生产运作战略
——增强规划与竞争意识

【课程名称】生产运作管理。

【教学内容】企业发展战略。

【案例意义】通过对企业及企业生产运作管理所面临问题的层层剖析，使学生认识到企业及其生产运作管理制定企业发展战略的重要意义，树立现代竞争观点，增强居安思危、长远发展的规划意识。

教学过程

1.问题导入

在激烈的市场竞争中，为什么有的企业成功，有的企业失败？为什么一度非常成功的公司后来又遭受很大的挫折？而为什么有的公司却能够保持持续的竞争优势？同学们，你们有没有思考过这其中的重要原因呢？

2.讲授正文

当前生产运作管理面临的基本问题是如何在全球范围内优化资源的利用，高效、灵活、准时、清洁地生产个性化的产品和(或)提供顾客满意的服务。这个问题是由环境变化的不确定性和信息技术的进步引起的。环境变化的不确定性使得任何企业仅仅依靠自己的资源都无法应对市场的急剧变化，企业必须合作，或结成联盟，实现资源共享，才能及时满足顾客个性化的需求。信息技术的进步不仅加剧了企业之间的竞争，同时也为企业在全球范围优化资源的利用创造了条件。主要体现在：

①全球化市场。世界经济国际化进程进一步加快，世界范围的对外直接投资以前所未有的速度增长，越来越多的行业正在演化为全球性行业，全球化市场和全球性工厂、全球性公司不断涌现，越来越多的产品成为全球性产品。全球化市场使竞争转向高技术行业和高附加值产品的生产，竞争的重点已由制造领域向技术创新领域转移，基于时间的竞争显得更加突出，激烈的竞争导致许多势均力敌的竞争者走向联合，建立跨国战略联盟。如近年来，由我国倡导的"一带一路"建设取得了丰硕的成果。

②环境问题。阳光、空气和水是维持人类生存的最基本条件。然而，我们赖以生存的地球已被严重污染。资源的掠夺性开采和浪费，已造成森林、草原的破坏，气候恶化，水土流失，沙尘暴袭击，江河断流。大量的工业垃圾和生活垃圾随意排入大气和江湖，人们已没有清洁的水可供饮用，没有新鲜的空气可供呼吸，大气臭氧层的空洞使人们面临太阳紫外线的照射，环境的破坏是人类为工业化付出的沉重代价。对此，从生产运作管理角度来看，如何解决这一问题呢？同学们想想？(留白、讨论)——"绿色制造""生态供应链"(使任何一个企业或居民的所有产出物都成为其他企业或居民的可用资源)。

③基于时间的竞争。1998年，雷蒙德T.耶(Raymond T. Yeh)和克里.皮尔森(Keri Pearlson)提出了零时间(zero time)的概念，缩短对顾客需求的响应极限就是零时间，即当顾客一旦提出要求，企业就能立即将可利用的资源转化成顾客个性化的产品和服务。基于时间的竞争给生产运作管理提出了新的挑战。

回到我们开始的问题上来，面临着如此严峻的形势，企业该何去何从？

俗话说："人无远虑，必有近忧"，说明了长远考虑与近期工作的关系，也说明了制定企业发展战略，特别是生产运作战略的重要性。

未来学家托夫勒指出：对没有战略的企业来说，就像是在险恶气候中飞行的飞机，始终在气流中颠簸，在暴风雨中沉浮，最后很可能迷失方向，即使飞机不坠毁，也不无耗尽燃料之虞。事实证明，在一个精心制定的、符合实际的战略的指导下，企业各部门和全体员工团结一致，朝着共同的目标努力，企业就会取得巨大的成功。相反，如果战略制定失当，或者企业各部门追求各自的目标，缺乏总体协调，则会造成资源的巨大浪费，甚至给企业带来灾难。我国一些兴旺发达的企业也大都有战略规划或长期经营规划，如大家熟知的华为公司。

3.分析总结

通过对企业及企业生产运作管理所面临问题的层层剖析，使学生认识到企业及其生产运作管理制定企业发展战略的重要意义，增强居安思危、长远发展的规划意识。同时，认识在经济融合发展和世界经济一体化趋势中，竞争不是零和博弈，而是互利双赢。深刻认识习总书记从提出共建"一带一路"倡议到共建人类命运共同体设想，无不体现着世界经济社会发展的现代合作与竞争观点。

案例 2　并行工程
——树立系统观、协同观，强化团队协作精神

【课程名称】生产运作管理。

【教学内容】产品设计与开发。

【案例意义】深刻领会、全面把握并行工程富含的设计哲理，充分认识到系统观、协同观在产品设计与开发中的重要意义，并从中领悟到提升沟通能力与团队协作精神的重要性。

教学过程

1. 问题导入

多年来，企业产品设计与开发一直采用从需求分析、产品结构设计、工艺设计一直到加工制造和装配的顺序，称为串行设计方法。其工作流程为：首先由熟悉顾客需求的市场人员提出产品构想，再由产品设计人员完成产品的精确定义，之后交制造工程师确定工艺工程计划，确定产品总费用和生产周期，质量控制人员做出相应的质量保证计划。面对当今市场环境，串行设计方法存在哪些不足呢？有没有更好的设计与开发方法呢？

2. 讲授正文

首先，我们来分析串行产品设计与开发方法存在的弊端：

①各下游开发部门所具有的知识难以加入早期设计，越是设计的早期阶段，降低费用的机会越大。而发现问题的时间越晚，修改费用越大，费用随时间成指数增加。

②各部门对其他部门的需求和能力缺乏理解，目标和评价标准的差异和矛盾降低了产品整体开发过程的效率。

要进一步提高产品质量、降低产品成本、缩短产品上市时间，必须采用新的产品开发策略，改进新产品开发过程，消除部门间的隔阂，集中企业的所有资源，在产品设计时同步考虑产品生命周期中所有因素，以保证新产品开发一次成功。

为解决串行的产品设计方法的弊端，减少产品的开发时间和成本。近几年提出了并行工程的产品设计方法，它能够并行地集成设计、制造、市场、服务等资源。根据 IDA 的温纳（Winner）等人（1988）对并行工程的定义，并行工程是对产品及其相关过程，包括制造过程和支持过程，进行并行、一体化设计的一种系统化方法。

并行工程是一种强调各阶段领域专家共同参加的系统化产品设计方法、其目的在于将产品的设计和产品的可制造性、可维护性、质量控制等问题同时加以考虑，以减少产品早期设计阶段的盲目性，尽可能早地避免因产品设计阶段不合理因素对产品生命周期后续阶段的影响而缩短研制周期。并行工程的特点如下：

①设计时同时考虑产品生命周期的所有因素（可靠性、可制造性）。作为设计结果，同时产生产品设计规格和相应的制造工艺和生产准备文件。

②产品设计过程中各活动并行交叉进行。

③与产品生命周期有关的不同领域技术人员全面参与和协同工作,实现生命周期中所有因素在设计阶段的集成,实现技术、资源、过程在设计中的集成。

并行工程的目的是在设计阶段就能周密考虑产品生命周期各阶段的各种因素,以减少产品早期设计阶段的盲目性,尽早避免因产品设计得不合理对产品生命周期后续阶段的影响,缩短研制周期,更好地满足用户需求。

根据并行工程的思想,要提高产品开发过程的效率和柔性,需从两方面进行变革:过程重构,从传统的串行过程转变为集成的、并行的产品开发过程;组织的重构,打破功能部门制的组织机构,建立跨部门、跨专业的开发小组。

3. 分析总结

通过分析串行工程的不足,引出一种强调各阶段领域专家共同参加的系统化产品设计方法,即并行工程;并重点阐述了并行工程的特点和基本思想,培养学生的系统观、协同观,使其充分认识到在产品设计与开发过程中团队协作、沟通能力等的重要性。

案例 3　质量理论
——质量强则国家强,质量兴则民族兴

【课程名称】生产运作管理。

【教学内容】质量管理。

【案例意义】对质量概念的深度剖析和对质量管理重要性事例的介绍,提高了学生的质量意识,帮助学生了解工匠精神的内涵,引导学生建立理想坚定、信念执着、不怕困难、勇于开拓、精益求精的"工匠精神"。

教学过程

1. 问题导入

提高生产率是社会生产的永恒主题。而只有有了高质量,才可能有真正的高生产率。企业的产品和服务的质量不能满足顾客要求,就不能在市场上实现其价值,就是一种无效或低效率的劳动,就不可能有真正的高效率和高效益。那么,什么是质量?如何理解质量呢?

2. 讲授正文

大家知道,对于质量,再怎样强调都不为过,质量决定未来!特别是一些关系到国计民生的产品和服务,如航天工程中的航天器,交通领域中的高铁列车车体和运输组织服务等,质量决定了一切,没有过硬的质量,一切都是枉然。对于一个组织来说,质量是企业参与市场竞争的必备条件,质量低劣的产品,成本再低也无人问津。企业要想跻身国际市场,后来居上,首先要有优质的产品和完美的服务。同时质量还是一个国家发展的重要国策,如党的十九大以来,历次中央经济工作会议均围绕推动高质量发展作出重要部署。党的二十大报告指出,高质量发展是全面建设社会主义现代化国家的首要任务。那么什么是质量呢?

在生产发展的不同历史时期,人们对质量的理解随着科学技术的发展和社会经济的变化

而有所变化。

国际标准 ISO8402－1986 对质量做了如下定义：质量（品质）是反映产品或服务满足明确或隐含需要能力的特征和特性的总和。

美国著名的质量管理权威朱兰（J. M. Juran）给质量下的定义是"质量就是适用性"。

所谓适用性，就是产品和服务满足顾客要求的程度。企业的产品是否使顾客十分满意？是否达到了顾客的期望？如果没有，就说明存在质量问题。著名美国质量管理专家戴维教授将适用性的概念具体为八个方面的含义，即性能、附加功能、可靠性、一致性、耐久性、维护性、美学性、感觉性。

美国著名作业管理专家理查德·施恩伯格认为，上述八个方面的质量含义，偏重制造企业和其产品，而对于服务企业来说，还应进一步补充下列五项质量内容：价值、响应速度、人性、安全性、资格。

从以上关于质量概念的表述可以看出，随着社会的进步、人们收入水平和受教育水平的提高，消费者对产品和服务质量的要求越来越高，越来越具有丰富的文化和个性内涵。因而，如何正确地认识顾客的需求，如何将其转化为系统性的产品和服务的标准是现代质量管理首先要解决的重要问题。质量管理水平的提高，首先要求质量管理思想和观念革新。

3. 分析总结

通过阐述质量的意义和深度剖析质量的概念，使学生了解到"质量强则国家强，质量兴则民族兴"的真正含义，在经济全球化日益深入、以质量为核心要素的竞争日趋激烈的国际形势下，质量发展处在前所未有的重要战略地位，加快转变经济发展方式，质量提升是必由之路。通过将质量管理理论与大国工匠事例结合，帮助学生了解工匠精神的内涵，引导学生建立理想坚定、信念执着、不怕困难、勇于开拓、精益求精的"工匠精神"，面对自己的学业与事业时，做到"执事敬""事思敬""修己敬"，提升自我修养，执着于自己的学业与事业，专注所选择的专业与职业，心无旁骛，最终成为所在行业的有用人才。

案例4　准时生产
——树立正确的"消除浪费观"，增强节约意识

【课程名称】生产运作管理。

【教学内容】准时生产（JIT）哲理。

【案例意义】通过对 JIT 哲理的学习，使学生深刻领悟"思想与理念"的重要意义；全方位剖析"浪费"的内涵和外延，树立正确的"消除浪费观"、增强节约意识，对培养学生积极进取、追求卓越的工作作风与工匠精神具有重要意义。

教学过程

1. 问题导入

准时生产（just in time，JIT）是美国管理学家对日本以丰田汽车公司为代表的生产方式的概括。按照美国生产与库存控制协会（APICS）的定义，JIT 是"有计划地消除浪费和持续改善

生产率的制造哲理"。JIT 的定义中提到"有计划地消除浪费",也就是说要"不断消除浪费",这是为什么？其有何独特之处？

2. 讲授正文

大家知道,成本领先是一种市场竞争总体策略。要降低成本,就要不断消除浪费。下面同学们看两个表达式,讨论它们之间有何不同？

$$价格 = 成本 + 利润 —— 称为"成本主义"经营思想 \tag{16-1}$$

$$利润 = 价格 - 成本 —— 称为"利润主义"经营思想 \tag{16-2}$$

分析讨论：

①数学上：两个式子没有什么区别。

②管理上：它们代表完全不同的经营思想。

式(16-1)表明随着原材料价格的上涨,工资、奖金的提高,成本要升高,为了获得必要的利润,只有提高售价。式(16-2)的意思是价格不是某个企业可以决定的,而是在市场上形成的,要想获得较多利润,只有降低成本。

JIT 遵循的是第②种利润主义思想。按照利润主义思想行事,企业就可以在竞争中立于不败之地。因为在经济不景气的时候,成本高的企业得不到利润,甚至亏损,被淘汰；成本低的企业还可以得到少量利润,能够维持生存和发展。所以,不断消除浪费、降低成本,是积极进取的经营思想,是企业的求生之路；"成本主义"是消极被动的经营思想,它将导致企业亏损、破产、倒闭。消除浪费,就要不断挖掘潜力,要"把干毛巾拧出一把水来"。不断消除浪费,才能使成本由"西瓜"那样大变成"西瓜籽"那样小。

好！有了好的经营思想与理念以后,问题落在了"不断消除浪费"上了。同学们对"浪费"这个词并不陌生,很多时候我们都会说"厉行节约、反对浪费"。在此,我们很有必要重新审视"浪费"的确切含义。

这里所说的浪费,比我们通常所说的浪费的概念要广泛得多,深刻得多。什么是浪费？按照丰田汽车公司的说法,凡是超过生产产品所绝对必要的最少量的设备、材料、零和工作时间的部分,都是浪费。

那么,什么是"绝对必要"的？标准是什么？

美国一位管理专家对这个定义做了修正。他提出,凡是超出增加产品价值所必需的绝对最少的物料、机器和人力资源的部分,都是浪费。这里有两层意思。一是不增加价值的活动,是浪费,因为它增加了成本；二是尽管是增加价值的活动,所用的资源超过了"绝对最少"的界限,也是浪费。

但这种说法还是有含糊之处。价值指的是什么？是对谁而言的？

这里说价值,是从顾客的角度来衡量的。作为生产者或服务者,我付出了体力和脑力,就认为创造了价值,往往是不对的。如果你的劳动对顾客没有意义,则一文不值,你不仅没有创造价值,而且浪费了资源。

在生产过程中,只有实体上改变物料的活动才能增加价值。加工零件,增加价值；装配产品,增加价值；油漆包装,也增加价值,因为这些活动对顾客是有价值的。但是,很多我们认为理所当然的活动并不增加价值——库存不增加价值；质量检查也不增加价值；搬运不仅不增加价值,反而会减少价值(常常引起损伤)。这些不增加价值的活动,消耗了资源,增加了成本,都是浪费。浪费是应当不断消除的。

归结起来,在企业生产活动中主要有以下八种浪费:过量生产、等待、不必要的搬运和运输、调整机器、库存、缺陷、多余的操作、质量检查。

3. 分析总结

通过对不同经营思想和理念的阐述,使学生深刻认识到正确的思想和理念带来正确的经营之道。通过对"浪费"概念的重新审视和层层剖析,帮助学生树立正确的"消除浪费观",增强节约意识,培养学生锲而不舍、积极进取、追求卓越的工作作风和工匠精神。

17

采购与库存控制

教学内容和思政融合设计

序号	教学内容	思政映射与融入点	编者
1	知识点：JIT采购管理	案例1：JIT采购管理——守信	谢楚农
2	知识点：采购管理组织	案例2：采购管理组织——廉洁	谢楚农
3	知识点：供应链采购管理	案例3：供应链采购管理——责任意识	谢楚农

案例1 JIT采购管理
——守信

【课程名称】采购与库存控制。

【教学内容】JIT采购管理。

【案例意义】通过JIT采购的学习，培养学生修身自律、诚信守时的作风。

教学过程

1.问题导入

在物资采购中，为落实供应链管理思想，JIT是采购的重要手段，它能够最大程度上减少库存、消除浪费，是一种先进的管理模式。

2.讲授正文

JIT的基本思想是：在合适的时间，把合适的物品，以合适的数量，供应到合适的地点，最好地满足用户的需要。其思想包含五个原则。那么，为什么说JIT采购能够最大程度上减少库存、消除浪费呢？

事例：精益化管理源于20世纪50年代日本丰田汽车公司的精益生产。在美国通用、福特和克莱斯勒三家公司一统汽车市场天下的时候，为解决生存危机，丰田汽车公司建立了用精益求精的态度和科学的方法来控制和管理生产过程，以最小投入创造最大价值的生产组织体系。当丰田汽车一跃成为世界汽车之王时，以麻省理工学院为主的一批美国专家开始研究丰田的制造运作模式，称之为"精益生产"。通用汽车公司在 1990 年出版的《改变世界的机器》中，也把丰田公司视为世界范围劳动生产率的领先者。

精益管理在以下方面具有明显优势：①人力资源利用优势；②新产品开发周期短；③在制品库存极少；④厂房空间小；⑤成品库存少；⑥产品质量高。精益管理为日本企业提供了大量的品种多、质量高、价格低的汽车，才得以使日本的汽车厂商在市场上保持着竞争优势。

精益管理极大地提高了劳动生产率，JIT 采购来源于精益管理，是精益管理的思想在采购中的应用，其最大的特点就是链上的每一个岗位都必须诚信守时才能使生产进行下去。守时方可守信，如果我们上课、开会迟到早退，完成学习、工作任务拖拖拉拉，看起来好像是鸡毛蒜皮，实际上是庸懒散浮的具体体现，证明责任意识缺位了，因此，守时守信，不是小题大做，而是必须做好的大事。

3.分析总结

本案例首先说明了 JIT 采购的基本思想，并进行了详细的讲解，然后以 JIT 采购思想的来源——精益管理实施后的效果说明其优越性，而实施精益管理的关键在于诚信守时，说明了守时守信不是小题大做，而是人人必须做好的大事。

案例2　采购管理组织
——廉洁

【课程名称】采购与库存控制。

【教学内容】采购管理组织。

【案例意义】通过采购管理组织的学习，告诫学生诚信是一个人必须有的道德底线，引导其树立正确的"三观"；从采购组织优化的角度防止腐败问题，在掌握采购组织设计专业知识的同时，时刻谨记采购中的廉洁。

教学过程

1.问题导入

建立起一个完善的采购管理组织，是企业采购管理最重要的工作。采购管理组织一旦确定，采购管理的权限、职权范围、审批权限、工作内容也就一一确定下来了。一个好的采购管理组织，不仅能保证企业的物资供应、产品质量，降低生产成本，而且还能防止腐败的发生。

2.讲授正文

企业的采购管理组织应如何建立呢？建立采购管理组织应考虑的因素，采购管理组织的基本类型，建立采购管理组织的一般步骤是什么？此外，如何防止采购人员腐败以及怎样通过设计组织结构使机构中的成员不能腐败？

案例：刘某 1984 年后一直在山东省济南市第五人民医院工作，先后任该院药库保管员、采购员等职。2016 年春，因工作成绩突出，刘某坐上了医院制剂室副主任的位置。随着权力的增大和私欲的膨胀，他逐步走上犯罪道路。日前，经济南市槐荫区检察院提起公诉，槐荫区法院一审以受贿罪判处刘某有期徒刑三年零六个月，并处罚金人民币 20 万元。

在这个案例中，刘某担任药库采购员期间，违反国家规定，利用其负责药品采购管理的职责，将药品价格和采购量提高，从而获得好处。刘某之所以如此，是刘某放松对自身的要求，收受采购回扣犯罪。同时，药品的采购价格在短短 5 年内涨了好几倍，与医院的药品采购管理组织构建的不合理是有一定关系的。

因此，同学们要明白诚信的重要性，在考试中、在撰写的论文中一定要遵守诚信的道德底线，未来工作中严格自律、清正廉洁。在进行采购组织设计时，组织机构要有助于成员的廉洁，从采购组织优化的角度去防止腐败问题。

3.分析总结

本案例首先说明了采购管理组织构建的意义，并详细讲解了采购管理组织构建的影响因素、组织的类型与一般步骤，然后，通过一个实例，告诫学生诚信是一个人必须有的道德底线，引导其树立正确的"三观"；也要从采购组织优化的角度去防止腐败问题。

案例 3　供应链采购管理
——责任意识

【课程名称】采购与库存控制。

【教学内容】供应链采购管理。

【案例意义】通过供应链环境下对供应商产品采购管理的学习，培养学生的团队协作能力，强化责任意识、树立合作共赢的理念。

教学过程

1.问题导入

供应链管理是在市场激烈竞争的环境下，在企业无休止地追求最大化利益和高效率的斗争中逐渐形成的。在经济越来越市场化、一体化的今天，供应链上各个企业联系得更加紧密，在这些企业中，如果一家企业不好好配合，就会导致整个供应链低效率运行。那么，在供应链环境下的采购管理应该如何做呢？

2.讲授正文

由于供应链是一个由多层次利益相关企业组成的能够相互协调配合的经济联合体，所以，企业与其供应商之间可以实现协调配合采购，达到采购效益最优化的效果。

详细讲解供应链采购的原理、特点；重点分析供应链采购与传统采购的区别。要使整个供应链高效运转，要求供应商不仅要对生产的产品负责，而且要对下游企业的物资供应负责，也就是说，企业既要有较强在责任意识，又要有强的团队合作精神。以《特斯拉(上海)有限公司召回部分国产 Model 3 和 Model Y 电动汽车》新闻为案例，讲述供应链采购对企业产品质量、成本等的影响。

案例中，车辆被召回的原因是：车辆的热泵电子膨胀阀定位时会有微小移动，因软件（2021.44 至 2021.44.30.6 版本）没有纠正功能，长期可能造成阀门部分开启，热泵压缩机停止工作，车内制热功能失效。为了消除安全隐患，必须安排召回维修，这就产生了额外费用，使得与特斯拉产销链上的许多企业都受到了影响。

因此，我们要重视团队精神，并将之视为前进的必胜法宝。一个好的团队应该是个性化的，成员能够做各自喜欢做的事，有着共同奋斗目标。如果团队中每一个人每天都能勤勤恳恳地尽一己之天职，那么许多人的成就累积起来，便极为可观！有了众人的努力，就像千万片雪花可以滚成一个大雪球一样，就能汇成一股巨大的力量了。

3. 分析总结

本案例首先说明了供应链环境下企业采购管理，详细讲解了采购管理的原理、特点，然后，以特斯拉（上海）有限公司召回部分国产 Model 3 和 Model Y 电动汽车为例，说明我们每个人每天都要勤勤恳恳地尽好一己之职，同时，重视团队精神，就一定能取得胜利。

18

物流成本管理

教学内容和思政融合设计

序号	教学内容	思政映射与融入点	编者
1	知识点：物流成本管理模式	案例1：物流现代成本意识——厉行节约	谢楚农
2	知识点：物流成本核算	案例2：物流成本核算方法——社会责任感	谢楚农
3	知识点：物流成本控制	案例3：预算成本法——谋定而后动	谢楚农
4	知识点：物流作业成本计算法	案例4：作业成本法——责任担当	谢楚农

案例1 物流现代成本意识
——厉行节约

【课程名称】物流成本管理。

【教学内容】物流成本管理模式。

【案例意义】使学生掌握物流成本管理模式，消除身边的浪费，明白物流成本管理的核心是节约资源、降低消耗、减少污染、提高效率；使学生自觉地从身边的小事做起，有效管控成本，消除各种浪费，为企业降低成本，为国家、社会作出贡献。

教学过程

1. 问题导入

企业一方面靠科学技术积极开拓市场，另一方面注重管理，挖掘内部潜力，控制和降低成本，以低成本、高质量求生存。因此，成本管理是企业管理的一个重要组成部分。

2. 讲授正文

随着经营环境的变化，成本管理的方法和观念有了较大的变化。物流成本管理在新的成本理念、新的管理方式的推动下，产生了许多新的模式，如从日常的质量管理模式到项目投资的成本效益模式，从成本节约模式到成本改善模式等。由于"二律背反"现象在物流活动中随处可见，因此，总成本意识是物流成本管理的首要和关键的理念。此外，还应形成消灭一切物流浪费的现代成本意识。

物流现代成本意识本质上就是要企业无止境地追求物流成本降低，消灭一切物流浪费，具有追求极限的"理想性"特征。贯彻现代成本意识可以从以下四个方面进行：①从战略布局的高度定位；②以理想物流成本为目标(零库存、无空载)；③形成全员式的降低物流成本的格局(除物流部门外，还涉及其他各个部门)；④持续不断地降低物流成本。

通过"坚强的老战士"徐特立先生的故事，讲述个人在厉行节约、消除浪费时应该将"不论我们国家发展到什么水平，不论人民生活改善到什么地步，艰苦奋斗、勤俭节约的思想永远不能丢"记在心中。习近平总书记一直提倡"厉行节约、反对浪费"的社会风尚，并率先垂范、以身作则。青年学生应始终以习近平新时代中国特色社会主义思想为指导，在厉行节约、反对浪费方面走在前、做表率，坚持从小事做起、从身边做起，比如室内尽量采用自然光，办公室、设备室、会议室等房间人走灯灭、人走设备关、人走电源断、人走空调停，杜绝白昼灯和长明灯；打印文件前仔细核对，避免反复打印；节约用水；光盘行动；等等。让勤俭这一优良传统成为我们的习惯。

3. 分析总结

通过物流现代成本意识的学习，以及"坚强的老战士"徐特立先生的故事，使学生自觉地从身边的小事做起，有效管控成本，消除各种资源浪费，为企业降低成本，为国家、社会作出贡献。

案例2　物流成本核算方法
——社会责任感

【课程名称】物流成本管理。

【教学内容】物流成本核算。

【案例意义】培养学生的社会参与意识。以解决国家领域短板问题为出发点，结合社会发展与个人发展需要，强调社会责任。

教学过程

1. 问题导入

通过前面的学习，同学们了解了物流成本核算的一般程序，以及如何进行物流成本归集与物流成本分配，那么，现在物流发达国家的物流成本核算工作做得怎样？我国物流成本核算的现状又是如何？我们一起来看看。

2. 讲授正文

美国的物流成本包括三个部分：①库存费用，除了包括仓储、残损、人力费用及保险、税收费用外，还包括库存占压资金的利息；②运输成本，公路运输、其他运输方式费用与货主费用；③物流管理费。日本的物流成本核算已经有一套成形的标准（日本运输省1997年制定了《物流成本统一计算标准》），但是该标准不止一种标准，而提供了三种不同类别的核算方式的标准（分别以支付形态、物流功能、适用对象为标准），从不同角度对物流成本进行归集和对比，以满足不同企业对物流成本核算的要求。

然而，核算方式的不同，必然会导致成本的差异，我国物流成本核算标准的建立成为当务之急，至少在同一行业内应该有统一的成本核算方式，只有如此，成本核算才具有可比性，更好地指导成本管理。

目前，对于物流成本核算，我国有会计方式、统计方式、统计方式与会计方式相结合三种基本思路。在运输方面，我国已有非常先进的高速铁路系统与发达的高速公路系统；在仓储方面，已有全球最先进的港口装卸、搬运系统，自动化仓储、分拣系统；物流信息传输也紧跟行业发展的步伐。但是物流成本核算，虽然已有三种思路，但缺乏成形的核算标准，甚至是某一行业内统一的成本核算方式，可以说，物流成本核算已经成为物流行业短板，同学们在考虑个人发展的出路时，如果选择的路与国家及人民的需要相一致，那么，你的路会越来越宽广，越走越通畅。

3. 分析总结

通过对目前物流发达国家成本核算理论及我国物流成本核算现状的讲解，使学生了解在物流成本核算方面我国与发达国家的差距，鼓励学生将自身的发展与国家的需要相统一，将物流成本核算知识点巧妙迁移到学生成长过程的问题中，提醒学生加强自我管理，健康生活，增强其社会责任感。

案例3　预算成本法
——谋定而后动

【课程名称】物流成本管理。

【教学内容】物流成本控制。

【案例意义】通过预算成本法的学习，运用中远海运控股股份有限公司在2021年的经营业绩说明凡事预先做好准备的重要性，提醒学生在生活、学习中都做一个有准备的人。

教学过程

1. 问题导入

物流成本控制的方法有多种，预算成本法就是其中的一种。如何通过预算成本法进行物流成本控制？

2. 讲授正文

编制预算的传统方法是固定预算法，即根据固定业务量水平（产量、销售量、运输量）编制出预算，这种预算的主要缺陷是：当实际的业务量与预算的业务量发生较大的偏差时，各项变动费用的实际发生数与预期之间就失去了可比基础。在市场情况多变时，固定预算法就失去了应有的作用。

　　为了弥补传统方法编制预算所造成的缺陷,保证实际数与预算数的可比性,就必须根据实际业务量的变动对原预算数进行调整,于是产生了"弹性预算",即在编制费用预算时,预先估计计划期内业务量可能发生的变动,编制出一套能适应多种业务量的费用预算,以便反映各种业务量情况下的开支费用水平,较好地弥补了固定预算法的缺陷。

　　通过详细讲解物流成本弹性预算的编制过程,并以中远海运控股股份有限公司在2021年的经营业绩为例,讲述预算成本法的作用。

　　毛泽东在《论持久战》中亦曾引用"'凡事预则立,不预则废',没有事先的计划和准备,就不能获得战争的胜利",企业经营、战争是如此,学生的生活、学习也是如此。"凡事预则立,不预则废",这句话对学习的启示是要制订好切实可行的学习计划。

　　在生活中,有一种经验叫作"凡事提前五分钟",为很多人接受和秉持,成为走向成功的诀窍。对青年学生来说,这个经验也很值得推广。每天提早五分钟到教室,不仅不用害怕迟到,更能在进教室后来得及平复一下心情,做好学习准备;和老师、同学约好什么时间一起做什么事,若有提前五分钟到的习惯,就肯定不会迟到,不至于让老师、同学等待,别人会觉得你是个守时、讲信用的人。

3. 分析总结

　　通过预算成本法讲解,使学生了解预算成本法的原理、实施步骤。运用中远海运控股股份有限公司在2021年的经营业绩说明凡事预先做好准备的重要,提醒学生在生活、学习中都做一个有准备的人。

案例4　作业成本法
——责任担当

　　【课程名称】物流成本管理。

　　【教学内容】物流作业成本计算法。

　　【案例意义】让学生掌握物流作业成本计算法,能根据作业对资源的消耗情况将资源的成本分配到作业中,培养学生的专业判断能力,使其认识到在日常学习生活中要细心,做事要认真细致;如发生了错误要敢于承认错误、认识错误、承担错误并及时改正错误,树立责任担当意识。

教学过程

1. 问题导入

　　作业成本法的核心思想就是"产品耗费作业,作业消耗资源"。那么如何将资源消耗与产品成本紧密地联系起来,真实地反映和追溯产品成本?

2. 讲授正文

　　使用作业成本法,是因为传统成本分摊方法可能比较简单粗暴,比如按照产品的产量分摊间接成本,产量多的分摊得多,产量少的分摊得少,这样就存在不合理的地方,有的产品虽然产量大,但是消耗的资源不一定多。

通过对作业成本法和传统成本法进行对比分析，着重讲述物流作业成本计算步骤，即将物流间接成本和辅助资源更为合理地分配到物流作业、运作过程、产品、服务及顾客中。其计算步骤如下：

第一步，分析和确定资源，建立资源成本库；

第二步，分析和确定作业构成，建立物流作业中心；

第三步，确定资源动因，分配资源耗费至作业成本库；

第四步，确定作业成本动因，分配作业成本至成本对象；

第五步，汇总计算各成本对象物流的总成本和单位成本。（详细讲解）

从上述内容可以知道，经过我们的计算后，将确定物流作业、产品、服务的成本，为企业管理层的决策提供依据，如果计算出现错误，将会误导管理层出现错误决策，给企业带来损失。

因此，同学们要努力提高专业判断能力，同时，做到做事认真严谨细致。接受一项工作，不要心存依赖或侥幸，要把自己看成是第一责任人，对工作结果，要承担主要责任，包括承担给工作造成损失的责任；一步一个脚印地、踏踏实实地去做，不怕麻烦，不怕辛苦，一丝不苟，培养高度负责的精神。

3.分析总结

通过物流作业成本计算法的学习，引导学生在日常学习生活中要细心，做事要认真细致；接受一项工作，要把自己看成是第一责任人，对工作结果，要承担主要责任，包括承担给工作造成损失的责任。培养学生敢于承认错误、认识错误、承担错误并及时改正错误，树立学生的责任担当意识。

19

仓储管理技术

教学内容和思政融合设计

序号	教学内容	思政映射与融入点	编者
1	知识点：仓储概述	案例1：仓储概述——文化自信	谢楚农
2	知识点：仓储现代设施设备	案例2：仓储现代设备——发展自信	谢楚农
3	知识点：出库作业管理	案例3：出库凭证审核——遵守规则	谢楚农

案例1 仓储概述
——文化自信

【课程名称】仓储管理技术。

【教学内容】仓储概述。

【案例意义】通过介绍仓储的含义与仓储活动的产生，使学生在了解仓储的同时，了解我国的历史与文化，从而提高学生对中华民族传统文化的自信。

教学过程

1. 问题导入

我们常常在各种书籍中看到"仓储"这个词，"仓"指仓库，是存放物品的建筑物和场地，可以为房屋建筑、大型容器、洞穴或者特定的场地；"储"指收存以备使用，具有收存、保管、交付使用的意思；把"仓"和"储"两个字合用，形成了一个新的概念。

2. 讲授正文

通过讲述仓储的概念，总结仓储在缩短物流周转周期、减少存货、降低成本和改善客户服务方面的作用越来越大，仓储的内涵得到了不断延伸，具有战略地位的作用。

接下来,分析仓储的起源历史,古代的仓储业等,并以史为鉴,通过对《中国通史》上记载的"邸店""塌房"等进行讲解,介绍人类社会最早的带有企业性质的商业仓库。在此基础上,通过对我国古代的仓储制度进行讲解,得出中国古代政府为调节粮价、储粮备荒以供应官需民食而设置粮仓。常平仓源于战国时李悝在魏所实行的平籴,即政府于丰年购进粮食储存,以免谷贱伤农;歉年卖出所储粮食以稳定粮价。到现代,我国的粮食、钢铁、石油等物资的战略储备库实现的是同样的功能。

1997年以来,中国共产党以辩证的思维方法分析和认识传统文化,剔除落后于时代的糟粕,创造与时代进步相适应的精神产品,随着中国向世界舞台中心的稳健迈进,文化自信这个"源头活水"的价值必将日益彰显出来。

3. 分析总结

仓储的发展历程,说明了中华文明5000年绵延不断,是人类历史长河中唯一没有干涸、没有断流的文明,一再证明,中国的文化不仅"传承下去"了,而且"光大起来"了,支撑着中华民族生生不息、薪火相传。

案例2　仓储现代设备
——发展自信

【课程名称】仓储管理技术。

【教学内容】仓储现代设施设备。

【案例意义】通过介绍青岛港自动化码头的建设与青岛港在技术、管理方面的成就,激发学生的专业自豪感与爱国情怀,任何工作都需要体现在细节中,所以学生要培养工匠精神,并激发学生对行业领域发展的自信。

教学过程

1. 问题导入

通过请学生观看山东港口青岛港自动化码头俯瞰图和青岛港繁忙却有条不紊的AGV小车搬运集装箱的情景图,提问现代设备为仓储提供了哪些好处?

2. 讲授正文

2013年,青岛港组建以张连钢同志为带头人的全自动化码头建设"连钢创新团队",按照习近平总书记提出的"加快建设世界一流的海洋港口"指示精神,勇于承担国家和时代赋予的使命责任,启动了建设中国首个全自动化码头的引擎。2017年5月,"连钢创新团队"仅用3年多时间就完成国外需8~10年的研发建设任务,自主创新建成亚洲首个真正意义上的全自动化集装箱码头。2018年8月,青岛港全自动化码头二期建设的号角吹响,"连钢创新团队"确定"全面超越一期码头,引领世界自动化码头建设发展潮流"的目标,以"氢+5G"为主攻方向,用15个月时间推出自主研发、集成创新的6项全球首创科技成果,建成全球首个5G智慧码头。山东港口青岛港全自动化码头是工业互联网在港口场景应用的成功典范,不仅在世界码头自动化、智能化领域树起了"中国标杆",贡献了低成本、短周期、全智能、高效率、零排放、可复制的"中国方案"，成为世界自动化集装箱码头建设运营标准的制定者与引领者，也有力地推动了青岛市打造"一带一路"国际合作新平台和对外开放新高地的进程。

自动化码头技术被国外同行严密封锁，青岛港只能选择自主研发，而这也让青岛港的自动化码头能够完全从提高效率的导向来，再造生产流程和设计、制造各种码头机械，控制流程的软件也随着流程的优化进行了从零开始的开发。目前，青岛港全自动化码头已创造了平均作业效率36.2自然箱/h、最高作业效率44.6自然箱/h的世界纪录，作业效率全面超越传统人工码头。

通过案例激发学生的专业自豪感、爱国情怀，还可以通过讨论仓储及物流发展的趋势，锻炼学生的想象力和创新能力。任何工作都需要体现在细节中，所以员工要树立工匠精神意识，并能将工匠精神中敬业、精益、专注的品质运用到未来的工作中。

3. 分析总结

学生为青岛港人不懈奋斗的精神所感染，青岛港在技术、管理等方面一直走在全国港口的前列，是我们学习的榜样。我们要不忘初心、牢记使命，不断增强创新意识，不断砥砺奋进，为实现中华民族伟大复兴的中国梦作出自己的贡献。

案例3　出库凭证审核
——遵守规则

【课程名称】仓储管理技术。

【教学内容】出库作业管理。

【案例意义】通过讲解出库作业过程中需要遵循的原则，出库单据审核包含的具体内容，分析未按流程操作可能产生的严重后果等，使学生了解物流专业的学生应具备的职业素养与职业道德；以及未按流程操作或因工作过程的疏忽可能产生的严重后果，从而使学生培养爱岗敬业、诚实守信、精益求精、办事公道的意识与品质。

教学过程

1. 问题导入

商品的出库业务又称为发货业务，是仓库根据业务部门或存货单位开具的出库凭证，经过审核出库凭证、备料、拣货、分货等业务，直到把商品点交给收货单位或发货部门的一系列作业过程。商品出库的作业必须遵循一定的流程。

2. 讲授正文

商品出库必须符合相关的要求和规定，归纳来说即"三不""三核""五检查"。"三不"即未接单据不登账，未经审单不备货，未经复核不出库；"三核"：即在发货时，要核实凭证，核对账卡，核对实物；"五检查"即对单据和实物要进行品名检查、规格检查、包装检查、件数检查、重量检查。具体来说，要注意如下要求。

商品出库的程序主要包括出库准备、核对出库凭证、备货、复核、包装、置唛、交接清点、登账、现场和档案的清理等九项内容。其中"核对出库凭证"包括以下四个方面的内容：

①审核出库凭证的合法性和真实性;②审核出库凭证手续是否齐全,内容是否完整;③核对商品的品名、型号、规格、单价、数量和提货日期等有无错误;④核对收货单位、到站、开户行和账号是否齐全和准确。

通过对出库凭证的认真核对,可以防止三类问题发生:①出库凭证的假冒、复制、涂改。发现出库凭证有此类问题,仓库应及时保卫部门及领导联系,妥善处理。②凭证有疑点或问题。发现出库凭证有此类问题,应与制票员联系,及时查明或更正;任何人都不能强制保管员将库存商品借用、试用。③凭证遗失。如客户将出库凭证遗失,则客户单位必须出具证明,客户持证明到制票员处挂失,制票员应签字作为旁证,然后到仓库找保管员报案挂失。如果报案时货已提走,则保管员不负责任,但要协助破案;如果货还没有提走,保管员经查实后,凭上述证明,做好挂失登记,将原凭证作废,缓期发货。

从"核对出库凭证"的内容我们不难发现,如果未能按作业流程严格进行作业,就有可能出现三方面的问题,而出现了问题不能及时解决,就可能给企业带来损失。因此,我们一定要了解仓储管理人员的职业素养,培养良好的职业道德和敬业爱岗、诚实守信、精益求精、办事公道的意识与品质。

3.分析总结

通过讲解出库作业过程中需要遵循的原则,出库单据审核包含的具体内容,分析未按流程操作可能产生的严重后果等,使学生了解物流专业的学生应具备的职业素养与职业道德。

参考文献

[1] 李牧原.构建高效的多式联运服务系统[N].中国交通报,2015-07-23(006).

[2] 王秀春.抢抓机遇深化合作携手推进多式联运高质量发展[J].大陆桥视野,2019(8):41-42.

[3] 刘小花."三大纪律八项注意"的由来[N].解放军报,2022-06-26(008).

[4] 亨利·法约尔.工业管理与一般管理[M].张扬,译.北京:北京理工大学出版社,2014.

[5] 吴晓波,徐光国,张武杰.激活组织——华为奋进的密码[M].北京:中信出版社,2021.

[6] 顾武,韦毅,宋超,等.南宁站高铁快运发展策略研究[J].铁道货运,2018,36(2):15-19.

[7] 史有春.大道至简——互联网创新评述(四):三生万物[J].发现,2018(3):46-47.

[8] 王道平,李建立.物流项目管理[M].北京:北京大学出版社,2018.

[9] 周立新.物流项目管理[M].上海:同济大学出版社,2014.

[10] 杜志琴,张明勇.物流与供应链管理课程思政教学改革实践探索[J].课程教学,2022,21(5):80-86.

[11] 邱伏生,宋海萍.智能工厂物流信息平台构建方法——"智能工厂物流构建"系列连载之三[J].物流技术与应用,2022,27(8):162-168.

[12] 张政治.利用北斗的物流信息监管系统设计研究[J].现代导航,2021,12(6):420-423.

[13] 江宏.国控广州物流中心的智能化升级改造[J].物流技术与应用,2021,26(11):72-77.

[14] 明家琪,何庭发,蔡明锋,等.关于推进赣州市蔬菜田头冷库建设的建议[J].长江蔬菜,2022(15):1-3.

[15] 叶红梅.新零售时代的物流中心建设[J].物流技术与应用,2020,25(3):98-100.

[16] 张颖川.安得智联:一盘货统仓统配助力制造业降本增效——访安得智联运营中心副总经理刘程[J].物流技术与应用,2021,26(5):118-122.

[17] 王炜.交通规划[M].北京:人民交通出版社,2007.

[18] 邵春福.交通规划原理[M].北京:中国铁道出版社,2004.

[19] 陆化普.交通规划理论与方法[M].2版.北京:清华大学出版社,2006.

[20] 陆化普,石京.交通规划理论与方法习题集[M].北京:清华大学出版社,2009.

[21] ORTUZAR J D, WILLUMSEN L G. Modelling Transport[M]. Wiley, 1994.

[22] 陆锡明.综合交通规划[M].上海:同济大学出版社,2003.

[23] CEDER A. 公共交通规划与运营——理论、建模及应用[M].关伟,译.北京:清华大学出版社,2010.

[24] 焦健.习近平总书记强调的六大思维方法[EB/OL].(2014-09-12).https://www.12371.cn/2014/09/12/ARTI1410492636062549.shtml.

[25] 刘石泉.系统观念是重要思想和工作方法[N].学习时报,2021-08-18.

［26］韩庆祥.系统观念是具有基础性的思想和工作方法［N］.光明日报，2022-04-18.

［27］百度百科.世界著名科学家、两弹一星功勋奖章获得者：钱学森［EB/OL］2021-10-10：https://baike.baidu.com/item/%E9%92%B1%E5%AD%A6%E6%A3%AE/26105？fr=kg_general.

［28］马克思主义哲学编写组.马克思主义哲学［M］.北京：高等教育出版社，2022.

［29］高醒，李夏苗，彭鹏.铁路货运量预测过程中的关键技术分析［J］.科技和产业，2018，18（5）：1-8，62.

［30］中共中央　国务院.交通强国建设纲要［R］.2019.

［31］中共中央　国务院.国家综合立体交通网规划纲要［R］.2021.

［32］国家发展改革委.“十四五”现代流通体系发展规划［R］.2021.

［33］中共中央　国务院.“十四五”现代综合交通运输体系发展规划［R］.2021.

［34］交通运输部.中国可持续交通发展报告［R］.2021.

［35］交通运输部，科技部.“十四五”交通领域科技创新规划［R］.2022.

［36］交通运输部.绿色交通“十四五”发展规划［R］.2021.

［37］交通运输部.综合运输服务“十四五”发展规划［R］.2021.

［38］交通运输部，国家铁路局，中国民用航空局，等.现代综合交通枢纽体系“十四五”发展规划［R］.2021.

［39］国家铁路局.国家铁路局关于印发《“十四五”铁路科技创新规划》的通知：国铁科法〔2021〕45号［R］.2021.

［40］交通运输部.数字交通“十四五”发展规划［R］.2021.

［41］毛保华.城市轨道交通规划与设计［M］.北京：人民交通出版社，2006.

［42］王炜，过秀成，等.交通工程学［M］.南京：东南大学出版社，2011.

［43］周商吾，等.交通工程［M］.上海：同济大学出版社，1987.

［44］沈志云，邓学钧.交通运输工程学［M］.2版.北京：人民交通出版社，2003.

［45］人民日报海外版.京张高铁开通进入倒计时［N/OL］.（2019-10-10）［2019-12-24］.www.gov.cn/xinwen/2019/10/10/content_37763.htm.

［46］京张高铁+北斗，新时代智慧铁路.北斗卫星导航系统［EB/OL］.（2019-06-20）［2020-12-31］.www.beidou.gov.cn/yw/xydt/201906/t 20190621_18481.htm.

［47］大批科技成果助力北京冬奥会［EB/OL］.（2021-11-19）.www.gov.cn/xinwen/2021-11-19/content_5651817.htm

［48］京张高铁：穿越历史驶向冬奥［EB/OL］.（2020-10-08）［2020-12-31］.www.gov.cn/xinwen/2022-10/08/content_5549753.htm#1.

［49］京张高铁智能动车组上线联调联试［EB/OL］.（2019-11-07）［2019-12-25］.www.goven/xinwen/2019-11/07/content_5449902.htm.

［50］百年跨越，逐梦京张——写在京张高铁开通暨中国高铁突破3.5万公里之际.［EB/OL］.（2019-12-30）［2020-01-12］.www.gov.cn/xinwen/2019-12/30/content.5465215.htm.

［51］京张高铁设计八大亮点首揭秘八达岭站创四项“全国之最”［N/OL］.（2016-04-21）［2020-01-12］.https：//new.cctv.com/2016/04/21/ARTIWD NYx41Njmg3D6bukfoL160421.s.htm1.

［52］探访京张高铁调度台［EB/OL］.（2020-01-17）［2020-12-31］.www.gov.cn/xinwen/2020-01/11/content_5470335.htm#1.

［53］宋瑞.铁路运输设备［M］.北京.中国铁道出版社，2016.

[54] 叶峻青,何勋隆.城市轨道交通与铁路枢纽规划[J].交通运输工程学报,2003(04):58-62.

[55] 张子昊.中国轨道交通动力发展史简述[J].中国设备工程,2020(4):239-241.

[56] 拉巴次仁.世界上海拔最高的线路是青藏铁路[N/OL].光明日报,2008,04,22. https://www.gmw.cn/ 01gmrb/2008-04/22/content_764640.htm

[57] 百度百科. 7.23 甬温线特别重大铁路交通事故[EB/OL]. https://baike.baidu.com/item/7%C2% B723%E7%94%AC%E6%B8%A9%E7%BA%BF%E7%89%B9%E5%88%AB%E9%87%8D%E5%A4 A7%E9%93%81%E8%B7%AF%E4%BA%A4%E9%80%9A%E4%BA%8B%E6%95%85/10805173?fr= aladdin.

[58] 李海鹰,张超.铁路站场及枢纽[M].北京:中国铁道出版社,2013.

[59] 陈维亚,杨伟婷,石晓琪,等.铁路车站咽喉区道岔自动分组方法研究[J].铁道学报,2023,45(6): 9-15.

[60] 朱逸云.第四代高铁枢纽综合体开发与运营实践[M].北京:人民邮电出版社,2018.

[61] 中华人民共和国建设部.城市公共交通分类标准:CJJ/T114—2007[S].北京:中国建筑工业出版 社,2007.

[62] 中华人民共和国建设部.城市交通分类标准[S].北京:中国建筑工业出版社,2007:18-19.

[63] 闫海峰.城市轨道交通设备[M].北京:科学出版社,2016.

[64] 中共中央马克思恩格斯列宁斯大林著作编译局.马克思恩格斯全集[M].北京:人民出版社出 版,2006.

[65] 袁建华,赵永进.我国道路交通信号控制的发展与变迁[J].道路交通管理,2022,451(3):10-12.

[66] 李瑞敏,章立辉.城市交通信号控制[M].2版.北京:清华大学出版社,2021.

[67] 王健,马灿,苏阳平,等.基于SAM系统缩短株洲北站北发线行车间隔的研究[J].铁道通信信号, 2021,57(6):50-53.

[68] 朱广劼.编组站综合自动化系统研究[J].铁路计算机应用,2007(6):16-18.

[69] 王曦光,胡春龙,刘丽娟.浅议交通量数据采集的几种方法[J].北方交通,2009(10):76-78.

[70] 李宝玲,孙淑娟.浅谈交通量调查的方法[J].黑龙江交通科技,2004(2):80-82.

[71] 张刚毅.高速铁路牵引供电[M].成都:西南交通大学出版社,2017.

[72] 靳俊.高速铁路列车运行控制技术——调度集中系统[M].北京:中国铁道出版社,2020.

[73] 盖宇仙.铁路货运组织[M].北京:中国铁道出版社,2011.

[74] 刘作义.铁路货物运输[M].北京:中国铁道出版社,2015.

[75] 王甦男,贾俊芳.旅客运输[M].3版.北京:中国铁道出版社,2008.

[76] 贾俊芳.铁路旅客运输[M].北京:中国铁道出版社,2016.

[77] 林枫,廉文彬,刘峰,等.运输组织基于固定区段轮乘制的列车乘务交路计划编制方法研究[J].铁道 运输与经济,2017,39(12):27-31.

[78] 中国铁路总公司.铁路客车运用维修规程:铁总运〔2015〕22号[R].北京:中国铁道出版社,2015.

[79] 秦进,魏堂建,黎新华.交通运输安全管理[M].北京:高等教育出版社,2021.

[80] 秦进,高桂凤.城市轨道交通安全管理[M].北京:人民交通出版社,2012.

[81] 交通运输部.高速铁路安全防护管理办法.2020-07-29.

[82] 肖贵平.交通运输安全工程[M].2版.北京:中国铁道出版社,2016.

[83] 马士华.供应链管理[M].北京:机械工业出版社,2005.

[84] 中国军事百科全书编审室.中国大百科全书·军事[M].北京:中国大百科出版社,2007.

［85］巴曙松，闫昕，董月英.人民币跨境支付系统与 SWIFT 的协同发展［J］.国际金融，2022（8）：3-9.

［86］毛保华，等.城市轨道交通系统运营管理［M］.北京：人民交通出版社，2006.

［87］黎茂盛，等.城市轨道交通运营管理［M］.长沙：中南大学出版社，2014.

［88］毛保华，四兵锋，刘智丽.城市轨道交通网络管理及收入分配理论与方法［M］.北京：科学出版社，2007.

［89］教育部.关于印发《高等学校课程思政建设指导纲要》的通知［A/OL］.http://www. gov. cn/zhengce/zhengceku/2020-06/06/content_5517606. htm.

［90］中国国家铁路集团有限公司.新时代交通强国铁路先行规划纲要［Z］.2020-08-13.

［91］国家铁路局.2021 年铁道统计公报［R/OL］.https://zwfw. nra. gov. cn/art/2022/4/28/art_62_6493. html.

［92］国民用航空局.2021 年民航行业发展统计公报［R/OL］.http://www. caac. gov. cn/XXGK/XXGK/TJSJ/202205/P020220518569126412044. pdf.

［93］中华人民共和国交通运输部.2021 年全国收费公路统计公报［R/OL］.https://xxgk. mot. gov. cn/2020/jigou/glj/202211/t20221111_3707993. html.

［94］彭其渊，王慈光，何华武.铁路行车组织［M］.2 版.北京：中国铁道出版社，2019.

［95］肖前，李秀林，汪永祥.辩证唯物主义原理［M］.修订本.北京：人民出版社，1981.

［96］彭其渊，文超.客运专线运输组织基础［M］.2 版.成都：西南交通大学出版社，2014.

［97］徐行方.高铁运营组织与管理［M］.上海：上海科学技术文献出版社，2019.

［98］张琦.高速铁路智能调度技术［M］.北京：中国铁道出版社，2021.

［99］施卫忠.我国编组站自动化技术现状与发展［J］.铁道通信信号，2018，53（3）：58-61.

［100］中国铁路总公司.铁路货运检查管理规则［M］.北京：中国铁道出版社，2016.

［101］彭其渊.铁路行车组织［M］.北京：中国铁道出版社，2015.

［102］贺清.驼峰自动化系统技术原理及应用［M］.成都：西南交通大学出版社，2016.

［103］中华人民共和国铁道部运输局.铁路客运运价规则：铁运〔1997〕102 号）［Z］.1997-12-01.

［104］中华人民共和国国家计划委员会.关于公布部分旅客列车票价实行政府指导价执行方案的通知：计价格〔2002〕2870 号［R/OL］.2002-12-30.

［105］中共中央　国务院.关于推进价格机制改革的若干意见：中发〔2015〕28 号［A/OL］.（2015-10-12）.http://www. gov. cn/xinwen/2015-10/15/content_2947548. htm

［106］国家发展改革委.关于改革完善高铁动车组旅客票价政策的通知：发改价格〔2015〕3070 号［A/OL］.（2015-12-23）.http://www. nra. gov. cn/jglz/fgzd/gfwj/zt/qt/202104/t20210401_135062. shtml.

［107］国家发展改革委.关于完善铁路普通旅客列车软座、软卧票价形成机制有关问题的通知：发改价格〔2016〕1191 号［A/OL］.2016-6-5.

［108］中华人民共和国第八届全国人民代表大会常务委员会.中华人民共和国价格法［Z］.1997-12-29.http://www. gov. cn/govweb/fwxx/bw/gjdljgwyh/content_2263012. htm.

［109］全国人民代表大会常务委员会.中华人民共和国铁路法［Z］.北京：中国民主法制出版社.2008.

［110］中华人民共和国国家发展和改革委员会.中央定价目录［EB/OL］.2020. 3. 13. http://www. gov. cn/gongbao/content/2020/content_5515277. htm.

［111］国家发改委.铁路普通旅客列车运输定价成本监审办法（试行）：发改价格规〔2017〕371［A/OL］.（2017-2-28）.https://www. ndrc. gov. cn/xxgk/zcfb/ghxwj/201703/t20170317_960914. html？ code = &state = 123.

［112］李蕊.浅析如何利用客运信息化系统提高铁路客运服务质量［J］.中外企业家，2019，638（12）：60.

[113] 廉文彬. 铁路客运管理信息系统的研究与应用[J]. 铁道运输与经济, 2016, 38(11): 56-60.

[114] 陆娅楠. 电子客票覆盖全国普速铁路四种火车票见证新中国铁路史[J]. 城市轨道交通研究, 2020, 23(7): 11.

[115] 吴春波, 崔虎, 费振豪. 基于 TDCS/CTC 的车站接发车作业流程控制研究[J]. 铁道通信信号, 2013, 49(6): 6-8.

[116] 赵琪, 赵楠楠. 列车调度指挥与调度集中系统[M]. 北京: 中国铁道出版社, 2019.

[117] 唐雪芹, 董凤翔. 基于 BIM 技术的铁路数字化设计与应用[J]. 铁路技术创新, 2021(1): 50-55.

[118] 刘裴颀. 铁路站场 BIM 设计系统关键技术研究[J]. 铁道工程学报, 2022, 6(6): 84-89.

[119] 黄登. 铁路站场计算机辅助设计系统 CASD[J]. 科技创业, 2006(8): 180-181.

[120] 国家铁路局. 接发列车作业: TB/T1500.1~4. [S]. 北京: 中国铁道出版社, 2009.

图书在版编目(CIP)数据

交通运输专业运营管理类课程思政教学案例／周文梁
等主编. —长沙：中南大学出版社，2023.7
ISBN 978-7-5487-5463-3

Ⅰ. ①交… Ⅱ. ①陈… Ⅲ. ①高等学校－思想政治教
育－教案(教育)－中国 Ⅳ. ①G641

中国国家版本馆 CIP 数据核字(2023)第 128538 号

交通运输专业运营管理类课程思政教学案例

周文梁 李传耀 徐光明 李双琳 主编

□ 出 版 人	吴湘华		
□ 责任编辑	刘颖维		
□ 封面设计	李芳丽		
□ 责任印制	唐　曦		
□ 出版发行	中南大学出版社		
	社址：长沙市麓山南路	邮编：410083	
	发行科电话：0731-88876770	传真：0731-88710482	
□ 印　　装	长沙印通印刷有限公司		

□ 开　　本	787 mm×1092 mm 1/16	□ 印张 12	□ 字数 304 千字
□ 版　　次	2023 年 7 月第 1 版	□ 印次 2023 年 7 月第 1 次印刷	
□ 书　　号	ISBN 978-7-5487-5463-3		
□ 定　　价	68.00 元		